实用班组建设与管理
——班组长必读

第2版

主 编 成立平

副主编 徐先海 罗孝高

参 编 毛 俊 许业银 谭 碧

主 审 杨翠明

机械工业出版社

班组长是生产企业的基层管理者，也是生产中的现场管理者。班组长的工作能力直接影响着生产现场的工作效率。

本书以班组长的成长过程为主线，从班组管理概述、班组的生产管理、班组生产的现场管理、班组质量管理、班组设备管理、班组生产的安全管理6个方面，阐述了班组管理的工作特征、工作内容和工作技巧。在每一章节都插入了真实的企业案例和相关的管理表格，争取让读者能通过阅读本书即可了解班组管理工作的基本流程、内容和方法。

图书在版编目（CIP）数据

实用班组建设与管理：班组长必读/成立平主编. —2 版. —北京：机械工业出版社，2015.1（2023.1 重印）

ISBN 978-7-111-49190-3

Ⅰ. ①实… Ⅱ. ①成… Ⅲ. ①班组管理 Ⅳ. ①F406.6

中国版本图书馆 CIP 数据核字（2015）第 006838 号

机械工业出版社（北京市百万庄大街22号　邮政编码100037）
策划编辑：边　萌　　责任编辑：边　萌　王宇飞　邹云鹏
责任校对：刘秀芝　　封面设计：鞠　杨
责任印制：邵　敏
北京中科印刷有限公司印刷
2023 年 1 月第 2 版·第 18 次印刷
184mm×260mm·14.5 印张·354 千字
标准书号：ISBN 978-7-111-49190-3
定价：45.00 元

电话服务　　　　　　　　　　网络服务
客服电话：010-88361066　　　机　工　官　网：www.cmpbook.com
　　　　　010-88379833　　　机　工　官　博：weibo.com/cmp1952
　　　　　010-68326294　　　金　书　网：www.golden-book.com
封底无防伪标均为盗版　　　　机工教育服务网：www.cmpedu.com

实用班组建设与管理——班组长必读（第 2 版）

编审委员会

主　任：周健雄

副主任：成立平　杨翠明　孔朝阳　李劲松　秦祖泽　廖哲智

委　员：徐先海　罗孝高　毛　俊　许业银　谭　碧

第 2 版前言

《实用班组建设与管理——班组长必读》第 1 版自 2009 年 10 月出版以来，至今已逾 4 年。本教材是高职工科类专业人才培养目标的基础教材，作者既是教材的编写者，也是教材的使用者。教材出版后，受到教师、学生、企业的欢迎，得到比较广泛的采用。湖南机电职业技术学院、湖南电气职业技术学院、湖南汽车技师学院等院校把本教材作为制造类专业的基础教材，北汽福田汽车股份有限公司（长沙）、湘潭电机集团有限公司、湖南威胜电子有限公司等企业将其作为企业员工的培训教材。在教材使用过程中，我们直接或间接地收到、听到了不少有针对性的意见和建议。为保证本教材能够充分发挥在高素质技术技能人才培养中的作用，更加适合学校、企业的使用需求，在机械工业出版社的积极策划与支持下，我们对本教材进行了再版修订工作。

本次修订针对第 1 版中存在的问题，在编写中坚持了以下原则：

（1）科学性原则。更加注重运用先进的管理学观点和最新的行业规范，来反映班组管理发展前沿和改革成果，在体系安排上有所创新，更为科学合理。

（2）简明性原则。根据使用对象的特点，对原版教材的有些章节进行了整合，压缩了枯燥的理论阐述，使得内容更简明，语言更精练。

（3）实践性原则。注重理论和实践密切相结合，更加强调实践性。教材内容以湘潭电机集团有限公司某事业部总装一班一个年轻班组长的成长历程为主线，围绕真实的情境展开。本教材选取的典型案例大都是企业的实际事例。

（4）操作性原则。教材内容的选择，更多地考虑到学生、企业员工的学习能力、特点和条件。教材结合企业班组的实际工作内容，更加注重班组管理技巧和培训技巧，让学生明白在企业班组管理中应该做什么、怎么做。

在本教材的修订过程中，湘潭电机集团有限公司、北汽福田汽车股份有限公司（长沙）、中联重科等单位给予了大力支持，提供了很多丰富的案例，把这些企业在班组建设和管理过程中新的尝试和成功经验展示给读者。湖南电气职业技术学院对修订工作提出了很多宝贵的建议，机械工业出版社对修订过程进行了全面而具体的指导，在此一并致谢。

修订后的教材，不仅更加适合高职院校和本科院校教学的需要，同时也更加适合企业员工培训的需要。

由于作者水平有限，加之修订时间比较短，不足之处在所难免。欢迎同仁及读者继续对本教材提出建议和指导。

成立平

2014 年 7 月

目 录

第 2 版前言

第一章　班组管理概述 1
　第一节　什么是班组管理 1
　第二节　班组长的工作认知 4
　第三节　班组文化的建设 10
　课后练习 20

第二章　班组的生产管理 23
　第一节　班组生产管理概述 24
　第二节　班组生产过程组织 25
　第三节　班组生产作业计划 30
　第四节　班组生产作业控制 35
　第五节　精益生产 40
　课后练习 49

第三章　班组生产的现场管理 51
　第一节　班组生产现场管理概述 53
　第二节　班组生产现场目视管理 57
　第三节　班组生产现场 8S 管理 64
　课后练习 77

第四章　班组质量管理 78
　第一节　质量与质量管理 78
　第二节　如何开展全面质量管理 82
　第三节　质量管理的基本工具 86

　第四节　QC 小组 95
　第五节　ISO9000 与质量认证 103
　课后练习 130

第五章　班组设备管理 132
　第一节　设备管理概述 133
　第二节　班组设备管理的规程 139
　第三节　班组设备日常维护与保养 142
　第四节　全面生产维护（TPM） 146
　第五节　设备损耗与开展自主保养 160
　第六节　设备的更新改造管理 166
　第七节　设备使用安全管理 169
　第八节　班组的工具管理 178
　课后练习 180

第六章　班组的生产安全管理 181
　第一节　班组长与生产安全 181
　第二节　班组生产安全管理的内容 184
　第三节　班组的生产安全检查 195
　第四节　班组生产安全教育 200
　第五节　班组生产安全事故防范 205
　课后练习 221

参考文献 224

第一章 班组管理概述

> 在某电机集团公司工作的张凡这几天心情很复杂，时喜时忧。喜的是自己经过几轮考察，得到了厂领导的肯定，被任命为总装一班的班组长；忧的是虽然自己技术过硬，但对如何管理班组却知之甚少。经过多方打听，他得知厂里培训科的刘科长对班组管理很有研究，于是上门请教。刘科长听张凡说明来意以后，非常高兴，觉得张凡是一个肯学习、求上进的年轻人，决心好好地指导指导他。刘科长首先问张凡："你知道班组长的工作内容是什么吗？"张凡说："知道，厂里规定了班组长的八大职责，班组长的工作就是那八个方面。"刘科长又问："那你知道班组管理是怎么回事吗？"张凡摇摇头："那我就不知道了。"刘科长说："那好，我们就从了解班组管理的相关知识开始吧。"

第一节 什么是班组管理

班组是由不同工种或相同、相近工种的员工组成的企业最基层的管理单位，是企业的细胞，是企业各项工作的落脚点，是企业生产服务的前沿阵地。作为生产最基本、最直接和最基层的职能单位和管理单位，它具有结构小、管理全、分工细、任务实、工作累、情况多变等特征。班组管理是企业内部一项重要基础建设的综合性工作。企业要通过班组管理来合理地组织人力、物力，充分发挥全班组人员的积极性，团结协作，共同完成班组生产任务和各项经济效益指标。一个班组的战斗力反映了这个企业的竞争力。

一、班组管理的含义

班组管理是指以班组自身所进行的计划、组织、协调、控制、监督和激励等管理活动，其职能在于对班组的人、财、物等进行合理组织、有效利用。

二、班组管理的特征

班组管理的最大特点就是员工直接参加生产中的"自主"管理。如建立以承包为主的多种形式的经济责任制，激发班组成员的主人翁精神，以提高生产效率；实行班组经济核算，人人在生产中当家理财；开展群众性"自检""互检"活动，大家共同把好质量关；建立质量管理小组，搞好全面质量管理；大家都互做教育培训（即"传帮带"）工作，共同建设团结、友爱、互助的群体等。

三、班组管理的内容

班组管理的内容是指在班组管理活动中应做的具体工作，其内容有两层意思，一层意思是班组必须进行物质文明建设，核心是提高经济效益，即以市场需要为导向，以提高经济效益为中心，紧紧围绕上级下达的指标，优质高效、低耗安全、按时按量地完成工作任务。另一层意思是班组必须进行精神文明建设，核心是遵章守纪、爱岗敬业，这是做好物质文明建设的基础。只有基础工作抓好做实，物质文明建设才能有序进行。班组在忙于完成工作任务的同时，要积极组织班组成员进行精神文明建设，努力培养有理想、有道德、有文化和有纪律的高素质员工。一支高素质的员工队伍是企业完成生产任务、经济指标的重要保障。

班组在日常工作中，必须履行的职责主要有以下几个方面。

（1）全面执行企业的规章制度，建立、健全以岗位责任制为核心的班组管理制度，做到工作有内容、考核有标准。

（2）不折不扣地完成车间下达的生产任务和计划。齐心协力，争分夺秒，有效组织生产。既要讲产量，也要讲质量，还要讲耗用。既要完成利润指标，也要注意均衡生产。

（3）认真贯彻劳动合同法，切实履行劳动合同规定的事项。管好用好员工是一切工作的根本前提。要根据劳动合同的规定，坚持依法用工，坚持以人为本，在用工中坚持履行试用、培训、考评、录用、督导、关怀、培养、任用的程序。

（4）坚持执行工艺技术、质量标准不松劲。通过加强工艺技术标准和质量标准的教育、培训以及开展技术比武等活动，不断提高实际操作技能；根据现场的实际情况，坚持不懈抓住作业的源头，有计划、有针对性地进行工艺纪律的检查和督导，及时纠正不正确的作业，减少流水作业的累计误差，提高一次性正品率。

（5）改善劳动组织，合理调配劳动力。按照生产任务和作业进度安排，根据产品的工艺特点和交货先后顺序以及员工出勤情况、设备动力情况、假期安排等，灵活而有计划地组织人力搞好每天的生产，把有限的人力资源用在最需要的岗位和最需要的时刻。

（6）管好用好原辅材料，严格履行交接核准签字手续。对数量、品质、规格、货期甚至价格、价值等核准签字，不得含糊不清。接收后的材料要在规定场所存放，标志一目了然，便于领用和退还。材料的使用要厉行节约。盘点时，入库、库存和出库的数目要能对应无误，账物相符。

（7）管理和爱护车间在线产品和成品。根据作业进度规定，使用规定的料筐和器具移动在线产品和成品。车间班组间履行产品移交手续时，数量要核对准确。产品按规定位置放置，不乱堆放、乱移动，保证产品的完好、整齐、清洁。

（8）简化、减少物流周转环节，加快物流的速度，扩大物流量，提高现场作业效率。对配送、运输、装卸、交接、加工、存储、包装和交付的每个环节，要充分发挥每个员工的主观能动性，极大地减少流程中的人力、物力和财力的损耗，压缩成本，加速物流周转，提高效益。

（9）加强对班组和班组成员工作的检验、监督，及时预防和纠正错误。加强对纪律、制度执行情况的检查；加强对工艺标准、技术标准和质量标准的检查；加强对设备性能、环境状况、成本费用、安全卫生的检查，如发现问题及时按章办理，越快越好。

（10）做好设备的合理使用，加强对设备、器械的维修保养工作。教育和培训员工正确使用设备、爱护设备，明确设备、器械的操作规程和操作纪律规定，始终保持设备器械处于清洁、整齐、润滑、安全、可靠的良好状态。

（11）保护和改善作业环境。保持现场设备器械的放置井然有序，作业现场通道畅通、通风良好，照明条件符合作业需要，室内温度等控制适合产品加工，排除影响作业的障碍物。

（12）严格控制成本费用。班组需要关注制造成本费用，特别是对水电、蒸汽、材料的耗用。对人员工资、加班费用、设备的配件、器械的消耗等都必须严格按制度办事，采取切实可行的措施降低消耗，同时要千方百计提高生产效率，提高一次性正品率。

（13）搞好班组文化建设。积极组织员工，围绕企业文化建设的总要求，把班组文化建设与物质文明建设紧密结合起来。广泛开展学政治、学法律、学文化、学科技、爱岗敬业、技能竞赛、扶贫救困等活动。

（14）注意班组信息交流和沟通。及时做好上令下达、下情上报工作，及时了解和掌握班组人员动态，保持材料、能源、产品、质量、设备、费用、货期等信息的交流和沟通。

（15）始终把安全卫生工作落到实处。根据企业要求，组织员工参与安全教育和培训，落实安全卫生分包责任制。在车间作业状态下，检查班组消防器械完好情况、电源电器运转使用情况、通道门窗安全情况等。作好环境、设备、器械的卫生，确保班组生产始终处于安全卫生的良好状态。

（16）搞好班组考核分配工作。按照企业的考核分配办法，严肃认真地对员工进行工作效率、工作质量、成本费用、考勤记录、协调配合、安全卫生等各方面的考核、评比，将其结果与个人收入分配相结合，做到奖勤罚懒、奖优罚劣，赏罚分明。

表 1-1 为某企业总装班组制定的部分管理制度一览表。

为了使班组充满活力和干劲，更好地完成各项工作，班组也被赋予了相应的权利，如可以合理分配工作任务，可以向企业提出改善生产条件，能科学调整班组的工艺流程，有权依法依规制止、批评、处罚班组成员的违纪违章事件，有权直接或推荐表扬、奖励有突出贡献的班组成员，有权参与企业的民主管理和技术革新等。

明确了班组的职责和权利，就要努力能使班组具有使命感、责任感和归属感，能最大限度地激发班组及其成员的主人翁精神，为企业建设尽心尽力。

表 1-1 总装班组部分管理制度一览表

管理制度（部分）
质量管理制度 （1）工作者在装配前应做好技术准备工作，理解和消化设计、工艺对产品的要求，准备好相应的设备和工装 （2）工作者在装配前对待装的零部件进行合格确认，同时对零部件进行清理，做好零部件防护，并确保零部件清洁度 （3）工作者在装配时，严格"三按"生产，杜绝错装漏装。发现问题或有疑问时，应及时停工，并报告技术和质检人员，同时严格遵守"三不放过"原则 （4）装配完后，工作者必须严格自检，杜绝有多余的标准件，确保一次送检合格率 （5）工作者每月未达到一次送检合格率，按每台 50 给予考核 （6）凡发现质量隐患的，班组给予相应的奖励
岗位职责（部分）
1. 班组长职责 （1）带领、指导、监督本班组人员学习并遵守本厂各项规章制度，积极响应厂部的各项号召 （2）搞好班组管理工作，并对其工作任务的完成和工作质量负责 （3）贯彻实施安全生产责任制，作好安全、文明生产的管理 （4）搞好现场管理，推进"6S"进程 （5）对班组的各项指标完成情况进行统计、考核 （6）组织班组员工学习政治理论知识、专业技术知识和其他文化知识，提高班组整体素质 （7）认真完成上级安排的其他临时工作

（续）

2. 安全员的安全职责
（1）班组安全员应协助班组长做好本班组安全工作，受车间安全员的业务指导，协助班组长做好班前安全布置、班中安全检查、班后安全总结
（2）组织开展本班组各种安全活动，认真做好安全活动日记录，提出改进安全工作的意见和建议
（3）对新工人进行岗位安全教育
（4）严格执行有关安全生产的各项规章制度，对违章作业有权制止，并及时报告
（5）检查督促班组人员合理使用劳保用品和各种防护用品、消防器材
（6）发生事故要及时了解情况，维护好现场，并及时向领导汇报

3. 员工的安全职责
（1）认真学习和严格遵守各种规章制度、劳动纪律。不违章作业，并劝阻制止他人违章作业
（2）精心做好各项记录，交接班必须交接安全生产情况，交接要为接班创造安全生产的良好条件
（3）正确分析、判断和处理各种事故苗头，把事故消灭在萌芽状态。一旦发生事故，要果断正确处理，及时如实地向上级报告，严格保护现场，做好详细记录
（4）作业前认真做好安全检查工作，发现异常情况要及时处理和报告
（5）加强设备维护，保持作业现场整洁，搞好文明生产
（6）上岗必须按规定着装。妥善保管、正确使用各种防护用品和消防器材
（7）积极参加各种安全活动
（8）有权拒绝违章作业的指令

> 对班组管理的相关知识虽然有了初步的了解，但如何扮演好班组长这个角色，张凡还是觉得没底。刘科长拍拍张凡的肩说："要做好班组长不是一朝一夕的事情，还需要慢慢地学习，在实践中不断积累经验。"

第二节　班组长的工作认知

在班组管理活动中，班组长就是整个班组的舵手，是班组的核心，也是班组管理的基础。班组管理即是班组长充分发挥全班组人员的主观能动性和生产积极性，团结协作，合理组织人力、物力，充分利用各方面信息，使班组生产均衡有效地进行，最终做到按质、按量、如期、安全地完成上级下达的各项生产计划指标的过程。

一、班组长的使命

1. 提高产品（服务）质量

提高产品（服务）质量主要是不制造或者减少不合格的产品，减少或消除不合格服务。如果不合格品率增高，那么为此而消耗的工时、材料、能源以及设备的运转和劳动力都将被浪费掉。而在非制造业，不合格服务将导致顾客投诉，造成恶劣影响和重大损失。在工作现场创造利润，最重要的一条就是减少不合格产品。只有不断提高质量，比竞争对手的产品（服务）更优质，才能扩大销售，提升市场占有率，实现企业利润的最大化。

2. 提高生产（服务）工作效率

所谓提高生产（服务）工作效率，就是在使用同样的设备、工具进行工作时，在操作方法和工作方法上实现低成本、高质量、多产出。企业要创造出更多的利润，最关键的就是提高劳动生产率。为了提高生产率，要减少人员和设备方面的浪费和徒劳无益的时间消耗。在人员方面，班组长要履行管理职责，合理进行劳动调配，加快人员在劳动方面的生产周期（加快工作效率），减少无效的搬运，减少工作中的无效动作。同时要关注两点，一是提高班组成员的技能，争取加快作业速度等，二是精心安排劳动调配，努力消除或减少无效的时间消

耗,减少停工待料,消除由于发生故障而等候修复的时间等。在设备方面,一是要缩短设备作业周期,二是减少设备的停歇时间,减少故障的发生次数,缩短修复的时间。

3. 降低生产（服务）成本

利润的来源有两个途径,一是开源,二是节流。开源就是提高工作质量和工作效率,节流就是降低成本费用。为了在工作现场创造出更多的利润,在提高质量和效率的同时要降低生产（服务）成本。

4. 防止重大事故发生

如果发生工伤事故和灾害,就会丧失所创造的利润,尤其是一些安全事故会给企业造成毁灭性的打击。为了在工作现场持续创造出更多利润,就必须杜绝或尽可能减少工伤事故和灾害的发生。为此,一方面要努力改善和提高生产设备的安全水平,另一方面要努力提高工作人员的安全意识和作业能力,努力加强安全防范措施。

二、班组长的基本任务

班组长的基本任务就是班组长具体岗位上的工作职责或工作任务。工作职责是指本岗位在组织中涉及的工作领域与具体工作内容,以及工作职责对应的各种管理权限与获得各种信息和资源的权限等。在整个组织结构中,不同的工作岗位有不同的基本任务,其主要内容也不同。对于班组长来说,其工作性质属于全面管理班组的监督者,工作权限是对本班组职责范围内的工作有指导、指挥、协调、监督、管理的权利,工作责任是对班组所承担的工作全面负责。一般来说,班组长的基本任务包括:

（1）负责实现上层分解下来的工作目标,争取超额完成目标任务。
（2）根据班组和企业的实际情况,认真制订工作计划。
（3）合理协调班组各种资源,充分调动班组成员的工作积极性。
（4）主持班组会议,上传下达,保持班组信息及时、准确、畅通。
（5）确认检查工作,实施监督、指导功能。
（6）营造并活跃学习氛围,促进班组竞争能力的提升。
（7）总结工作,向相关部门或上级领导呈报工作情况。
（8）完成上级领导交办的其他任务。

由此可见,班组长的基本任务是为完成班组长的使命而必须完成的基本工作和必须承担的责任。因此,班组长必须围绕基本任务,积极推进日常监督和管理工作。

表1-2为某电机公司为维修班班组长制定的基本任务。

表1-2 某电机公司维修班班组长的基本任务

（1）贯彻执行设备管理制度及各项规定
（2）掌握生产工艺,熟知主要设备的工艺条件
（3）掌握和熟悉车间设备的检修技术规程及有关技术标准规定
（4）负责组织维修人员搞好设备的检修工作
（5）定期参加车间组织的设备检查、评级,对设备缺陷及"跑、冒、滴、漏"及时采取措施,予以消除
（6）现场巡回检查下列状况:设备状况（润滑、密封、腐蚀）；建筑物状况；有无泄漏状况；检修质量及进展情况
（7）负责本班组人员的技术业务培训学习,提高员工的素质
（8）负责处理有关报表
（9）有权拒绝违反法律和企业规章制度的一切指令
（10）有权拒绝检修、安装、验收不符合质量标准的设备
（11）有权对违章操作的员工提出劝阻,对不听劝阻者提出批评教育和处罚意见

班组管理好当家

"当家",是一个在集体中处于主体地位的自然人,但不是统治者,是主导者,也就是要将"引导、指导、疏导、领导"等融为一体,既是与家庭成员风雨同舟的舵手,也是给大家分忧解愁的帮手。在某电机公司结构件事业部下料车间激光等离子班就有这样一位好当家,他就是该班班长李强。

李强班长为了提升班组管理水平,首先在人员管理方面坚持以人为本的民主管理,以理服人。班组事务公开化,充分考虑职工意见;另外,他还积极培养集体观念,树立集体荣誉感,养成团队意识,班员思想得到统一,工作开展极为顺利。其次,在工作安排方面做到合理、准确。每天在上岗会上李强班长都会严格按计划要求将具体工作量分配给每一位班员,让班员对当天工作做到心中有底,工作起来心中有数。再就是抓好班组管理中的重点内容——现场管理。他要求对生产区域的材料、成品件都要摆放整齐,各种工具器材实行定置化管理,做到物流有序;每天自觉地坚持中午下班对班园及设备的卫生进行小扫,下午下班对设备进行清扫、清洁,并坚持每天对地面进行拖地清洗,保持地面的清爽干净。李强班长还通过对班员的综合考核,全面提高班员遵规守纪的自觉性。

同时,李强班长还鼓励班员加强学习,不断提高技能水平。该班还积极开展"挖潜创效"活动,严格控制生产成本,在生产中制订了各项节约措施,全班全年累计节约创效达200万元。激光等离子班在李强班长的带领及全体班员的共同努力下,在各个方面都取得了很好的成绩,该班被事业部评为2007年度"先进班组",也被评为股份公司2007年度"班组管理先进班组"。

三、班组长的角色分析、定位与转换

(一)角色分析

企业的管理层次从纵向结构上划分为三个层次,决策层、管理层和执行层。决策层聚集的是高层管理者,一般为总经理、董事长等;管理层聚集的是中层管理者,一般为部长、科长、车间主任等;执行层聚集的是基层管理者,一般为工段长、队长、领班,更多的是班组长。

角色分析是指对各种工作的性质、责任、相互关系进行系统调查和研究分析,并以科学系统的描述作出规范化记录的过程,也就是确定角色的位置,确定了位置也就确定了相应的权利和义务。班组长的角色分析主要是对班组长间相互关系的研究分析,并进行角色定位和角色转换思考。

从企业管理层次来看,班组长处于基层,发挥着监督管理者的作用。实际上,这个角色既是一线的领导者,又是一线的生产者。特别是对具有服务功能的企业,按照将顾客分为内部顾客和外部顾客来理解,每个班组长不仅要面对企业内部关系,还要面对企业外部关系。

1. 内部关系

接受上级主管的指令和监督,接受企业相关职能人员的检查和监督;对班组的生产(运营)进度、产品(服务)质量、材料消耗、安全生产情况,以及班组成员的工作状态进行监督和检查；与工序链上的相关班组协调一致，提高产品（服务）质量；与职能部门协同合作，解决技术和劳动调配问题。

2. 外部关系

一般情况下，生产型企业的班组长不直接与企业的外部机构和人员发生工作联系，但是他们的行为和成果会间接地影响顾客、竞争者等。服务型企业的班组长往往要带领全班组成员，面对面地为顾客提供服务，注重与顾客建立关系。

（二）角色定位

对班组长的角色进行分析之后要进行角色定位。角色定位是角色在组织结构中的地位以及相互关系的确立。从上述角色分析来看，班组长的地位非常特殊，在企业中处于执行层的位置，在其上有管理层和决策层，在其下有操作人员，所以，班组长在整个管理层级中起着桥梁和纽带的作用。他们既是领导者，又是生产者；既是合作者，又是服务者。由此可以看出，班组长的地位十分重要，是企业不可或缺的一个岗位，在管理系统中发挥着承上启下的作用。

（三）角色转换

从上述角色定位可以看出，班组长所处的层级有两重上级和一层下级。在企业的管理系统中，班组长既是管理者，又是被管理者；既要提供服务，又要协同合作。显然，班组长集众多角色于一身。实际上，在企业的管理系统中，班组长要根据所处的不同环境和面对的不同对象，选择转换的角色和沟通交流的方式。有效的角色转换可以充分发挥基层管理监督者的承上启下作用，通过角色转换得到管理的效力。

班组长管理地位的特殊性要求班组长在班组管理中要具备角色转换意识。在进行角色转换时，班组长面对五类不同人员必须采取相适应的角色立场。

1. 面对班组成员

在班组成员面前，班组长应该站在代表高层管理者的立场上，做好监督管理工作。对现场的班组长来说，应对班组生产（运营）状态和生产（服务）活动进行领导和指挥。这项管理工作是代表企业的高层管理者实施的，所以要体现高层管理者的意志。班组长代表高层管理者实施监督管理，目的是使班组现场活动朝着良好方向发展。例如，在科学、合理的基础上，将班组成员分配到作业现场的各个岗位；维护和提高作业环境质量；维持良好的人际关系；维持工作现场良好的工作氛围等。

2. 面对中层管理者

在中层管理者面前，班组长应该站在下属的立场，接受指令，同时汇报工作。班组长是中层管理者的直接下属，要明确和实现领导的指令和下达任务的目标，同时重视向中层管理者汇报工作。一般来说，接受的指令是生产（运营）指令，而汇报是把工作状态和工作结果定期反映给上级，如工作现场组织以及生产系统的整体改善，提出对有能力的人员进行加薪和调岗的建议，上报班组的创新活动和方案，汇报目标完成情况和所需资源情况等。适时汇报可对上级工作起到辅助作用。

3. 面对高层管理者

在高层管理者面前，班组长应该站在下级以及班组成员的立场上，在服从领导的同时，主动提供基层的信息。班组长面对高层管理者必须按照上级指示和命令行事，同时，也要站在直接领导（中层管理者）辅助职员的立场上开展工作。高层领导在其工作岗位上不一定掌握最准确的信息，不一定做出最正确的判断。对于工作现场的实际情况，担任监督管理的人比上级了解得更清楚、更详细。所以，班组长主动提供信息、陈述意见、协助高层管理者做出恰当的判断是至关重要的。

4. 面对同级人员

在同级管理人员面前，班组长应该站在合作的立场，做好协同合作。在企业中，班组长面对本部门的同级人员或其他部门的同级人员，以及相关班组长或相关职能部门的工作人员时，协同合作是至关重要的。例如，新产品开发需要不同部门班组协同，上、下道工序进度调整需要协同，职能部门与班组的合作需要协同。这时，班组长应站在合作的立场上做好协同合作。

5. 面对外部关系人员

在面对外部关系人员时，班组长应站在企业的立场，做好服务工作。例如，开拓新顾客，招聘高技能人才，寻找合作伙伴等。

上述五个角色立场，是指作为基层管理者的班组长在岗位上面对不同管理层级和内、外部关系人员时，应进行的角色转换和应采取的态度。班组长只有具备了适时进行角色转换的能力，才能提高管理绩效。

四、班组长应具备的管理能力

1. 决策与执行能力

班组长决策主要是班组长对日常现场管理的具体人和事，或者说对上级的指示、下级的请示和突发事件等进行决策。虽然决策权限仅限于班组范围内，但决策的正确、及时与否关系到班组乃至车间工作的成败。优秀的班组长应在平时认真学习和掌握决策理论，不断提高自身决策能力。

执行是班组长的根本职责和任务。企业各项要求能否真正落实，也取决于班组长执行能力的高低。班组长在接受和执行上级分派的工作任务时，应保持良好的心态，选择合适的方法，使用有效的工具，形成良好的习惯，克服执行阻力，达到最佳的执行效果。

2. 沟通与协调能力

广义上的沟通是指信息的传递和交流的过程，包括人际沟通和大众沟通。每一个班组长在工作中都可能会遇到一些难以开展的工作或令人头疼的员工，要想解决这些问题，首先就得与相关人员进行及时有效的沟通。图 1-1 为班组长沟通技巧示意图。

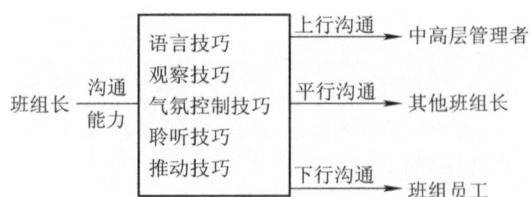

图 1-1　班组长沟通技巧示意图

一个团队的战斗力不能只靠个别明星员工，而要靠整个团队。但 1+1 是否大于 2，还得取决于这些个体是否凝聚在一起。班组长的协调能力就是打造完美团队的第一步。班组长要能敏锐地觉察到班组员工的情绪,并且建立疏通、宣泄的管道,对于情节严重的冲突,或者可能会扩大对立面的矛盾事件,更要果决地加以排解,正确处理班组内外的各种关系,为班组正常运转创造良好的条件和环境。

3. 激励与监督能力

激励是一个引导、改变和强化人的行为的过程。对班组长而言,激励从根本上来讲就是要使班组成员实现一个转变,从要他做,变成他要做,即能做到自发自动。这就需要班组长采取各种各样的激励手段,如竞争、奖励、培训、民主管理等来激发班组成员的热情。

管理人员应具备优秀的监督力,一流的班组长也不例外。班组长开展工作的深度、细节管理的深度、管理能力的宽度,在很大程度上是在监督检查过程中反映出来的,只有监督检查才能使动态管理落到实处。同时,监督也是杜绝各种安全隐患,避免损失的最有效手段。

4. 学习与教导能力

作为"领头羊"的班组长,既要及时掌握生产岗位中的新技术和新技能,又要及时解决生产过程中遇到的各类疑难问题,更要有观察问题、分析问题和解决问题及处理各种突发事件的能力和水平。因此,班组长应具备良好的学习能力,树立"用心学习,不断提升"的理念,把握学习规律,掌握学习技巧,提高学习能力,全面提高自身的综合素质与管理水平。在自己学好相关知识技术的同时,班组长还应及时、准确地将所学的东西传授给班组的员工。对于新员工,班组长也需要积极耐心地对其进行操作、安全、工艺、质量等多方面的培训指导。对于教导质量好的好坏,则取决于班组长的教导方法和技巧。

创学习型班组,做知识型工人
——记模具车间线切割班班长王林二三事

2007年年底,模具车间线切割班王林申报的创新成果《双绕组发电机定子冲片复冲模凸凹模加工方法改进》和《嵌补工艺在修补破损模具上的应用》获得公司"双创"成果奖,他的另一项革新成果也代表模具公司参加了集团公司的成果展示。

线切割班是模具公司的模范班组,也是集团公司十多年的质量信得过班组、模范职工小家、2006年市模范职工小家。二十余年来,该班一步一个脚印,从公司先进到集团、市级先进,并且保持了十几年的荣誉,这都缘于班组有一个好班长王林。王林在工作中没有节假日,碰到难活他总是带头上。2007年车间生产风电定子冲片模具,这种模具精度要求高,加工时间长,为保证精度,工件开始施工后中间不能停机。王林白天进厂安排工作,坚持每天守晚班,一连七天,人瘦了一圈,但保证了风电产品的按期完工。一年来他完成工时8356小时,一年干了四年的活,成为走在时间前面的人。工作中王林并不满足个人的高工时,全班职工的共同前进才是他的目标。线切割设备是数控设备,编程是一项技术难度较高的工作,尽管车间有专门的编程员,但为了加快工作节奏和对程序进行校正,减少质量事故,王林带领全班成员学习编程,通过几年的努力,全班职工基本掌握了编程技能,大大减少了由于程序差错而造成的质量损失。

靠革新挖潜创效是王林又一个工作思路。模具在使用一段时间后常出现局部的小破损，由于模具是精密工具，极小的破损也将造成整副模具无法使用。为了以小的代价修复这些模具，王林在工作中摸索出一套嵌补修模方法，并将其归纳为《嵌补工艺在修补破损模具上的应用》的革新成果。此外，他们班还有《螺旋扭曲导销的线切割加工》《关于线切割机床的局部改进建议》《商品模具卸料板增强局部强度的合建》等一系列革新成果。一年来，线切割班完成各项革新成果，提"金点子"等10余项，综合创效30万元，线切割班被评为集团公司学习型班组。

第三节　班组文化的建设

> 张凡逐步适应了班组长的新身份，对班组工作也有了大致的了解和方向。但是，张凡在组织学习的过程中发现部分班组成员还是存在着一定的抵触情绪，另外，在工作过程中，大家的思想状态和精神面貌也各有差异。张凡知道这其中存在着问题，但是具体是什么又讲不出来。他将自己的困惑告诉了刘科长，刘科长问："你是不是觉得班组成员的精神面貌不一致？做事情的时候有的积极，有的敷衍了事？""是的是的，就是这样。""这是班组文化方面的问题。你需要建立起属于你们总装一班的班组文化，这样你现在遇到的问题就能解决了。""班组文化是什么？"刘科长赞许地点点头："你这个问题问得关键，我们就从这个问题开始。"

一、班组文化的含义

班组文化是一个广泛而又具体的概念，它是指班组成员共同认定的思维方式和办事风格，是企业文化的有机组成部分，是班组成员付诸实践的共同价值观体系。它是以班组全员为主体，以业余文化活动为主要内容，以班组内部为主要空间，以班组精神为主要特征，以生产效益为主要目标的一种小群体文化，是班组管理的灵魂。

班组文化表现的是一种班组风格。班组文化之所以能够表现班组的风格，就在于每个班组的成员组成、工作性质、工作内容的特殊性。班组也像人一样，有自己特有的性格、思想、精神内涵，这些东西的抽象体现，就是班组文化的理念。现代化管理逐渐强调人性化与柔性管理，注重依靠人的重要性，发挥人的精神力量的作用。在企业中，则表现为一种企业文化管理。企业文化是指企业长期形成的共同思想、作风、价值观和行为准则，是企业中全体成员共同认定且遵守的具有本企业个性的信念和行为方式。企业文化实质上是一种企业管理哲学理念，是最持久、最顽强、最具激励作用的企业核心能力。

二、班组文化的作用

在一个班组的生产活动中，文化可以产生重要的影响。一个拥有良好文化的班组，对于其生产活动可以产生一定的动力。

企业文化渗透着班组文化的血脉，引导、推动、影响着班组文化的建设。而班组文化决定着企业文化内容的丰富性和可操作性，是企业文化在班组层面上的体现。班组文化建设要紧紧围绕企业文化的基本精神、宗旨和使命来开展，使企业文化以反映班组自身特点、适应班组运行规律的形式得以具体落实。

但班组文化同车间文化、企业文化相比较，不仅存在级次上差异，而且还具有以下四个显著特征：一是基础性。班组是企业的细胞，广大员工最直接、最广泛、最经常的文化生活在班组，由此可见，班组文化是企业员工文化在微观上的具体表现，是建筑员工文化这个高楼的基石和砖瓦，没有班组文化，企业员工文化就成为少数人的事情，从而失去了企业员工文化的本义。二是全员性。与车间文化、企业文化不同，班组文化不是靠少数骨干参与，而是由班组员工全员参加。三是直接性。班组文化因其群体小、空间窄，又是班组内的事情，活动中心情舒畅，感觉特别亲切，易于被员工视为自己的文化，它不需手续，不用强迫，班组成员都可以有意参加，又都乐于自觉参加，故而能够持之以恒。四是方便性，班组文化是一种员工自我设计、自立章法、自己管理的文化活动，它在时间、地点和活动形式的选择上，都是从方便员工出发，灵活多样，容易解决各种细节问题。

班组文化对于一个班组，乃至于整个企业来说有着重要的作用。

1. 良好的班组文化有利于实现班组的共同目标

一个班组是一个企业的缩影，只有成员之间树立共同的愿景理念、共同的文化心理，才能建立起员工间相互认同、相互聚合的基础。班组文化建设能够促进班组成员认清班组的共同利益，精诚合作，取长补短，最终实现班组的共同目标。

2. 良好的班组文化有利于协调好班组成员的关系

班组里气氛和谐、关系融洽是班组成员发挥工作潜力的重要外部条件。员工在良好的相互沟通与合作之中，就会形成班组共同的语言、共同的思维方式、共同的行为准则，有利于形成积极向上的氛围，有利于形成团结友爱、相互帮助的集体，有利于班组的协调，也为创建和谐班组奠定了基础。

3. 良好的班组文化有利于企业文化的建立

一个有荣誉感、有战斗力的班组一定是在执行这一环节做得较好的班组。建立良好的班组文化的目的就是塑造一种员工乐于服从、强于执行、相互尊重、志同道合的团队理念和形象。全心全意依靠员工，激发班组成员的创造热情，就是要鼓励员工不断关注生产经营过程中存在的问题，不断地深入思考，不断地提出建议，不断地加以实施。

4. 良好的班组文化是形成班级共同价值观的基础

共同价值观能够对班组内个体成员的行为产生约束和影响，并逐渐形成自身的行为规范。这种规范同时也表现出这个班组的行为风格与准则。员工之间在工作中有一个共同的价值理念，这个理念不仅是班组文化内容的核心，而且也是企业文化的重要组成部分。

三、班组文化的建设技巧

现在提出的班组文化基本表现形式主要包括两个方面，一是班组理念塑造，主要指用文字描述出班组与班组成员期望达到的一种价值状态、思想诉求和统一指向，班组成员都为此而努力的过程；二是班组行为建设，主要指班组成员根据班组理念进行班组形象建设和个人行为约束的过程。也就是通过班组集体行为和成员个人行为来表达班组理念，塑造班组形象。

（一）班组理念的塑造

班组理念是指班组与班组成员期望达到的一种价值状态、思想诉求和统一指向。

班组理念的产生是班组成员在管理实践与生产作业过程中萌发了一些新的价值理念，刚开始时，这些理念元素处于原生状态，有朦胧的方向，缺乏系统性与震撼力，难以清晰描述，没有形成明确的概念。班组成员通过共同参与班组文化建设，对初始杂乱无章的理念重新进行整合，对朦胧不清的班组目标加以精心提炼和确切描述，使班组建设有一个明确的发展导向，从而产生出班组理念。

在现实中，人们会注意到许多企业的基层班组也曾树立过远大的目标，提出了强有力的口号，但班组成员却往往无动于衷，根本不会发自内心地为之作出贡献。口号归口号，员工作为归员工作为。这是因为这些口号并不能反映员工们共同的价值观，不是从员工内心激发出来的东西，所以就无法成为班组员工行动的指南。班组理念首先应该具有能够统一班组员工意志，并激励班组员工为之全力奋斗的功能。

从班组理念的塑造中还应该能派生出一些可操作的价值理念，如提供服务性劳动的班组可以创新一些服务型理念，如被动、坐等式服务可以转变为主动、保姆式服务，热情、微笑服务延伸到心理、情感服务，基本、基础服务延伸到知识、智能服务，单向、直线式服务转变为人性化、互动性服务，粗略、简单服务转变为精细化、品牌化服务，准许性的大而化之服务转变为个性人、送别化、情感化的服务等。总之，让员工们感到服务和服务文化就在自己身边，就在自己的实践中。

班组长的工作可以从以下三个方面入手。

1. 建设班组思想文化

首先，班组长要强化学习制度，组织好班组成员学习掌握党的路线、方针、政策以及相应的法律法规，这是班组文化建设必须具备的内容。其次，组织学习企业精神、企业作风和经营理念，结合班组实际，研究确定班组行为准则。然后，班组长自身要加强对现代化管理知识的学习，学会思想工作方法，了解员工思想状况，化解员工心理障碍。通过班组思想文化建设，使员工明白为什么工作，为谁工作，怎么工作，使员工心情舒畅、团结合作、自觉工作，形成"心齐、气顺、干劲足"的局面。

2. 建设班组技术文化

班组成员的技术水平直接反映出班组的竞争力。班组长应带头学习先进技术、掌握先进技术和应用先进技术。所有班组成员都要立足成才，积极参加 QC 攻关小组、合理化建议小组或技术革新小组，提高技术水平，争当技术能手。班组长要通过树立典型，加强班组互帮互学培训，提高技术攻关能力。建设班组知识、技能共享平台，使每位成员明白自己所具有的技术知识是为谁而掌握，为谁而应用。

3. 建设班组安全文化

班组思想文化建设首先要提高班组成员的安全意识，要坚持安全学习制度，开展各种提高安全意识的活动。其次，要严格劳动纪律和工艺纪律，加强考核力度，逐步从"要我安全"向"我要安全"过渡。然后，要提高员工安全生产技能，增强员工发现和消除事故隐患的能力。

（二）班组行为的建设

班组文化是精神层面无形的东西，这种精神的东西要通过班组形象建设和个人行为约束在实践层面予以体现。所以只有将班组理念转化为每个员工精神的一部分，并贯穿在员工的一言一行当中，才能使班组形象和行为焕然一新，才会得到大家的认同，企业文化与班组文化的建设才能够卓有成效。也就是说，班组行为建设的核心是围绕班组理念的推行与传播，通过这些动态的因素组合理念约束个人的行为，塑造班组良好的整体形象。

班组行为的建设主要通过班组内部的制度、管理与教育训练，使员工行为规范化，在班组内外体现出一定的准则和规范，并以实实在在的行为体现出班组理念精神和服务的价值观。

（1）员工教育是将班组理念贯穿于行为的基础。
（2）制度和规范是建立班组行为的有力工具。
（3）卓越的管理是班组行为建设顺利实施的保证。

班组的行为建设具体体现在团队学习、团队创造、民主管理、员工小家、和谐班组、对上下游客户延伸服务等活动。这其中，班组员工小家成为班组文化的一种重要体现形式。例如表 1-3 和表 1-4 就是某企业制订的班组先进员工小家和模范员工小家检查考核标准。

表 1-3　先进员工小家检查考核标准

序号	内　容	要　求	考　核
1	班组评分	班组基础管理达标检查评分标准模板	目标值达到公司良好班组要求
2	全员共建	有全体班员签名的申请报告	无申请报告视作否决项
3	民主管理	每月定期召开民主生活会，通过开会开展批评与自我批评，消除班员之间的隔阂，创造和谐气氛	班组记录本
4	班组状况	班组长热心为班员和班组服务，班员有较强的团队意识，班组团结互助，班务公开，班风积极上进，班组成员无违纪行为，无越级上访现象	班组评议、各级调访

表 1-4　模范员工小家检查考核标准

序号	内　容	要　求	考　核
1	班组评分	班组基础管理达标检查评分标准模板	目标值达到公司优秀班组要求
2	全员共建	有全体班员签名的申请报名	无申请报告视作否决项
3	民主管理	每月定期召开民主生活会，通过开会开展批评与自我批评，消除班员之间的隔阂，创造和谐气氛	班组记录本
4	班组文化	班员有个人发展规划，班组有共同愿景，针对个人发展规划和共同愿景确定对策措施，班组文化娱乐生活丰富多彩	班组评议、各级调访

班组环境建设也是班组行为建设的一个主要内容。班组环境建设要与企业大的环境建设相一致，应该是企业大环境的一个有机组成部分，在此前提下，班组环境建设从微观差异性上体现班组理念。其原则上由两大基本要素组成，一是基础要素，它规范着班组作业现场的环境建设，如企业标志、标准字体、标准色彩、图案造型、衣着服饰、环境布置等。二是应用要素，它是根据班组理念与作业环境特点，在基础要素上进行班组环境建设展开运用的要素，如班组专用字体图案、专有宣传陈列等。

一个成熟的班组文化应该是健康的、有活力的、和谐的班组文化，是由日常的、具体的班组行为和班组成员行为的所有体现，应当是看得见、摸得着、可操作的东西，是班组成员自觉自愿的、发自内心的东西。这就是班组文化的求实特征。否则就会流于形式，反而成为不得不做或为别人而做的某种负担。

班组文化求实特征的最高境界，就是要使班组成员想念自己是在最适合自己的组织中工作的，由此而产生由衷的归属感、自豪感，使班组成员各得其所、心情舒畅，使成员与成员之间、成员与班组长之间成为同呼吸、共患难的伙伴，从而共同渴望成功、创造奇迹。

（三）班组文化的开发

1. 塑造班组精神

当今时代，是一个竞争激烈、协作至上的时代，所有事业都是讲求协作的团队事业。在激烈的竞争中，班组要想仅仅依靠某个人的力量取得成就，无异于天方夜谭。正所谓"团结就是力量"，班组要想获得好成绩，就一定需要一种班组精神。拥有良好班组精神的班组，其班组内部成员才能彼此鼓励、支持、学习与合作，班组才能具备很强的向心力、凝聚力与战斗力，不断进步和发展。应该明白，班组中的任何一个人都只是班组当中的一根线而已，单靠一个人根本不能编织出业绩的网络，只有所有的班组成员都将自己视为班组的一部分，以班组整体的利益为最高利益，团结起来才能实现班组的宏伟蓝图。

中国加入 WTO 之后，中国企业面临日趋激烈的市场竞争，在此情况下，如何加强企业的基层团队精神，产出高效优质的产品，提高市场竞争力，就显得尤为重要。

2005 年，陕西某企业坚持以"做精做强主业，保持平稳发展"为基本方针，在企业全面实行"深化改革、推动重组、走向联合、共同发展"，打造出了一个充满生机和活力的市场经营主体，实现了国际先进、国内一流、率先发展的目标，全面提高了企业的总体竞争实力，而这一目标的实现就归功于其有一个团结的群体。

团结是力量之源。在一个团结奋进的班组里，班组成员人人精神振奋，在奋斗的过程中要与班组目标保持高度的一致性，心中要有"班组强我荣、班组衰我耻"这一共同的奉献理念，这样才能形成一个具有心往一处想、劲往一处使，爱岗、敬业精神的班组。"不积小流，无以成江海"，班组只有集合全体班组成员的力量和智慧，才能加快班组的发展速度，才能使班组的核心竞争力得到有效增强。

班组精神是班组文化建设的一个重要内容，而这种精神就是思想。思想能支配人的行动，理念能指导人的行为。班组成员的思想政治觉悟和道德理念对他们的言行举止起着决定性作用，只有帮助他们树立正确的人生观、世界观、价值观，才能使他们在实际工作中真正领会"班组精神"的重大意义。而塑造这种班组精神，最重要的一个途径就是学习。没有一个班组从一开始就是成功的，而是需要通过不断学习才能创造出惊人的成果。班组是由员工组织而成，只有提升每位员工的思想与理念，才能促使他们在共同的理想信念上将力量凝聚。

班组在团结奉献的同时也应注重加强沟通、增进理解，用心搞好班组生产工作。有一句话叫做"理解万岁"，理解能缩短人与人之间的距离，距离缩短了，自然就能增进感情。班组成员在日常的工作中可能不会有太多的感情交流，因此班组管理者可以通过适当开展一些集体活动，如劳动、竞赛、联欢等，让班组成员在自然不自然的氛围中感到他们是一个团体，是一个完整的整体，从而激发他们团结奉献的班组精神，推动班组生产力的发展。

俗话说"人人心连心，黄土也能变成金"，这就是对班组精神的最好诠释。班组的成功需要靠班组全体成员并肩作战、团结奋斗来取得。试想，如果班组成员在班组行动中不听从指挥、不按步骤、不讲原则、不遵守规章制度、没有相互沟通理解，班组工作还能够顺利开展，能够取得成功吗？如果说班组精神比较空洞、抽象，那么用"一根筷子轻轻被折断，十根筷子牢牢抱成团"这句话来解释就比较通俗易懂了。在如今这个竞争激烈的年代，客户是企业生存的根本，企业要想赢得客户的支持、理解与信任，就要抓好班组建设，塑造班组精神，只有这样才能交出优质产品与服务，打造良好的企业形象，发展良好的客户关系，进而构筑一个健康发展的繁荣市场，最终实现企业的腾飞。

2. 开发班组口号

口号，不仅能够调动班组成员的积极性、进取心与责任感，更能强化成员们的经营观念和行动准则，鼓励全体班组成员树立起良好的班组形象。好的班组口号就好比是战斗的号角，于激进者是鼓励，于落伍者是鞭策。口号一般言简意赅，易于记诵，体现了班组的特点，呼唤出的是班组的目标。

北京百货大楼："用我们的光和热去温暖每一个人，每一颗心。"

北京西单购物中心："把一颗热心、耐心、爱心、诚心奉献您。"

日本本田科研："用眼用心去创造。"

美国 IBM 公司："IBM 就是服务。"

美国麦当劳公司："顾客永远是最重要的，服务是无价的，公司是大家的。"

……

这些漂亮的企业口号，有如那五彩的霓虹灯，为企业带来了迷人的色彩，并使每个员工走进企业就像登上舞台一样，情绪高涨，力量倍增。口号内涵丰富，是一门积聚人心、凝聚士气、激荡热情的艺术。企业班组的主体和本体都是人，以人为本是现代企业的普遍性理念，而口号的鼓动对象也是人。企业班组口号是为达到一定目的，实现某项任务目标而提出的，对班组成员起着鼓动、激励以及约束的作用。

企业班组口号的设计，必须体现班组的风格、理念、工作方针和班组文化，要求文字简洁、朗朗上口、亲切感人。只有这样，班组口号才能在班组内部达成共识和认同，从而激发班组成员为班组目标而努力的激情。

例如，某车辆集团"我靠××生存，××靠我发展"，华润科技"与您携手，改变生活"，某建筑公司"千锤百炼，创造精品，诚信合作，建设未来"……以上口号中的那些理念，作为其企业精神的外在表现，高度浓缩了其企业文化的内涵。

蒙牛集团的"口号文化"就非常值得去借鉴。其创始人牛根生演讲有两个特点：煽动性和感染力。每次开会，他都能即兴喊出各种非常具有影响力的口号，并将口号变成了标语牌，挂在蒙牛公司的办公楼、销售部、生产车间、食堂和公寓的周围等各个角落，在潜移默化中规范着每个员工的思想和行为。例如，其厂区大门上挂着"讲奉献，但不追求清贫；讲学习，但不注重形式；讲党性，但不排除个性；讲原则，但不脱离实际；讲公司利益，但不忘记国家和员工的利益"的长幅标语。在财务部张贴的是"现金为王"的口号，在销售部门口标着的口号则是"老市场寸土不让，新市场寸土必争"，在班组车间里的口号是"产品等于人品，质量就是生命"……

企业口号是企业文化的标签，任何一家企业，都有其在长期生产经营过程中形成的经营思想、价值观念、团队意识和行为规范，都有其独特的文化，而这种文化也是其一切经营活动的思想核心与理论基点。班组口号于班组是同一个道理，它也是班组独特文化的升华和提炼。

班组口号往往昭示着班组文化的取向。过去常常可以在某些企业班组内部看到这样的一些以标语形式表现出来的口号，比如"今天工作不努力，明天努力找工作""企业的利益高于一切，争分夺秒创效益"等，乍一看，这些口号好像是没什么，然而细品这些口号时就会发现，这是站在企业管理者角度提出的口号，看似是为了提醒员工"努力工作""保住饭碗""创造效益"，但实际上却蕴含着对员工生存权的蔑视，是与"人本管理"思想相悖的。

班组要想使口号能够真正发挥其最大价值，真正调动员工工作的积极性与热情，让其成为班组制胜的利器，并非易事。怎样开发出合理的班组口号，如何使其不成为空谈，这都是一个个需要班组管理者去认真研究和思考的问题。需要注意的是，确定每一条班组口号都必须深思其背后所包含的积极内容，而不能出现与"人本管理"思想相悖的内容。此外，班组管理者还应明白，一个好的班组口号，不是简单的组成口号的那几个字，而是口号中深藏的内涵以及与口号紧密联系在一起的制度与具体行动、班组目标。

3. 创建班组图腾

不知何时，将企业文化用一种动物或植物等符号来形象地表达，已经成为中国企业的普遍做法，不妨将其称为"企业图腾运动"。比较流行的图腾是动物，比如狼、鹰、虎、象、龙等。企业图腾，是企业在对于环境的适应性和根据企业宗旨的选择中"缔造"的，是企业个性的表现，是企业借助一种动物、植物、人物或其他符号来标志或者象征企业的特性、比喻企业的文化，反映的是一种企业更高层次的追求，是企业的愿景。班组要创建切合自身实际的图腾，必须从以下几方面入手。

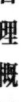

第一，需要结合班组自身特色或个性，寻找一种动物或者植物，并深刻挖掘出两者的相通之处，对其进行深刻表述。既然是图腾，那就必然离不开动物、植物等符号。例如，有的企业经营者推崇大象的诚信、实力、稳健、团队等品质，就以"大象文化"来描述自己的企业文化；有的企业经营者推崇芙蓉的"洁身自爱、奋发向上"的品格，于是以"芙蓉品格"来描述自己的企业文化；也有的企业经营者要求员工像狼一样执着、合作、目标明确，于是以"狼性文化"表述自己的企业文化……

第二，班组管理者应该明白，班组图腾需要不断进行强化和传播。

图腾是一种信仰。一个企业建立一种信仰不是一件容易的事，班组也是一样。所谓信仰，即"信"与"仰"，坚决地去相信，怀着一种神圣的心去景仰，这是一种超越物质的精神追求。

班组管理者必须客观地对待班组信仰和班组图腾，不能抱有不切实际的想法。当然，不容置疑的是，一个班组离信仰越近，其凝聚力就越强，行动力就越大。

第三，班组图腾其实完全可以转向更抽象的管理方法和模式。

班组图腾不一定非要是一种图形或符号，而是完全可以转化为一种更抽象的管理方法和模式。以抽象的管理方法和模式作为企业的图腾，是西方企业里面很常见的一种现象。例如国际著名的"惠普之道"，就已经上升为一种以"人本管理、创造价值"为核心的企业图腾的概念；世界闻名的通用电气公司将"数一数二""无边界管理"这些思想上升到企业信仰的高度，成为公司团体员工做人做事的基本准则。

（四）开发班组同共价值观

所谓班组的共同价值观，就是指班组管理者和班组员工对班组生产活动和行为的评价，包括准备存在的意义和目的、班组各项制度、班组中人的行为等。共同的班组价值观，能为班组工作与发展提供方向和行动指南，为员工形成共同的行为准则奠定基础。班组是许多个体的集合，每个人的生活阅历、思想认识都不相同，因此，一个班组内部，其成员的价值观也会各有千秋。

举例，一群学生在观看一部有关二战的影片。影片描述的是二战时期，美军与日军在争夺某一太平洋小岛的登陆战中，双方死亡惨重，美军第一拨登陆的每五名海军陆战队士兵中平均只有 1.7 个人存活。

影片结束后，观看影片的学生凑在一起讨论观影感想。一名学生问道："如果我们就是在那场激战中会死去的士兵，我们每个人在死去前半个月最希望做的有意义的事是什么？"学生们的回答五花八门：

"我希望能尝遍天下所有的美食，好好享受人生。"

"我希望能写出一部伟大的鸿篇巨制，留名千古。"

"我希望能与我的父母共同好好度过每一天。"

……

这则故事说明了什么？每个人都有自己的价值观，一个群体的价值观是存在差异的。而正因为人与人之间这种价值观的差异，人们面对同一件事，对其价值的判断会不尽相同，反应也会各不相同。

价值观是人行为的动机和选择的基础。在一个班组中，只有班组成员拥有着共同的价值观，才能齐心协力推动班组建设。班组成员在进入班组之前都有着各自的经历，都带了各色各样的价值观进入班组。在同一个客观条件下，对于同一个规章制度，有人认为其合理，就会认真贯彻执行，有人认为其错误，就会千方百计不执行。这两种截然相反的行为，毫无疑问将对班组目标的实现产生完全不同的作用。

那么，班组该如何建立共同的价值观？

如果班组管理者是以强权或权威来压制班组成员，那么班组成员做起事来就失去了真正的动机。要建立班组共同的价值观，得抓住以下几点。

第一，赋予班组成员以动机。

将班组期待具体化，才能赋予班组成员以动机，这是因为具体化的期待是能够实现的目标。例如，建一栋大厦的时候，如果不进行具体规划肯定就无法完成。只有当建筑师将自己的想法具体地表现在蓝图上，施工人员依照蓝图才能完成大厦。

同理，班组行动要能让员工毫无疑惑地追随，也必须要有行动的蓝图，即明确具体的理想或目标。如果班组管理者不能为班组成员规划出明确具体的理想或目标，班组成员就会因迷惑而自乱阵脚，丧失斗志。

第二，充分沟通，协调一致。

班组的价值观只有协调一致，转化为全体班组成员的信念，才能成为班组共同的价值观，班组价值观转化为全体成员的信念的过程，就是让班组成员接受并能够去自觉实施价值观的过程。在这一过程中，班组管理者的作用是举足轻重的，班组管理者要以身作则、言行一致，恪守自己所提倡的价值观。只有班组管理者做出了好的表率，对员工才能产生说服力。班组长应在班组日常工作中不断向班组成员灌输班组价值观，详细地对他们说明班组的行为准则。

通过向班组成员灌输价值观，使他们对班组价值观产生内心的共鸣，把班组价值观转化为内心的信念。只有这样，班组成员才能对班组价值观的实质有全面而深刻的理解，他们才能积极地把班组价值观付诸实施。

任何班组都必须有一颗"北极星"，有一条大家所共同信奉的价值观，这样才能够激励班组成员，使他们齐心协力地为班组出力献策。班组共同的价值观应该能够体现班组的传统，体现过去的成就。它能使这个班组稳定，是这个班组的基础和存在的依托。这个价值观可以帮助班组成员集中精力、缓解压力，并为他们的工作提供目标。它还能使大家看清他们的班组将朝着什么方向发展，怎样发展，它是班组前进的指南。

（五）建立班组共同使命

人的使命是经过思考形成的一种坚定不移的认识和信仰，认定这种事情值得全力以赴、值得献身，这种认识和信仰就是使命的高度。所谓使命感，就是知道自己在做什么，以及这样做有什么意义。一个人找到了使命就找到了自身存在的根本。人因使命而存在，人因使命而定位，人因使命而号召，人因使命而奋斗。

一个具有崇高使命和目标的人，毫无疑问地会比一个毫无使命感和目标的人更有作为，有句苏格兰谚语说："扯住金长袍的人，或许可以得到一只金袖子。"当你清晰了工作使命，理清了为何而工作的时候，你的工作就是一份荣誉，永远都不会迷失在单调和繁杂的工作中，更不会因为工作的挑战和困难而放弃。

同样，共同的使命于班组也是如此。任何一个组织的存在，并不仅仅是为了自身的生存。如果该组织的存在仅仅是为了自身的生存，那么这个组织的存在对社会就没有多大价值了。

例如，任何一家企业绝对不能将赚钱作为其唯一目标。一个企业除了赚钱之外，还应该创造文化，为人们提供就业机会、提供高质量的产品与服务给消费者，服务社会。可以说，这些都是企业应该具有的目标，即企业的使命。

在一个企业里，如果从管理层到普通员工都能形成这样的使命感，这个企业无疑会得到很大的发展。认真研究那些世界著名企业，如IBM、丰田、GE，我们会发现，它们都不是以盈利为自己的最高使命，而是以服务社会、造福人类、改变生活之类的崇高使命作为自己企业文化的核心。使命感并不仅仅是企业的事情。企业的所有事情最终都要落实到每一个班组，落实到班组每一位员工身上，使命感亦是如此。使命感在班组最重要的一个作用，就是能让班组成员分辨出自己是在做事还是做事业，这对班组工作的执行和结果是具有决定性作用的。共同的使命感，是促使班组成员齐心协力、勤奋工作的最强的动力。

如果有的班组成员没有对班组肩负一种使命感，那么在班组面临困境的时候，能指望其与班组同舟共济、共渡难关吗？能指望其为班组工作尽心尽力吗？

某国际知名商业机器公司的董事长A先生希望他的部属都具有老鹰般的精神。他说：

"要想驯服一只老鹰,绝对不是一件轻而易举的事。但是如果要把已经驯服的老鹰再放归自然,让它自谋生计,也不是一件容易的事。被驯服的老鹰将无法搏击长空、自行觅食,将它们放归自然无异于是陷其于死地。所以我们企业需要的是伸展自如的老鹰,这样才有可能大展宏图。"A先生讲这段话的意思,就是要求其公司员工生龙活虎,敢闯敢干,要有搏击长空的使命感,而不要只用一种处处小心谨慎的态度,仅仅只是满足于完成上级交给的那些工作。

根据某调查文件发现,现在有很多企业班组内的员工之所以不愿意勇敢地向困难挑战,主要是因为缺失了使命感,丧失了积极的精神状态,只满足于小心翼翼地做好分内工作。

怎样解决以上问题,这就要求身为企业生产一线指挥官的班组长要不断地把企业以及班组的状况告诉给所有班组成员,鼓励他们积极参与,共同出主意和想办法,通过班组成员的齐心协力来克服困难。如果一个企业班组里的员工都是些唯唯诺诺,无胆无识无使命感的"驯化鹰",那么班组长这个光杆司令是不可能只手撑天,扶大厦于将倾的。为使班组永远充满战斗力,就应建立班组共同使命。班组共同使命的建立在很大程度上取决于班组长的激励机制,取决于班组里是否有一种鼓励冒尖、鼓励创新的气氛。

那么,究竟应该如何建立班组共同使命呢?

依我国目前的社会经济发展状况而看,现在的大多数人都已经无须为温饱而苦恼,人们的生理需求已基本得到满足,那么精神方面的需求就必然是大大提高了,这就为培养使命感创造了条件。班组长要在班组建立共同的班组使命,就应在平时的工作与生活中多多关心、体贴员工,尽力为员工们做一些实实在在的事情,激励员工不是仅仅做一些表面文章。

举个很简单的例子,如果有一天班组中的某个员工过生日,班组长就可以以公司名义送给该员工一个蛋糕和一张贺卡;当某位员工生病住院时,不妨送上一束鲜花,聊表慰问,如果工作太忙脱不开身,不妨请身边的人传达关怀与问候。

这样,才能让员工充分感受到公司的关心,感到自己是公司大家庭中的一员,员工个人自然而然地就会将公司的事情当作是自己份内的事,从而觉得自己应该负起一定的责任,于是使命感也就在潜移默化中不知不觉地形成了。此外,建立班组共同的使命,还需要班组长积极鼓励班组成员参与班组各项工作与计划。

某科技公司通过鼓励员工参与科学计划,用许多不同的方法向员工解释和强调人类进行科学研究、造福人类的使命和意义,使员工找到了自身强烈的使命感和工作热情。这说明该公司在贯彻企业目标、激发员工使命感方面,做得非常成功。

美国某著名管理学家认为,使命感是一种促使人去采取行动,实现自己理想的心理状态,是人的行为取向与行为能力的关键性因素。如果人们认真去观察一个人的行为取向,就会发现其内心赋予自我的使命是什么。

每个人赋予自己的使命不尽相同。例如,有人意在为弱势群体提供服务,为他们争取应有的权利;有人想要熟练掌握企业各项业务的操作过程,为其他人提供指导和咨询,帮助其他人做好工作;还有人是要打造一支忠诚可靠的员工队伍,将科研成果转化成为具有商业价值的产品,保持一定的市场地位,等等。班组长要善于发现问题,懂得激励班组成员产生使命感,并引导班组成员建立共同的班组使命,为班组工作的开展与发展群策群力。

具有共同使命的班组,首先具有钢铁一般的意志,其次就是富有极强的探索精神,敢于真心投入;具有共同使命的班组,不是被动地等待着新使命的来临,而是积极主动地去寻找；具有共同使命的班组，不是被动地去适应新使命的要求，而是主动地去研究、变革所处的环境，尽量做出一些对班组建设有意义的至关重要的贡献，并从中汲取再一次走向成功的经验。

不言而喻，使命感对班组建设的推动作用是相当大的。因此，建立班组共同的使命十分必要。

课后练习

1-1　班组的特征
1-2　班组管理的含义。
1-3　班组管理的特征。
1-4　班组长的基本任务。
1-5　班组长应具备的管理能力。
1-6　案例分析：

【案例1】　　　　　　　　钻工班的"领头雁"

在某电机公司事业部大电机车间钻工班，赵立可是个大忙人，从生产日计划的安排到班组"6S"的管理，从机床操作到各类攻关突击的参与，都能看到他忙碌的身影。作为钻工班的班长，班中各项工作能正常有序地开展便是他最大的欣慰。

钻工班现在班员19人，是个青工占全班人数的70%，担负着车间机座、端盖等所有零部件的画线、钻孔、攻螺纹、去毛等加工任务的关键性班组，要当好这个"领头雁"可不是件容易的事。为了将班组建设成一个团结奋进的集体，赵立首先将"从我做起"当成治班法宝，要求班员做到的，他必定首先就要做到。

2010年8月份，由于Y710电机生产量骤增，班上任务相当压头，赵立克服多位班员因病不能上班，自己的幼儿需要照顾的困难，酷暑高温中加班加点毫无怨言。那个月，钻工班在他的带领下完成了100余台电机零部件的配套加工任务。班长模范带头，班员们自然也不甘落后。大电机车间钻工班有一个特点，除了平常的工作之外，还需要在电机总装时随时配合装配班工作，对于这份额外的工作，班员们都能顾全大局，只要班长一声令下，总会在第一时间赶到电机前，并且经常加班至凌晨。该班多次被事业部和集团公司授予"先进班组"和"模范职工小家"的称号。

"质量是企业的生命之源"，这是赵立开展各项班组管理工作的重中之重，为此，他在质量管理上下功夫，加强员工的自检、互检，提高大家的产品加工质量，并积极配合车间抓好质量信不过员工的考核。由于监管得力，2012年班组无一名质量信不过班员，班组产品质量合格率人均在99%以上，并涌现了优秀导师方初、青年技师王波等专业技术人才。全班累计进行技术小改小革12项。其中在攻克新产品1—820038工号同步机机座加工难关时，赵立在此类机座无法在原加工平面上加工的情况下，与全体班员群策群力，协同技术人员一起，采用将机座放入地坑内，然后用两台钻床同时加工的新方法，不但确保了机座的顺利加工，而且将原来两天的工作进度约定缩短至一天，做到了进度、质量两不误。

请分析：班长赵立管理班组的成功，运用了那些管理技能？

【案例 2】 <center>三星集团的班组管理</center>

韩国三星集团是一家跨国公司，职工 16 万人，年销售额近 1000 亿美元，在世界 500 家大公司中曾名列 16 位。其发展速度之快、产品涵盖之广、市场份额之大、出口创汇之巨，都是超出人们想象的。那么，三星集团的管理优势何在？重要优势就是它的班组管理。

1. 三星班组管理的基本要求

三星公司班组管理的核心是生动活泼，具有民主性，注重实际效果，注重人的自觉性、主动性与创造性的发挥。班组开展的各类管理活动，都与企业的方针、目标及重点工作相联系，充分体现了人人爱岗位，人人爱企业的精神。由于班组开展的各项管理活动形式多样又非常灵活，给人们一种浓厚的、真切的、充满生机和活力的感受。

2. 班组管理重在目标管理

班组的目标管理是以表格的形式开展的。先将班组的目标（主要是经济指标）确立在历史最好的水平上，每天进行检查，每月进行综合评定。如果在某天或某月达到目标后，班组及时地将所实现的目标值填入目标管理图内，并注明班组达到此目标所做的重点工作。企业的厂长（代表理事）也在该表格内签上自己的名字，并写上几句勉励的话。这样，使班组在取得成绩后，能及时得到领导的鼓励，以激励班组向更高的目标奋斗。同时，企业领导每天都要到班组走一趟，加深了领导深入基层的工作作风，密切了干群关系。

3. 开展全员降低成本活动

韩国经济不景气的时候，对三星集团也产生了较大的冲击。三星集团为此普遍在班组开展了"降低成本费用活动"。在生产现场可以看到班组绘制的成本控制图。在这个图中，有控制成本费用的主要项目，有每个人的实施目标，有具体的目标值。班组开展的这项活动在组与组之间是公开的，员工与员工之间也是公开的，这样做使奔跑的人、走路的人、坐着的人都相互尊重，并给予鼓励，最后使所有的人都成为奔跑的人。

4. 实行全员设备管理

在三星集团班组内开展的全员设备管理得到了员工的极大响应，这是班组管理的主要内容之一。班组有着完整的设备维护保养制度，并对设备实行重点管理。重点管理就是对容易影响产品质量的设备或容易出现故障的设备实行重点监控，使设备在大生产中处于良好运行状态。凡重点设备都有非常明显的提示牌，以提示员工对设备监管的频度和内容。班组的全员设备管理充分体现了全员参与的意识，在班组内可以看到员工对设备提出的改进意见、改进方案图示和设备改进前后的对比分析示意图。由于全员设备管理工作的开展，克服了设备管理只是少数专业人员的职责界线，同时也给班组员工创造了参与管理的环境。另外，全员设备管理也得到了各生产企业领导的重视，并及时对全员设备管理成绩突出的班组和个人进行奖励和表扬。

5. 星级教师制的效果好

在三星集团所属工厂的班组里都有专职教师，专职教师负责对所有员工在操作技能上的指导、帮助、学习、提高，专职教师的责任是培养出更多的具有"师资"水平的员工。三星集团开展的星级教师制分为星级，也就是说，凡班组员工取得 4 星级时，那就证明其具有了专职教师的资格，可以对 3 星级、2 星级、1 星级的员工进行操作指导和帮助。这项活动的开展，极大地调动了全体员工的学习热情和向 4 星级奋斗的目标。

"创新"是三星集团极力提倡的工作精神,并作为厂训深深扎根在"三星人"的心中。而班组合理化建议的开展,大大激发了员工的创造精神。班组合理化建议有个人提出的,也有组成"合理化建议小组"后提出的,员工们将合理化建议贴在墙上,将建议的内容拍成照片,配上文字,并有改进前后的可行性分析,非常生动。另外,凡是合理化建议被采纳,就给予奖励。在三星康宁每个员工一个月平均 4 次向上级提合理化建议,可见职工热爱企业的程度。

6. 组织公益活动和集体活动

班组在完成生产任务后,也利用空余时间参加社会公益活动,很近似我国的"学雷锋"活动。其内容有:植树、值勤、到敬老院做好事及与社会有关的其他活动。从中增强对社会的责任感,展示员工的人性美和道德观。三星人讲:"我们三星之所以能够开展丰富多彩的公益活动,正是因为企业把这种精神作为自身基础的结果。"

班组集体活动有旅游、聚会、联欢、体育比赛等内容,而且将每次活动的内容拍成照片,贴在"班组园地"里,让大家共享那美好、难忘的集体生活。由于集体活动的丰富性,锻炼了三星班组的团队精神,培养了人和人之间友善和谐的关系,创造了宽松、和谐的班组氛围,就是这些集体活动培养了对集体的责任感。

三星集团为员工们建造了很多现代化的文体中心,提供了培养多种兴趣的条件,从而不断提高三星人的生活质量。

三星班组的管理活动内容还很多,比如:综合评定员工的"累计分考核制",全面质量管理,以及提倡环境舒畅和气氛融洽的民主管理等,都在班组管理中发挥着重要作用,使班组这个企业最小的生产组织单位在企业管理中变成了最积极、最活跃、最富创造力的群体。

请分析:

(1)三星集团班组建设的成功之处是什么?

(2)你认为一个理想的班组应该是什么样的?

第二章　班组的生产管理

班组内生产结构转换所带来的显著效果

星期一早晨刚上班，电机集团公司某事业部生产调度室的李主任就匆匆把抽调到装配试验组任组长不久的张凡叫到办公室，向他下达了5天内完成推力轴承中鼓形油箱厂内装配和压力的试验任务。推力轴承是水轮发电机组的关键部件，其工作性能的好坏直接影响到水轮发电机组的安全可靠运行。

张凡接到任务后，立即召集副组长和3位带班长进行商议。如果按照原来的生产方式组织生产，整个装配需要6~8人，装配试验时间10天，整个装配和装配试验费用需20万元。如何缩短工期、降低成本、提高效率，张凡和他的副手们一时没有找到可靠、有效的方法和途径。

由于时间紧迫，张凡马上指派三名经验丰富的装配工林国华、何建军、刘中华分头组织配件和工装。自己则到工段联系、安排装配试验场地。

上午10点左右，张凡返回组里，何建军报告说："鼓形油箱打压用电机出现故障，要两天以后才能修好。"林国华和刘中华也报告说："鼓形油箱的本体、上下端盖和底盘都已经加工完毕，但是活塞还没有加工。"张凡一听很着急，心想："不能等着其他组里的电工修理电机，耽误两天的时间无法完成任务。加工零件不配套无法进行总装，这也是一个问题。要想按时完成任务，必须自由充分利用自己组内资源。"

张凡再次与副组长和3位带班长商议，在分析了以往人员配置和生产组织形式上存在的弊端后，当机立断作出决定，对组内的人力资源重新进行配置。

以往的弊端是：第一，在人员的配置上不分专业和工种，谁手上无活就派谁参加装配实验，使得班组的人力资源得不到最佳配置。第二，生产组织形式是"以零件为中心"，由于零件加工的工时不同，存在装配待料的情况，延长了装配周期。张凡和项目组成员首先对以上的弊端进行了改进，做出了改进方案。接着就是解决生产的主要矛盾，也就是影响鼓形油箱厂内装配进度的瓶颈——零部件的装配问题。

在装配实验生产过程中，他们根据产品（零部件配套）生产工艺的特点，以工业专业化和产品专业化两种形式设置项目组的生产作业单元，根据装配进度的不同，制订零部件的三种生产方式的顺序转换。

（1）对批量较大、加工时间短的零部件，采用顺序结合方式加工。如生产螺杆、螺母件时，在前一道工序全部加工完毕后，再整批地转到下一道工序加工。

（2）对批量小、加工时间长的零部件，采用平行结合方式加工。如对活塞体加工，在上一道工序加工完毕后，立刻转到下一道工序加工。

（3）对相关零部件和部分工装，采用平行加顺序相结合方式加工。

通过以上三种不同的零部件加工和配套生产方式，两天内就完成了本次鼓形油箱装配配件的准备工作，确保第三天总装按时进行。

第三天上午，张凡与项目部组三名成员早早地来到总装现场，再一次检查本次鼓形油箱装配所需的零部件是否到达指定的工位。在确保万无一失之后，张凡向在场项目组成员下达了总装开始的命令。由于针对本次装配试验的班组内部生产管理模式得到了有效转换，所需零部件按时、按质、按量到达指定的工位，因此鼓形油箱厂内装配的任务得以顺利完成。

第四天，项目组按时对总装完毕的鼓形油箱进行打压试验并获得成功。通过张凡和项目组全体成员的共同努力，在整个作业人数4人不变的情况下。装配和压力试验时间由原来的6个工作日缩短到4个工作日，工装总费用由原来的20万元减少到10万元。

由于张凡有较为丰富的班组生产管理知识和经验，抽调到装配试验组任组长碰到的难题得以迎刃而解，那么，作为班组长应懂得哪些班组生产管理的相关知识呢？

第一节 班组生产管理概述

一、班组生产管理的概念

企业生产管理，就是企业对生产活动的管理。广义的企业生产活动，是与企业产品生产密切相关的各项活动的总和。它是指企业按照预定的经营目标和经营计划，充分利用人力、物力和财力，从产品品种、质量、数量、成本、安全和交货期等方面，生产出符合市场需要和用户满意的产品的整个过程。因此，广义的生产管理包括生产过程管理、劳动管理、物资管理、质量管理、成本管理、设备管理、环境和能源管理等方面。其中，生产过程管理是广义生产管理的基础，质量管理是广义生产管理的核心。狭义生产管理则是指以生产过程为对象的管理，即对企业生产技术的准备、原材料投入、工艺加工直至产品完工的具体活动过程的管理。主要生产包括：生产计划和生产作业计划的编制，生产过程的组织以及生产过程的控制等内容。班组是企业组织生产经营活动的基本单位，是企业最基层的生产管理组织。企业的所有生产活动都在班组中进行，所以班组工作的好坏直接关系着企业经营的成败，只有班组充满了勃勃生机，企业才会有旺盛的活力，才能在激烈的市场竞争中长久地立于不败之地。班组就像人体上的一个个细胞，只有人体的所有细胞全都健康，人的身体才有可能健康，才能充满了旺盛的活力和生命力。班组管理是企业管理的基础，班组生产管理则是班组管理的基础，在班组管理中起着重要的作用。所谓班组生产管理是指有计划、组织、指挥、监督调节的生产活动。以最少的资源损耗，获得最大的成果，是对企业生产系统的设置和运行的各项管理工作优劣的总体评估，又称生产控制。

二、班组生产管理的任务

班组生产管理的任务：在车间、工段的具体组织下，以不断降低生产成本、提高企业经济效益为中心，严格执行以岗位责任制为主要内容的各项规章制度，协调各岗位、各工序的生产活动，保证安全、稳定、连续地进行生产，按各项经济技术指标的要求，全面完成各项生产任务。

三、班组生产管理的内容

1. 生产作业计划管理
2. 工艺纪律的管理
3. 班组工作的交接
4. 操作记录和交接班记录
5. 异常情况的处理

第二节 班组生产过程组织

班组生产过程的组织，主要是解决产品生产过程各阶段、各环节、各个工序在时间上和空间上的协调衔接，即生产过程的空间组织和生产过程的时间组织。

一、生产过程组织概述

生产过程是指从准备生产开始，直至把产品生产出来的全部过程。任何一个工业企业，产品的生产均须经历一定的生产过程。

1. 生产过程的组成

根据生产过程所经历的各个阶段的地位和作用的不同，可将生产过程划分成以下四个阶段。

（1）生产技术准备过程 所谓生产技术准备过程是指产品在投入生产之前所进行的一系列准备工作的过程。主要包括产品设计、工艺设计、工艺装备设计与制造、劳动定额制订、原材料与辅助材料消耗与储备定额的制订，以及新产品的试制和检验等。

（2）基本生产过程 基本生产过程是直接把劳动对象经加工变为企业基本产品的生产过程。这一过程是企业的主要生产活动。例如：机械加工企业要经过毛坯制造、机械加工和零部件装配等基本生产过程。

（3）辅助生产过程 辅助生产过程是指为保证基本生产的正常进行提供必需的辅助生产的过程。例如：企业为保证基本生产提供的动力、机修和模具加工等。

（4）生产服务过程 生产服务过程是指为基本生产和辅助生产提供的各种生产服务活动，如原材料的供应、运输、保管及有关的检验、测试等。

上述的生产过程中，基本生产过程是核心。其中基本生产过程与辅助生产过程一般由若干相互联系的生产阶段所组成，而每一生产阶段又由若干工序所组成。例如：机械加工企业一般要经过毛坯制造、机械加工和装配三个生产阶段，在机械加工阶段往往又包括车、铣、刨、磨等加工工序。

2. 合理组织生产过程的客观要求

所谓合理组织生产过程，就是要把生产过程在空间和时间上合理组织安排，以保证企业按质、按品种、按数量、按期限完成生产计划任务，取得良好的经济效果。为此，工业企业在生产过程组织时，应满足下列客观要求。

（1）生产过程的连续性 连续性是指产品在生产过程的各生产阶段、各生产工序，在时间上紧密衔接而连续不断或很少间断。连续性的实现，可以保证缩短生产周期，加速资金周转，减少在制品的资金占用，提高设备和生产面积的利用率。

（2）生产过程的比例性　比例性是指生产过程的各生产阶段、各生产工序之间，在生产能力的配备和产品劳动量上保持合理的比例关系。保证比例性，可以提高劳动生产率和设备利用率。

（3）生产过程的节奏性　节奏性是指生产过程的各生产阶段、各生产工序在相同的时间间隔内，所生产出的产品数量大致相等或均匀倍增，使每个工作地的负荷保持均匀，避免时松时紧，或前紧后松的现象，保证正常的生产秩序。保证节奏性，有利于充分利用人力和设备，有利于产品质量提高和缩短生产周期。

（4）生产过程的平行性　平行性是指生产过程的各生产阶段、各生产工序要实行平行作业，即在空间布局上尽量保证产品的各个零部件的加工和装配及其他生产阶段及工序能在各自的空间内同时平行进行。保证平行性，能大大地缩短生产周期。

3. 生产类型的划分

生产类型是影响生产过程组织的主要因素之一。通过将各种生产过程加以分析研究，划分成不同的生产类型，便于企业确定各自的生产组织形式，有效地开展计划管理工作。最常用的生产类型划分是按照工作地的专业化程度来进行的。据此，生产类型可分为以下三种：

（1）单件生产　单件生产是同种工作的数量只有一个或极少数几个，工作地不固定，经常变换，工作地的专业化程度不高。例如：造船厂的船只建造。

（2）批量生产　批量生产是指工作地轮番进行固定的若干项工作。一批相同零件加工完成后，需调整设备和工装，才能再加工其他批次零件。工作地的专业化程度视批量的大小而异。一般按照工作地工序的数量，批量生产还可分为：

1）小批生产——工作地进行的工序数在 20 种以上。
2）中批生产——工作地进行的工序数在 10~20 种。
3）大批生产——工作地进行的工序数在 10 种以下。

（3）大量生产　大量生产是工作地经常重复地进行若干项工作，即一道或少数几道工序，工作地专业化程度很高。一般情况下，小批生产接近于单件生产，大批生产接近于大量生产。

二、生产过程的空间组织

生产过程的空间组织是指企业各生产单位的组成及合理布置的问题。企业为实现生产过程，必然要建立相应的厂房建筑，配备相应的生产设备及装备，并在空间上进行合理布局，形成一个有机的整体，保证生产过程的顺利实现。这就是生产过程的空间组织。

（一）企业的生产单位的组成

企业的生产单位就是从事产品生产过程的某一阶段或某一部分零件的生产场所，即车间。车间的设立与企业生产过程结构相对应，一般有三种。

（1）基本生产车间　与基本生产过程相对应，从事基本生产过程的生产单位主要包括铸（锻）造车间、机械加工车间和装配车间。

（2）辅助生产车间　与辅助生产过程对应，主要包括机修车间、动力车间、工具车间等。

（3）生产服务车间　与生产服务过程对应，主要包括仓库、运输及生活服务设施等。

（二）工厂平面布置的原则

工厂平面布置是根据已选定的厂址，将企业的各种生产单位进行合理布置。工厂布置应全面规划，统筹安排，一般应遵循以下原则：

（1）以基本生产为中心，满足生产过程的要求，使原材料、半成品、成品的运输路线尽可能缩短，避免往复交叉，节省运输费用。

（2）适当提高建筑系数，尽可能提高厂房、建筑物等在厂区内的紧凑程度。同时根据安全防火、卫生等要求分区布置。

（3）美化和绿化厂区，创造一个良好文明的生产环境。

（4）要考虑企业未来发展的可能性，在平面布置中留有余地等。

（三）车间合理布置的原则

车间布置要求确定车间内部各基本工段（或小组）、辅助工段和生产服务单位之间的相互位置和设备之间的相互位置。其中基本工段设备布置是核心，这部分的布置一般遵从工艺专业化原则、对象专业化原则和混合布置原则。

1. 工艺专业化原则

工艺专业化原则就是按照生产过程的不同生产阶段的工艺特点来建立车间。它是将同类型的设备和同工种的工人集中在一起，对各种不同产品零件进行相同工艺方法的加工。按工艺专业化原则的布置示意图如图 2-1 所示。

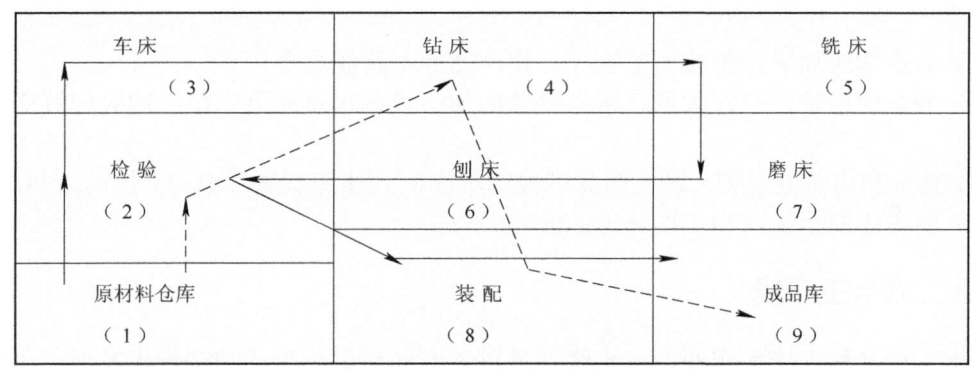

图 2-1　工艺专业化原则布置示意图

（1）工艺专业化原则布置的优点　①对产品品种的变换有较强的适应性；②集中了同类设备，便于充分利用设备和生产面积；③由于同一生产单位工艺相同，便于工人技术熟练程度的提高；④当设备出现故障或人员、材料发生短缺时，便于内部调剂，不使生产停顿。

（2）工艺专业化布置的缺点　①零部件在车间之间往返和交叉运输量大，加工路线长；②生产周期因零件停放而延长，在制品占用资金相应增加；③车间（工段）间的关系复杂，计划管理、质量管理、在制品管理及生产控制难度较大。

2. 对象专业化原则

对象专业化原则就是按照产品或零部件为对象来划分生产单位，每个车间完成其所担负对象的全部或大部分工艺过程。在对象专业化车间中，集中了不同类型的设备、不同工种的工人，对同类对象进行不同的工艺加工。按对象专业化原则的布置示意图如图2-2所示。

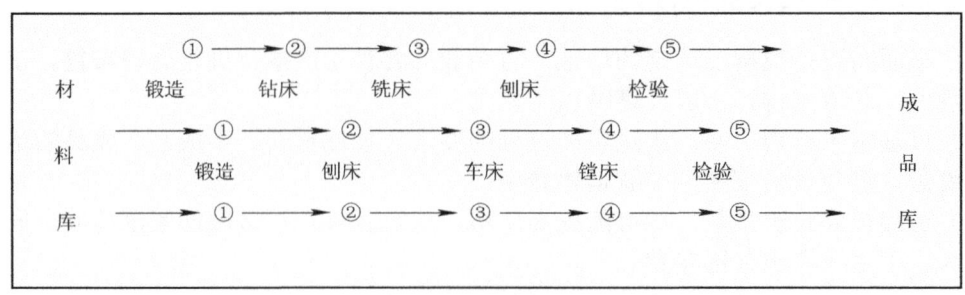

图2-2 对象专业化原则布置示意图

（1）对象专业化原则布置的优点 ①大大缩短了加工路线，使生产周期缩短；②运输和停顿减少，使运输和在制品资金占用减少，同时还有利于质量控制及车间管理的加强；③减少车间之间的生产联系，便于计划和协调等管理工作。

（2）对象专业化原则布置的缺点 ①对产品品种调整的适应性差；②当生产任务不足时，容易出现生产能力得不到充分利用的情况等。

3. 混合布置原则

即将上述二种原则结合起来对生产单位进行布置。混合布置，一般是以对象专业化原则为主，一些特殊的车间采用按工艺专业化原则布置。

（四）车间合理布置的要求

（1）尽量适应加工对象的加工顺序，使产品加工路线最短。

（2）为方便运输，应将大型、重型零件的加工设备尽量靠近入口，同时配置必要的桥式吊车。

（3）充分利用车间面积，设备布置可根据车间的具体形状进行纵向、横向或斜向排列。

（4）要考虑安全生产和工作环境的改善。

（五）流水生产线

流水生产又称为流水作业、流水线，是对象专业化组织形式的进一步发展，是劳动分工较细、生产效率较高的一种生产组织形式。

1. 流水生产的特点

（1）生产过程连续性。
（2）专业化程度较高。
（3）按照统一的节拍进行。
（4）工作地的生产能力是平衡的。
（5）流水线是按单向运输路线移动的。

2. 流水生产的形式

（1）从生产对象的移动方式看，包括产品固定不动的流水线和产品移动的流水线。

（2）从生产对象的数目来看，包括单一品种流水线和多品种流水线。
（3）按产品轮换方式来看，包括不变流水线和可变流水线（包括成批流水线和混合流水线）。

3. 流水生产的优缺点

（1）使产品的生产过程较好地符合连续性、平行性、比例性以及均衡性的要求。
（2）能及时地提供大量生产要求的产品。
（3）提高劳动生产率，加速资金周转，降低生产成本。
（4）可以简化生产管理工作，促进企业加强生产技术准备工作和生产服务工作。
（5）不够灵活，不能及时适应市场对产品产量和品种变化的要求，不利于提高生产技术水平。

4. 组织流水生产的条件

（1）品种稳定，需要大量生产的产品。
（2）结构先进，具有良好的结构工艺性。
（3）材料、协作件是标准的，能够及时供应。
（4）机器设备经常处于完好状态。
（5）生产环节的工作能稳定达到工作质量标准，产品检验能够随时在生产线上进行。

三、生产过程的时间组织

生产过程的时间组织就是要求劳动对象在车间之间和工作地之间的移动，要在时间上紧密衔接，以保证生产的连续性和节奏性，达到缩短生产周期、提高效率的目的。

劳动对象在生产过程中的移动，主要有以下三种方式。

1. 顺序移动方式

概念：是指一批在制品在前道工序上全部加工完毕之后，整批移到下一道工序，同一批在制品在各个工序上的加工时间没有任何交叉。

优点：组织工作简单，有利于减少设备的调整时间，提高工效。

缺点：生产周期长，在制品的数量大，资金周转慢。

适于：单件小批生产，工艺专业化，工序劳动量小的车间。

2. 平行移动方式

概念：是指一批在制品在前道工序上完成一件后，立即转移到下一道工序继续加工，产品在各道工序上呈平行作业状态。

优点：生产周期短。

缺点：在制品运输工作频繁，而且当前道工序单件作业时间大于后道工序时，后道工序会出现间断性的设备停歇。

适于：大量大批生产，对象专业化的车间。

3. 平行顺序移动方式

概念：这是将前两种方式结合起来的一种方式。即当前道工序的单件作业时间大于后道工序时，一批在制品在前道工序加工到一定数量，足以保证后道工序开工后不会发生停工待料的情况时，才流转到下道工序加工。而当前道工序的作业时间小于后道工序时，则前道工序加工完一件，立即流转到后道工序去加工，即按平行移动方式逐件运送。

优点：这种方式吸收了前两种方式的优点，尤其是把平行移动方式中出现的零散的停歇时间集中起来，便于利用。

总之，三种移动方式各有利弊，一般来讲，平行移动方式生产同期最短，顺序移动生产周期最长，而平行顺序移动介于二者之间。在实际中，应结合企业的生产类型、专业化形式、零件的重量、工序的劳动量、调整设备和工艺装备的时间，以及生产任务的轻重缓急等具体情况来考虑。例如，在单件小批量生产时宜用顺序移动方式，而大批量流水线生产宜用平行移动方式等。

第三节　班组生产作业计划

一、班组生产作业计划概述

（一）生产作业计划的概念

班组生产计划主要是指生产作业计划，是生产计划的具体执行计划，它是根据企业年、季度生产计划所规定的生产任务和进度，并考虑各个时期企业内部条件和外部环境，把企业的生产任务分配给各个车间、工段、班组以及工作地和个人，并按日历顺序安排生产进度的具体计划。与生产计划相比，生产作业计划具有计划期短、计划内容具体、计划单位小等三个特点。其主要任务包括：生产作业准备的检查；制订期量标准；生产能力的细致核算与平衡。

（二）生产作业计划的形式

1. 纵向分类

根据企业的具体情况，生产作业计划有厂部、车间和工段（班、组）三级作业计划形式。厂部生产作业计划由企业生产科负责编制，确定各车间的月度生产任务和进度计划；车间级生产作业计划由车间计划调度室负责编制；工段级生产作业计划由工段计划调度员负责编制，分别确定工段（班、组）或工作地月度、旬（或周）以及昼夜轮班的生产作业计划。

2. 其他分类

生产作业计划又可分为流水线加工生产作业计划、周期性生产类型的生产作业计划和适应需求变动的生产计划。

（三）生产作业计划的作用

1. 企业车间生产计划的具体体现

班组生产作业计划是将企业和车间的生产计划进行具体的分解，在时间上细分为季、月、旬、周、日、时；在空间上细分为班组、作业地（岗位）和员工个人；在加工对象上细分为材料、产品、部件、零件和工序。班组生产作业计划将企业车间总体生产计划分解成多个具体小计划并加以实施。

2. 加强了加工企业管理的计划性

班组生产作业计划的安排实施，有利于组织材料供应、设备维修、人员调配、产品销售和运输等日常生产活动的有序进行，使各相关过程（岗位、人员）相互配合，现场生产稳定有序，确保了企业生产运行的计划性。

3. 促进生产准备计划的具体落实

班组生产作业计划能使生产准备工作早做安排，有利于克服班组生产中前松后紧和忙乱现象，保证了加工企业的正常秩序，有利于生产各过程之间合理结合，提高生产率和产品质量，确保安全生产。

4. 使班组员工有了明确的作业指标

班组生产作业计划的制订，使班组和员工个人有了具体的作业指标和任务，班组生产作业计划成为指挥员工工作的"指挥棒"和指令牌。员工作业既有任务压力又有工作动力。班组生产作业计划作为员工的作业指标，与员工的经济责任制等相结合，最终成为考核个人业绩和薪酬分配的重要依据。

（四）安排班组生产作业计划应遵循的原则

（1）优先原则——交货期越早的，优先安排。
（2）客户原则——优质客户，重点安排。
（3）瓶颈原则——注意流水线的瓶颈岗位，安排均衡生产。
（4）工序原则——注意工序多、流程长的任务早安排。
（5）前紧原则——安排计划在时间上要前紧，应考虑加班加点、委托加工（外发加工），控制紧急订单的插入，及时协调出货计划。

二、班组生产作业计划的编制

（一）编制计划所需要的资料

要编制好生产作业计划，必须有充分可靠的依据资料，主要包括：
（1）年、季度生产计划和订货合同、技术组织措施计划、生产技术准备计划、工艺装备生产计划及其完成情况。
（2）产品零部件明细表，产品零件分车间、工段和班组明细表，产品工艺技术文件。
（3）各种产品、零件分工种、分工序的工时消耗定额及其分析资料，人员配备情况及各类人员数的技术等级。
（4）原材料、外购件、外协件、工艺装备等的供应和库存情况，动力供应情况和物资消耗情况。
（5）设备的类型、数量及其运转情况，设备修理计划，厂房生产面积和台时消耗定额。
（6）上期生产作业计划预计完成情况和在制品情况。
（7）市场动态及产品销售情况。

（二）编制方法

不同的生产类型和不同的生产组织方式，生产作业计划的编制方法也大不相同。常用的有在制品定额法、累计编号法、生产周期法、"看板"法、网络计划技术等。

1. 在制品定额法

在制品定额是指在一定技术组织条件下，为保证生产正常进行，生产各个环节所必须占用的最低限度的在制品数量。在制品定额的计算是按照产品生产的反工艺顺序，从成品出产的最后一个车间开始逐步向前推算各车间的在制品定额。这种方法适用于大量大批流水线生产的企业。

各车间在制品的计算公式：

某车间出产量=后车间投入量+该车间外销量+库存半成品定额−期初库存半成品预计结存量

某车间投入量=该车间出产量+该车间计划废品量+车间在制品定额−期初车间在制品预计结存量

【例】这是一家生产自行车的企业，本案例选取自行车生产的一个部件——曲轴，来说明在制品定额法在生产作业计划中的应用，见表2-1。

表2-1 在制品定额法应用举例

产品名称	PA—21型28自行车		
产品装配产量	50000辆		
零件编号	AI-023	AI-024	……
零件名称	曲　　轴		
每辆件数	1		
装配车间	（1）出产量	50000		
	（2）废品量	—		
	（3）在制品定额	2000		
	（4）期初在制品预计结存量	3000		
	（5）投入量（1+2+3+4）	4900		
零件库	（6）半成品外售量	1000		
	（7）库存半成品定额	5000		
	（8）期初库存半成品预计结存	3500		
加工车间	（9）出产量（5+6+7-8）	51500		
	（10）废品量	500		
	（11）在制品定额	4000		
	（12）期初在制品预计存量	3500		
	（13）投入量（9+10+11-12）	52500		
毛坯库	（14）半成品外售量	—		
	（15）库存半成品定额	—		
	（16）期初库存半成品预计结存	1000		
准备车间	（17）出产量（13+14+15-16）	51500		
	（18）废品量	500		
	（19）在制品定额	2500		
	（20）期初在制品预计存量	2000		
	（21）投入量（17+18+19-20）	52500		

2. 生产周期法

生产周期法即根据产品生产周期来规定车间生产任务安排的方法，这种方法适用于单件小批生产的企业。这种方法关键是注意期限上的衔接。

3. "看板"法

"看板"法即准时生产法，是由日本丰田汽车公司推行的一种生产管理制度。所谓准时生产法即"只在必要的时刻、按必要的数量生产必需的产品"。实行准时生产的最终目的是控制生产数量，消除积压储备，降低成本。由于各道工序之间的信息传递工具为"看板"或"传票"，故名"看板"法。"看板"法的基本思想是，下道工序向上道工序取零部件，以装配为起点。在必要时向上道工序提取必要数量的零部件，而上道工序提供零部件后，储备必然减少，而向更上一道工序提出要求，以便生产并补充必要的储备。如此层层向上推动，形成准时生产线。这种方法对生产线工人要求严格，但管理得到了加强，利大于弊。

班组生产作业计划的编制方法很多，其他方法在这里不再一一介绍。

三、生产作业计划的分配与执行

生产作业计划规定了本企业各部门、各车间的生产品种、数量、生产周期、交货日期及产品质量的要求，企业的生产作业计划是企业生产技术方面的法规。各部门、车间必须根据企业总体作业计划的安排，确定每一个车间或班组对生产过程进行管理与控制。在现有人员、设备及生产技术的条件下通力合作，确保生产任务按质、按量、按期完成。在生产作业计划分配和执行过程中要注意做好如下几个方面工作：

（1）做好作业计划分派。作业计划分派形式是指把生产作业计划分派给企业员工的形式，主要有两种：一是文件形式，将生产计划书、工艺文件、工艺卡同时下达；二是补充规定，对品种略有变化、不需要重新制订工艺文件的产品，也可以依据作业计划，作工艺补充要求即可。

（2）注意生产的均衡性，合理地使用企业现有人力、物力和财力，使生产流水线的节拍均匀和平衡。

（3）尽可能做好新老产品转换的各项准备工作，用最短的时间来适应新品种的生产，以缩短生产周期。

（4）在生产人员的配备上要量材录用，依据每位员工的技术能力安排各自能够胜任的工种和岗位，关键工序要派技术熟练的高级工担任，使每位员工既能满负荷作业，又不超负荷工作，使生产流水线能长久地保持平衡。

（5）组织好每条生产流水线，使工艺流程科学合理，要求做到就近组合、顺向流程、均衡节拍、缩短周期。

（6）注意生产作业动向，加强动态管理，一经发现"瓶颈"工段，立即进行疏导和调整，使生产作业能按原计划进行。

（7）做好上下工段和上下工序在制品的传递和衔接工作，准确控制各工段和各工序的生产数据，及时汇总和掌握生产进度。

四、班组生产作业计划的实施

生产作业计划是企业向车间、班组下达的生产品种、数量、质量指标、生产周期的生产任务书,各车间、部门必须严格按照生产作业计划规定,确定每天的生产指标。

(一) 做好作业准备工作

为了有计划地组织好生产,使生产有条不紊地进行,首先要做好与生产有关的各项准备工作,其主要内容有技术、材料、设备、人员、工作地等五个方面的准备工作。

1. 技术准备

是指为批量生产所需要的技术准备工作,其主要内容有:
(1) 投入生产样品的试制以及样品试制以后的工艺改进意见。
(2) 编制批量生产所需要的工艺文件。
(3) 制作净样板。
(4) 各生产工序的工艺分析、作业程序、时间及使用设备等。
(5) 组织生产工艺流程,明确生产流水过程中的主流和支流。
(6) 制订好产品质量标准及质量检验细则。

2. 材料准备

是指落实生产作业计划所需的,并通过检测为合格的原料和辅料。
(1) 原材料准备是指生产所需的原材料在品种、规格、数量等方面必须配齐,质量必须符合技术标准规定。
(2) 辅料是指生产所需的辅助材料
(3) 原辅材料准备的重点:一是要检查品种、数量、质量是否符合生产技术要求;二是严格控制进度,准时交货,以免影响生产计划的执行。

3. 设备准备

主要是指用于本生产计划所需要的通用设备和专用设备的准备。除企业现有的设备外,还需准备添置设备的种类、用途、功能及数量等。

4. 人员准备

这里是指为了完成本生产计划所需要的人员配备,包括管理人员、工程技术人员以及生产工人。人员的配备要注意两个方面:一是部门之间、车间之间、上下工段之间的人员配备的比例要与生产实际相适应,防止由于人员安排比例不合理造成流水线生产的不均衡;二是管理人员、工程技术人员、生产工人之间的结构要合理,防止片面追求高学历、高职称,造成人员的浪费和生产的不同步。

5. 工作地准备

指为完成生产计划所需要的工作和生产的场地的准备。

(二) 做好产品分析

为了有效地落实生产计划,在实施计划时有必要对产品工艺、生产技术、人员结构、生产能力以及品种变化等情况进行分析和研究,以便于预测作业计划实施的可行性。

1. 产品工艺分析

工艺分析的主要内容,一是工艺难度分析,包括工艺繁简程度及作业程序先后的分析等；二是作业时间分析，包括各部门环节与各工序的作业工时，便于计算生产流水线节拍以及计算单件产品总的工时定额；三是作业方法及作业手段的分析，其内容包括作业所需要的各类设备的应用。

2. 生产技术分析

这里是指生产全过程的技术工作，主要是各项生产技术准备工作的工作质量及工作进度的分析，同时也包括生产管理能力及技术辅导能力等方面的分析。

3. 人员结构分析

这里是指各工种人员的配备结构是否合理，是否可能按工艺的难易程度来配备人员，各工段、工序人员的知识结构、操作能力的配备是否恰到好处。

4. 生产能力分析

生产能力分析主要有如下内容：
（1）各部门、车间、小组完成生产计划的能力分析。
（2）各部门、车间、小组在生产上能够按产品技术标准，生产出完全达标的合格产品的能力分析。
（3）在生产过程中出现产品品种突然调换、工艺方法紧急变更、生产工期要求大幅度提前等突发事件时的应变能力的分析。

5. 品种变化分析

由于产品变化容易打乱原有生产节拍，严重影响生产流水线的畅通，一般情况下生产班组对品种调换要有2～3天的适应时间，所以在编制作业计划时，要认真分析产品品种变化频率及品种批量的大小对生产的影响。

第四节　班组生产作业控制

一、生产作业控制的概念

班组生产控制是指为保证班组生产作业计划目标的实现，对班组生产活动全过程的检查、监督和调节，是班组生产管理的一项重要职能。班组生产控制的内容很广泛，涉及生产过程的人、财、物各个方面，有生产作业控制、质量控制、库存控制、成本控制、资金控制等内容。本节只着重讲述生产作业控制。

二、生产作业控制的基本程序

1. 确定控制的标准

这是生产控制的基础，它是在上期生产计划和经营目标的要求下拟定的。主要标准有：
（1）生产作业计划、期量标准、图样、工艺标准。
（2）质量标准、质量目标。
（3）劳动定额、物资消耗定额、物资储备定额、生产资金定额。
（4）费用限额、目标成本等。

注：这些标准归口于企业内各级部门管理。

2. 根据标准检验实际执行情况

在生产过程中对生产活动的实际成果进行检查、测定，将测定结果与标准作比较，找出差距，弄清差异的性质和程度，然后分别处理。

3. 采取纠正偏差的措施

即有关部门或人员接到报告后，要对发生的偏差进行分析研究，拟订纠正偏差、排除干扰的措施，使其恢复到标准规定的要求。

注意：科学的生产控制，不仅要加强事后的反馈控制，还应加强事前控制、现场控制。

三、班组生产作业控制的内容

生产作业控制是指在生产作业计划执行过程中，对有关产品生产的数量和进度的控制。生产作业控制的目标是保证按时、按量完成生产作业计划规定的产品生产任务；生产作业控制的主要手段有生产调度和生产作业核算。

（一）作业进度控制

生产作业计划下达以后，当车间和班组启动作业时，生产管理人员的工作重点应移至生产第一线，控制生产的产量、质量和进度，加强动态管理。

1. 控制日产量

日产量是完成总体作业的基础，每个车间、班组的日产量不会完全均等，对总体作业计划的完成会出现两种情况，一种是各班组的日产量虽不均等，但在最后截止日期都能完成（见表 2-2），这取决于各班组对新品种的适应能力及生产潜力，可以等额下达作业计划。另一种是班组之间的生产能力有强有弱，生产能力强的班组，在转换品种时适应能力强，日产量计划马上就能达到，并能逐日上升，遥遥领先，与其他班组的差距越来越大（见表 2-3），管理人员应预测各班组完成计划的可能性，依据各班组的生产能力，差额下达生产作业计划。

表 2-2 生产日报表（一）

产品名称：×××型号：××××企业总计划：12000 件生产期限：5 天

生产日程 计划与执行 班组	1			2			3			4			5		
	作业计划	当日完成	累计完成	作业计划	当日完成	累计完成	作业计划	当日完成	累计完成	作业计划	当日完成	累计完成	作业计划	当日完成	累计完成
1	2400	480	470	470	480	480	950	480	480	1430	480	480	1910	480	490	2400
2	2400	480	460	460	480	480	940	480	480	1420	480	490	1910	480	490	2400
3	2400	480	450	450	480	480	930	480	490	1420	480	490	1910	480	490	2400
4	2400	480	440	440	480	480	920	480	490	1410	480	490	1910	480	500	2400
5	2400	480	430	430	480	460	890	480	480	1370	480	500	1870	480	530	2400
合计	12000	2400	2250	2250	2400	2380	4630	2400	2420	7050	2400	2450	9500	2400	2470	12000

表 2-3 生产日报表（二）

产品名称：×××型号：××××企业总计划：12000 件生产期限：5 天

生产日程		1			2			3			4			5		
计划与执行 班组		作业计划	当日完成	累计完成	作业计划	当日完成	累计完成	作业计划	当日完成	累计完成	作业计划	当日完成	累计完成	作业计划	当日完成	累计完成
1	2400	480	450	450	480	480	1030	480	490	1520	480	500	2020	480	540	2560
2	2400	480	450	450	480	480	1030	490	490	1520	480	490	2010	480	540	2550
3	2400	480	430	430	480	440	870	480	480	1350	480	480	1830	480	480	2310
4	2400	480	420	420	480	430	850	480	480	1330	480	480	1810	480	480	2290
5	2400	480	420	420	480	430	850	480	480	1330	480	480	1810	480	480	2290
合计	12000	2400	2170	2170	2400	2260	4630	2400	2420	7050	2400	2430	9480	2400	2520	12000

从表 2-2 和表 2-3 可以看到，无论是班组生产能力强或是生产能力弱，作为企业最终总要如期完成生产计划。为此，在生产任务相当饱满，组与组之间又不能调剂的情况下，对发现或预测不能如期完成作业计划的班组，应明确该班组要加班来完成当日计划，而不是不分班组进度全厂加班，这样才有利于督促生产班组在有效工作期内努力完成生产计划，按期交货。

2. 控制部门之间的衔接

生产计划的完成要依靠各个部门的努力，哪些部门要首先完成，哪些部门可以最后完成，中间各部门的衔接时间，都应有明确的规定，部门之间如有脱节，将会影响整个作业计划的完成。例如：服装企业部门之间的衔接，对服装材料的准备，生产技术的准备，以及裁剪、缝纫、锁钉、整烫、包装、出厂检验、托运的每一过程都要规定作业的起止时间（见表 2-4），以确保总体计划的完成。

表 2-4 服装加工任务单作业进度表（模拟）

进度部门	1	2	3	4	5	6	7	8	9	10	11	12	13	14	15
材料准备															
技术准备															
裁剪															
缝纫															
锁钉															
整烫															
包装															
出厂检验															
托运															

注：表中横向数据表示作业起止日

（二）产品质量控制

在整个流水作业过程中，由于每位生产工人的技术熟练程度及质量责任性的不同，产生了产品质量上的差异。生产流水线上品种变化频繁，工人的生产技术如有不适应的，容易产生质量问题，为此，在布置作业计划的同时，应注重产品质量工作，主要内容如下：

（1）加强工艺教育。投产前必须对班组的每位员工进行工艺方法和产品质量标准的教育，使每位员工都明确本工序的工艺方法和质量要求。

（2）重视首件封样。计划部门也要配合技术和质量部门做好首件生产试样产品的封样工作，封样必须用全过程的。未经封样合格的班组，不准投入生产。对封样合格的产品要做好标记，放在车间出入口处，作为班组生产的标样。

（3）在生产过程中要加强在制品质量的自查、互查和专职检查。发挥生产工人自我把关的作用。

（4）重视工序的产品质量和质量检查。不合格的工序产品不准进入下一道工序车间，不准投产使用。在流水作业中，只要有一道工序产品不合格，就会使整批产品返修、退货和索赔。为此，要加强工序质量的考核，不合格的上道工序产品不准流入下道工序。

（5）组织好班组之间的自查、互查和质量交流活动。制订产品质量 100 分制，对质量分偏低的班组要进行教育，并限期改进。

（6）控制返修品率，扩大一次合格品率，质量返修指标要列入考核内容。凡是退回班组返修的次品应及时修好返回，防止混在正品内造成不良影响。

（三）班组生产调度

生产调度就是在生产计划的执行过程中，对生产计划的监督、检查和控制，发现偏差及时调整的过程。

1. 生产调度的任务

（1）按照生产作业计划的要求，提前检查生产技术准备工作的保证程度，合理组织与调度好厂内的生产运输工作，对可能的设备故障及时检修和排除。

（2）监督和检查各环节生产作业计划的完成情况，若存在偏差，应及时查明原因，采取补偿措施，保证计划按质量按期完成。

（3）监督和检查各环节的在制品储备定额的执行情况。

（4）组织好企业、车间的生产调度会议，及时协调和解决各环节之间的矛盾。

2. 生产调度系统的组织

这应该因企业生产规模、生产类型、生产特点而不同。

（1）大型企业：设厂部、车间、工段（小组）三级调度组织。厂部设总调度室，车间设调度组、调度员，工段（小组）设调度员，一般由工段长（组长）兼任。

（2）中小型企业：设厂部、车间二级调度。

3. 调度制度与方法

（1）调度值班制度：调度日志，严格交接班。

（2）调度报告制度：生产日报，记录每日的生产、库存、进度等情况。

(3) 调度会议制度。
(4) 现场会议制度。
(5) 班前、班后会议制度等。

四、生产作业核算

生产作业核算就是在生产作业计划执行过程中，对产品、零件的实际投入和产出量，投入和产出期，在制品占用量，各单位和个人完成的工作任务等所进行的实际记录。生产作业核算一般用图表的方式表示（见表 2-5、表 2-6、图 2-3）。

1. 投入产出进度表

表 2-5 某产品（零部件）投入产出进度表

日历 项目		1		2		3		……
		当日	累计	当日	累计	当日	累计	
计划	投入	50	50	50	100	50	150	
	产出	45	45	45	90	45	135	
实际	投入	50	50	50	100	50	150	
	产出	45	45	40	85	40	125	

2. 投入产出进度甘特图表

表 2-6 投入产出进度甘特图表

产量		50 100 150 200 250 300 350 400 450 500 550 600
投入	计划	- - - - - - - - -
	实际	—————————
出产	计划	- - - - - - - -
	实际	————————

3. 出产进度坐标图

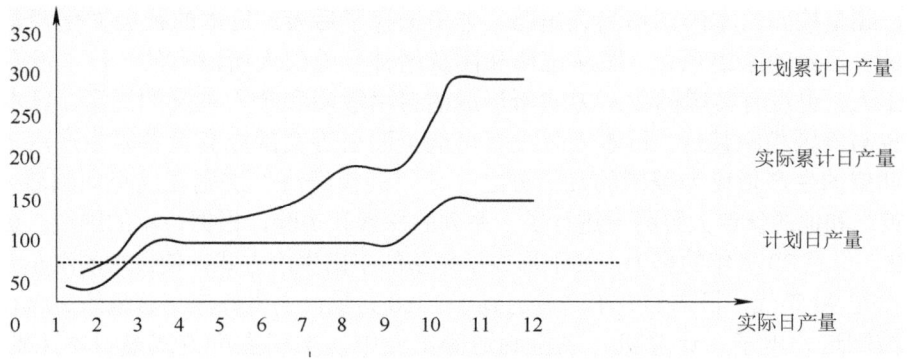

图 2-3 出产进度坐标图

第五节　精　益　生　产

一、精益生产概述

（一）精益生产的产生与推广

精益生产（Lean Production，LP）是美国麻省理工学院国际汽车计划组织（IMVP）的专家对日本丰田准时化生产（Just In Time，JIT）生产方式的赞誉称呼。精，即少而精，不投入多余的生产要素，只是在适当的时间生产必要数量的市场急需产品（或下道工序急需的产品）；益，即所有经营活动都要有益有效，具有经济效益。精益生产方式源于丰田生产方式，是由美国麻省理工学院组织世界上 17 个国家的专家、学者，花费 5 年时间，耗资 500 万美元，以汽车工业这一开创大批量生产方式和精益生产方式 JIT 的典型工业为例，经理论化后总结出来的。精益生产方式的优越性不仅体现在生产制造系统，同样也体现在产品开发、协作配套、营销网络以及经营管理等各个方面，它是当前工业界的一种先进的生产组织体系和方式。

20 世纪初，从美国福特汽车公司创立第一条汽车生产流水线以来，大规模的生产流水线一直是现代工业生产的主要特征。大规模生产方式是以标准化、大批量生产来降低生产成本，提高生产效率的。这种方式适应了美国当时的国情，汽车生产流水线的产生，一举把汽车从少数富翁的奢侈品变成了大众化的交通工具，美国汽车工业也由此迅速成长为美国的一大支柱产业，并带动和促进了包括钢铁、玻璃、橡胶、机电以至交通服务业等在内的一大批产业的发展。大规模流水生产在生产技术以及生产管理史上具有极为重要的意义。但是第二次世界大战以后，社会进入了一个市场需求向多样化发展的新阶段，相应地要求工业生产向多品种、小批量的方向发展，单品种、大批量的流水生产方式的弱点日渐明显。为了顺应这样的时代要求，由日本丰田汽车公司首创的精益生产，作为多品种、小批量混合生产条件下的高质量、低消耗的生产方式在实践中摸索、创造出来了。

1950 年，日本的丰田英二考察了美国底特律福特公司的轿车厂。当时这个厂每天能生产 7000 辆轿车，比日本丰田公司一年的产量还要多。但丰田英二在他的考察报告中却写道："那里的生产体制还有改进的可能。"

战后的日本经济萧条，缺少资金和外汇，怎样建立日本的汽车工业，是照搬美国的大量生产方式，还是按照日本的国情另谋出路，丰田选择了后者。日本的社会文化背景与美国是大不相同的，日本的家族观念、服从纪律和团队精神是美国人所没有的，日本没有美国那么多的外籍工人，也没有美国的生活方式所形成的自由散漫和个人主义的泛滥。日本的经济和技术基础也与美国相距甚远。日本当时没有可能全面引进美国成套设备来生产汽车，而且日本当时所期望的生产量仅为美国的几十分之一。"规模经济"法则在这里面临着考验。

丰田英二和他的伙伴大野耐一进行了一系列的探索和实验，根据日本的国情，提出了解决问题的方法。经过 30 多年的努力，终于形成了完整的丰田生产方式，使日本的汽车工业超过了美国。20 世纪 90 年代，日本的汽车产量达到了 1300 万辆，占世界汽车总量的 30% 以上。

在机械制造、电子、计算机、飞机制造等工业中，丰田生产方式是日本工业竞争战略的重要组成部分，它反映了日本在重复性生产过程中的管理思想。丰田生产方式的指导思想是，通过生产过程整体优化，改进技术，理顺物流，杜绝超量生产，消除无效劳动与浪费，有效利用资源，降低成本，改善质量，达到用最少的投入实现最大产出的目的。

日本企业在国际市场上的成功，引起西方企业界的浓厚兴趣，西方企业家认为，日本在生产中所采用的方式是其在世界市场上竞争的基础。20世纪80年代以来，西方一些国家很重视对丰田生产方式的研究，并将其应用于生产管理。

（二）精益生产的定义

精益生产是通过系统结构、人员组织、运行方式和市场供求等方面的变革，使生产系统能很快适应用户需求不断变化，并能使生产过程中一切无用、多余的东西被精简，最终使包括市场供销在内的生产的各方面达到最好的结果。其核心是消除一切无效劳动和浪费，其目标描述为"在适当的时间（或第一时间，the first time）使适当的东西到达适当的地点，同时使浪费最小化和适应变化"。这句话可理解为，通过不断地、尽善尽美地降低成本、提高质量、增强生产灵活性、实现无废品和零库存等手段，确保企业在市场竞争中的优势，同时，精益生产把责任下放到组织结构的各个层次，采用小组工作法，充分调动全体职工的积极性和聪明才智，把缺陷和浪费及时地消灭在每一个岗位。

精益生产是一种起源于丰田汽车制造的流水线制造方法论，因此也被称为"丰田生产系统"。精益生产不但可以减少浪费，还能够增进产品流动和提高质量。

（三）精益生产的实质

精益生产方式，既是一种以最大限度地减少企业生产所占用的资源，降低企业管理和运营成本为主要目标的生产方式，又是一种理念、一种文化。实施JIT就是决心追求完美、追求卓越，就是精益求精、尽善尽美，为实现七个零（七个零是指：零事故、零故障、零停滞、零不良、零浪费、零切换、零库存）的终极目标而不断努力。它是支撑个人与企业生命的一种精神力量，也是在永无止境的学习过程中获得自我满足的一种境界。精益生产方式的实质是管理过程，包括人事组织管理的优化，大力精简中间管理层，进行组织扁平化改革，减少非直接生产人员；推行生产均衡化、同步化，实现零库存与柔性生产；推行全生产过程（包括整个供应链）的质量保证体系，实现零不良；减少和降低任何环节上的浪费，实现零浪费。最终实现拉动式准时化生产方式。

精益生产方式生产出来的产品品种能尽量满足顾客的要求，而且通过其对各个环节中采用的杜绝一切浪费（人力、物力、时间、空间）的方法与手段满足顾客对价格的要求。精益生产方式要求消除一切浪费，追求精益求精和不断改善，去掉生产环节中一切无用的东西，每个工人及其岗位的安排原则是必须增值，撤除一切不增值的岗位；精简产品开发设计、生产、管理中一切不产生附加值的工作。其目的是以最优品质、最低成本和最高效率对市场需求做出最迅速的响应。

（四）精益生产的特点

1. 拉动式准时化生产

以最终用户的需求为生产起点，强调物流平衡，追求零库存，要求上一道工序加工完的零件立即可以进入下一道工序。

组织生产线依靠一种称为看板（Kanban）的形式。即由"看板"传递下道工序向上道工序需求的信息（"看板"的形式不限，关键在于能够传递信息）。生产中的节拍可由人工干预、控制，但重在保证生产中的物流平衡（对于每一道工序来说，即为保证对后道工序供应的准时化）。由于采用拉动式生产，生产中的计划与调度实质上是由各个生产单元自己完成的，在形式上不采用集中计划，但操作过程中生产单元之间的协调则极为必要。

2. 全面质量管理

强调质量是生产出来而非检验出来的，由生产中的质量管理来保证最终质量。生产过程中对质量的检验与控制在每一道工序都进行，重在培养每位员工的质量意识，在每一道工序进行时注意质量的检测与控制，保证及时发现质量问题。如果在生产过程中发现质量问题，根据情况可以立即停止生产，直至解决问题，从而保证不出现对不合格品的无效加工。对于出现的质量问题，一般是组织相关的技术与生产人员作为一个小组，一起协作，尽快解决。

3. 团队工作法

团队工作法（Team Work）。每位员工在工作中不仅是执行上级的命令，更重要的是积极地参与，起到决策与辅助决策的作用。组织团队的原则并不完全按行政组织来划分，而主要根据业务的关系来划分。团队成员强调一专多能，要求能够比较熟悉团队内其他工作人员的工作，保证工作协调顺利地进行。团队人员工作业绩的评定受团队内部评价的影响，这与日本独特的人事制度关系较大。团队工作的基本氛围是信任，以一种长期的监督控制为主，而避免对每一步工作的稽核，提高工作效率。团队的组织是变动的，针对不同的事物，建立不同的团队，同一个人可能属于不同的团队。

4. 并行工程

并行工程（Concurrent Engineering）。在产品的设计开发期间，将概念设计、结构设计、工艺设计、最终需求等结合起来，保证以最快的速度按要求的质量完成。各项工作由与此相关的项目小组完成。进程中小组成员各自安排自身的工作，但可以定期或随时反馈信息并对出现的问题协调解决。依据适当的信息系统工具，反馈与协调整个项目的进行。利用现代 CIM（计算机集成制造）技术，在产品的研制与开发期间，辅助项目进程的并行化。

（五）精益生产方式的主要内容

精益生产是以消费者的需求为生产起点组织生产线，依靠一种称为广告牌的拉动式准时化生产（Just In Time），实行 6S，强调质量是生产出来而非检验出来的，在产品质量上追求尽善尽美，消除一切浪费，降低成本，向零缺陷、零库存进军，用最少的投入实现最大产出，实现利润最大化。

精益生产方式要求建立起以信任为基础的团队，其成员一专多能，积极地参与企业管理。精益生产方式并不局限在工厂，可以推广到产品设计、质量保证、财务、人力资源、市场销售服务和采购等部门。

二、传统生产与精益生产的区别

精益生产吸收了传统生产方式的大量优点，并且克服了传统生产方式的缺点。精益生产集准时生产制和柔性制造的优点于一体，在质量管理上贯彻六个西格码的质量管理原则，不是依靠检查，而是从产品的设计开始就把质量问题考虑进去，确保每一个产品只能严格地按照唯一正确的方式生产和安装；在库存管理上，体现了节约成本的要求，在满足顾客的需求和保持生产线流动的同时，做到了产成品库存和在制品库存最低；在员工激励上，精益企业里的员工被赋予了极大的权利，真正体现了当家做主的精神，并且人事组织结构趋于扁平化，消除了上级与下级之间相互沟通的隔阂，做到全厂上下一条心。所有这一切都体现了降低成本、提高产品竞争力的要求。

三、传统企业的精益之路

消灭浪费是精益企业始终不渝的追求。浪费在传统企业内无处不在，诸如生产过剩、零件不必要的移动、操作工多余的动作、待工、质量不合格/返工、库存积压以及其他各种不能增加价值的活动等等。向精益化转变，基本思想是通过持续改进生产流程消灭一切浪费现象，其重点是消除生产流程中一切不能增加价值的活动，传统企业的精益之路主要从以下几个方面入手。

1. 改进生产流程

精益生产利用传统的工业工程技术来消除浪费，要着眼于整个生产流程，而不只是个别或几个工序。

（1）消除质量检测环节和返工现象　如果产品质量从产品的设计方案开始，一直到整个产品从流水线上制造出来，其中每一个环节的质量都能做到百分之百的保证，那么质量检测和返工的现象自然而然就成了多余之举。因此，必须把"出错保护"的思想贯穿到整个生产过程，也就是说，从产品的设计开始，质量问题就已经考虑进去，保证每一种产品只能严格地按照正确的方式加工和安装，从而避免生产流程中可能发生的错误。

（2）消除零件不必要的移动　生产布局不合理是造成零件往返搬动的根源。在按工艺专业化形式组织的车间里，零件往往需要在几个车间中搬来搬去，使得生产线路长、生产周期长，并且占用很多在制品库存，导致生产成本很高。通过改变这种不合理的布局，把生产产品所要求的设备按照加工顺序安排，并且做到尽可能的紧凑，这样有利于缩短运输路线，消除零件不必要的搬动，节约生产时间。

（3）消灭库存　把库存当作化解生产和销售之急的做法犹如饮鸩止渴，因为库存会掩盖许多生产中的问题，还会滋长工人的惰性，更糟糕的是要占用大量的资金。在精益企业里，库存被认为是最大的浪费，必须消灭。减少库存的有力措施是变"批量生产、排队供应"为单件生产流程。在单件生产流程中，基本上只有一个生产件在各道工序之间流动，整个生产过程随单件生产流程的进行而永远保持流动。理想的情况是，在相邻工序之间没有在制品库存。实现单件生产流程和保持生产过程的流动性还必须做到以下两点：①同步——在不间断的连续生产流程里，必须平衡生产单元内的每一道工序，要求完成每一项操作所花费的时间大致相同。②平衡——合理安排工作计划和工作人员，避免一道工序的工作荷载一会儿过高，一会儿又过低。但是在某些情况下，还必须保留一定数量的在制品库存，而这个数量就取决于相邻两道工序的交接时间。实施单件生产流程，保证生产流程中的同步和平衡，其目标是要使每项操作或一组操作与生产线的单件产品生产时间相匹配。单件产品生产时间是满足用户需求所需的生产时间，也可以认为是市场的节拍或韵律。在严格地按照 Takt Time 组织生产的情况下，产成品的库存会降低到最低限度。

2. 改进生产活动

仅仅对生产流程予以持续的改善，还不足以实现精益化生产，还要进一步改善生产流程中的个别活动，以更好地配合改进过的生产流程。在没有或只有很少库存的情况下，生产过程的可靠性至关重要。要保证生产的连续性，必须减少生产准备时间，减少机器检修、待料的停工时间和减少废品的产生。

（1）减少生产准备时间　减少生产准备时间一般的做法是，认真细致地做好开机前的一切准备活动，消除生产过程中可能发生的各种隐患。

（2）消除停机时间　全面生产维护（Total Productive Maintenance，TPM）是消除停机时间最有力的措施，包括例行维修、预测性维修、预防性维修和立即维修四种基本维修方式。

（3）减少废品产生　严密注视产生废品的各种现象（比如设备、工作人员、物料和操作方法等），找出根源，然后彻底解决。此外，那些消除返工的措施也同样有利于减少废品的产生。

3. 提高劳动利用率

提高劳动利用率有两个方面，一是提高直接劳动利用率，二是提高间接劳动利用率。提高直接劳动利用率的关键在于一人负责多台机器，这就要求对操作工进行交叉培训，交叉培训的目的是使生产线上的操作工可以适应生产线上的任何工种。交叉培训赋予了工人极大的灵活性，便于协调处理生产过程中的异常问题。实现一人多机的前提是建立工作标准化制度。工作标准化是通过对大量的工作方法和操作动作进行研究，以决定最有效和可重复的方法。工作时员工必须严格地按照标准化进行，其意义不仅在于直接劳动利用率的提高，而且也提高了产品的质量。由于出错保护和防止废品产生等一系列技术措施的采用，使得每一项操作只能按照唯一正确的方法进行。在生产设备上安装自动检测装置同样可以提高直接劳动利用率。生产过程自始至终处在自动检测装置的严密监视下，一旦检测到生产过程中有任何异常情况发生，便发出警报或自动停机。这些自动检测装置在一定程度上取代了质量检测工人的活动，排除了产生质量问题的原因，返工现象也大大减少，劳动利用率自然提高。间接劳动利用率是随生产流程的改进和库存、检验、返工等现象的消除而提高的，那些有利于提高直接劳动利用率的措施同样也能提高间接劳动利用率。库存、检验、返工等环节所消耗的人力和物力并不能增加产品的价值，因而这些劳动通常被认为是间接劳动，但若消除了产品价值链中不能增值的间接活动，那么由这些间接活动引发的间接成本便会显著降低，从而使劳动利用率也相应得以提高。

总而言之，精益生产是一个永无止境的精益求精的过程，它致力于改进生产流程和流程中的每一道工序，尽最大可能消除价值链中一切不能增加价值的活动，提高劳动利用率，消灭浪费，按照顾客订单生产的同时也最大限度地降低库存。精益是一种全新的企业文化，而不是最新的管理时尚。由传统企业向精益企业的转变不能一蹴而就，需要付出一定的代价，并且有时候还可能会出现意想不到的问题，而那些热衷于传统生产方式而对精益生产持怀疑态度的人，也许由此会举出这样或那样的理由来反驳精益生产。但是，那些坚定不移走精益之路的企业，大多数在6个月内，有的甚至还不到3个月，就可以收回全部改造成本，并且享受精益生产带来的好处。

四、精益生产方式发展新阶段

精益生产的理论和方法是随着环境的变化而不断发展的，特别是在20世纪末，随着研究的深入和理论的广泛传播，越来越多的专家学者参与进来，出现了百花齐放的现象，各种新理论的方法层出不穷，如大规模定制（Mass Customization）与精益生产的相结合、单元生产（Cell Production）、JIT、6S的新发展、TPM的新发展等。很多美国大企业将精益生产方式与本公司实际相结合，创造出了适合本企业需要的管理体系，例如：1999年美国联合技术公司（UTC）的ACE管理（获取竞争性优势，Achieving Competitive Excellence），精益六西格玛管理，波音的群策群力，1998年通用汽车的竞争制造系统（GM Competitive MFG System）等。这些管理体系实质上都是应用精益生产的思想，并将其方法具体化，以指导公司内部各个工厂、子公司顺利地推行精益生产方式。其具体方法是，将每一工序实施过程分解为一系列的图表，员工只需要按照图表的要求一步步实施下去即可，并且每一工序对应有一套标准以评价其实施情况，也可用于母公司对子公司的评估。

在此阶段，精益思想跨出了它的诞生地——制造业，作为一种普遍的管理哲理在各个行业传播和应用，先后成功地在建筑设计和施工，在服务行业、民航和运输业、医疗保健、通信、邮政管理以及软件开发和编程等方面得到应用，使精益生产系统更加完善，应用更加广泛。

单元生产方式于20世纪末首先诞生于电子产品装配业，是指由一个或者少数几个作业人员承担和完成生产单元内所有工序的生产方式，也有学者将其称为"细胞生产方式"，因为它就像人体中的细胞一样，在细胞内部包含了新陈代谢的所有要素，是组成生命的最小单位。单元生产方式以手工作业为主，不使用传送带移动生产对象，根据需要也使用一些简单的机械和自动化工具，工序划分较粗，一个人或几个人完成所有的工序。由于用于细胞生产方式的作业台的布局往往成U字形，很像个体户的售货摊儿，所以在日本也被称为"货摊儿生产方式"（日语叫"屋台方式"）。细胞生产方式可具体分为1人生产方式、分割方式和巡回方式3种形式。

精益六西格玛是将六西格玛管理法与精益生产方式二者结合得到的一种管理方法，即Lean Sigma。它通过提高顾客满意度、降低成本、提高质量、加快流程速度和改善资本投入，使股东价值实现最大化。六西格玛是过程或产品业绩的一个统计量，是业绩改进趋于完美的一个目标，是能实现持续领先、追求几乎完美和世界级业绩的一个质量管理系统。六西格玛管理法是从全面质量管理方法（TQM）演变而来的一个高度有效的企业流程设计、改善和优化技术，并提供了一系列同等地适用于设计、生产和服务的新产品开发工具。六西格玛管理法的重点是将所有的工作作为一种流程，采用量化的方法分析流程中影响质量的因素，找出最关键的因素并加以改进，从而达到更高的客户满意度。因此，精益和六西格玛要相互融合，一方面可以克服精益生产方式不能使用统计方法管理流程的缺点，另一方面可以克服六西格玛无法显著地提高流程速度或者减少资本投入的缺点。

五、精益生产方式的特征

精益生产方式是围绕着最大限度利用公司职工、协作厂商与资产的固有能力的综合哲学体系。这个体系要求形成一个解决问题的环境并对问题不断改进和改善，要求各个环节都是最卓越的，而这些环节打破了传统的职能界限。

精益生产方式的主要特征表现为：

（1）品质——查找、纠正和解决问题。
（2）柔性——小批量、一个流。
（3）投放市场时间——把开发时间减至最小。
（4）产品多元化——缩短产品周期，减小规模效益影响。
（5）效率——提高生产率，减少浪费。
（6）适应性——标准尺寸总成，协调合作。
（7）学习——不断改善。

六、精益生产方式的作用

精益生产主要研究时间和效率，注重提升系统的稳定性，精益生产 50 多年来的成功案例已证实：

（1）精益生产让生产时间减少 90%。
（2）精益生产让库存减少 90%。
（3）精益生产使生产效率提高 60%。
（4）精益生产使市场缺陷减少 50%。
（5）精益生产让废品率降低 50%。
（6）精益生产让安全指数提升 50%。

七、精益生产的准则

（1）消除浪费。
（2）使库存最小化。
（3）加速流动。
（4）由顾客需求拉动生产。
（5）满足顾客需要。
（6）把事情一次性做好。
（7）授权给工人。
（8）使设计适应快速的变化。
（9）与供应商结成伙伴。
（10）创造持续改进的文化。

八、如何推行精益生产

丰田生产方式掀起了一场新的生产管理革命。在中国内地现在有很多公司已经踏上了精益生产的征途，也有很多公司打算开始精益生产，尤其是那些制造型生产企业，需要以成本取胜的工厂（科技型公司以新产品、技术取胜，可能暂时不需要）更应该关注这个问题。

（1）高层互动。经营管理层必须很清楚地知道，企业到底需要的是什么？

（2）相关部门的负责人，由高层领导带队快速地走遍工厂。以客户的角度从成品仓库沿着产品工艺路径向前走，直至原材料仓库。

（3）构建推行精益生产的团队。不同阶段有不同部门参与，其侧重点也不同。

（4）开发项目章程，明确规定相关职责及推进办法。

（5）对相关人员进行"炮轰"似的教育训练。

（6）选择示范线，试行3~6个月，确定下步方向。

（7）现状数据收集（数据收集准确，项目成功一半）。设定基线（Baseline），便于日后对比。

（8）选择切入点，例如，是创建流动生产线还是平衡生产线。是采用生产线快速切换还是定容定量等。

（9）定期评审（Review）项目进度，并适当加入新的课题。

（10）定期改善成果发表。互相交流、观摩学习。

（11）实施奖励。

（12）PDCA循环，持续改进。

九、传统生产向精益生产转变示例

某企业的生产车间接到任务，要生产一组产品，需要经过铣、钻、磨、装配和打包等多道工序，每周生产3200件。所有这些产品的加工过程相似，需要的工人相同。该企业每周工作5天，每天工作8小时。生产指定产品每道工序的单位加工时间。

该生产单元按照工艺专业化布置。尽管这些产品具有一定的相似性，不需要大量的生产准备时间，但是因为加工次序和优先级别不同，使生产很难达到应有的顺畅程度，生产拖拖沓沓，有时还需要推迟交货时间，经常需要工人加班加点才能完成生产任务，不但使生产成本提高，并且顾客对推迟交货的意见很大。这家企业决定对该生产单元进行精益化改造，以彻底改变目前生产拖沓、效率低下的状况。经过大量调查，发现铁、钻、磨床尚有剩余生产能力，因此在不影响车间内其他产品生产的条件下，可以对这些设备进行适当调整，安排到一个生产单元内。此外，所有的装配线和包装依靠手工完成，只需要提供一些台子和某些工具就可以完成。

计算单件产品生产时间（Takt Time），取两个工作台，尚有生产能力剩余，产品加工包括铣、钻、磨三道工序。因为这几道工序的加工时间有长有短，为了保证按照连续流程生产，必须平衡各道工序的劳动利用程度，提高劳动生产率，因而可以在生产车间内设置一个微型加工单元，把铣、钻、磨这三道工序有机地组合起来，并且只要一个工人就可以独立完成这三项操作。完成铣、钻、磨这三道工序所需的加工时间为170s。因此，每小时可以完成21.2单位的产品，并且只需4个工作台。

计算过单件产品生产时间和完成指定生产任务所需的工作台后，便可以开始规划精益生产单元的布置。在实际设计生产精益生产单元时，可以考虑设置两个铣、钻、磨加工区，每个加工区由两个工作台组成，每个工作台配备一名工人。

可以严格按照单件产品生产时间（45s），或者是按照每小时的生产能力（80 单位）而设计生产单元。由于包装、1 号装配线、铣/钻/磨等工序都存在着一定的生产剩余，制约整个生产单元的瓶颈是 2 号装配线。如果要加大生产量，或季节性的需要订单增加，那么，必须把 2 号装配线的工作适量分配给包装和 1 号装配线，或者通过寻求提高劳动生产效率、降低 2 号装配线生产时间的手段来解决。如果需要减小生产单元的生产能力，那么需要裁减工人来重新平衡生产线。

十、精益生产管理与不良品控制

提起精益生产管理，人们或许有些陌生，何为精益生产管理？精益生产管理就是对品质追求零 PPM（百万分之一）的缺陷率，追求客户 100%的满意。以往谈到精益生产管理时往往偏重于介绍精益生产中对生产平准化、物流、看板、标准作业等方面的内容，但是实施精益生产的一个基本前提是不能以牺牲安全和品质为代价去提升绩效。因此要在整个企业中，特别要告诫现场生产人员，如果出现百万分之一的不良，意味着送到客户手中的就是 100%的不良。精益生产管理所追求的是在必要的时间生产必要数量的必要产品，如果出现任何不良品，势必造成生产计划和生产管理的混乱。因此，没有品质零缺陷的保证，精益生产中所提出的三个"必要"将无法实现。

实现品质零缺陷，必须坚持"三不"原则，即"不制造不良品、不流出不良品、不接受不良品"。这是对待不良品的基本原则，也是首先必须保证的原则，是具体保证品质零不良的基础。不制造不良品——这是每个现场生产人员首先必须保证的，只有不生产不良品才能使得不流出和不接受不良品变为可能。不流出不良品——作为操作者一旦发现不良品，必须及时停机，将不良品在本工序截下，并且在本工序内完成处置和防止再发生的对策。不接受不良品——后工序人员一旦发现不良产品，应立即在本工序实施停机，并就此通知上道工序。上工序人员须立即停止生产，追查原因，采取对策，控制流出的不良产品。精益生产对现场品质控制的方法，不一定用多么高深的技术和大量高精尖检验设备的投入，精益生产认为不良产品的产生往往是管理上的问题，可以通过改变管理方法实现改进，因此在精益生产管理模式下的现场品质控制方法是简单而实用的。

1. 让不良品表面化

精益生产管理认为，任何不良产品的出现必定有其内在的原因，只有解决了发生不良产品的每个原因，才能真正地实现零缺陷，才能让客户真正体会到满意。如果按照传统的思维和做法由作业者对不合格品自行返工或报废，那么下次还会发生同样的问题。因此要设置专用的不合格品展示台，不间断地展示不合格品，针对不合格品产生的原因和应采取的对策由现场人员对操作工序逐个分析，提高每个员工的辨别识别能力，转变其对不良产品的态度。

2. 发现异常状况要停机

精益生产管理强调能够实现"自动化系统"（即能停止的生产系统），保证能够在必要时停止生产。在精益生产管理中任何原因造成的停机都会作为头等大事对待，都会成为全员关注的焦点。停机将使所有的现场支援者快速处理问题，需要针对原因制订出切实可行的再发防止对策。这其中因品质不良造成的停机是首要的，只有实现停机才能保证生产现场不放过一个不良品。

3. 实现操作者的100%自检

零不良的实现必须由实施操作者自己完成 100%的检查，要求操作者将下道工序作为自己的客户看待，只向后工序输送合格品。检验工的职责不是将不合格品检出，而是将不合格品降低为零。因此，作为工序作业控制的一部分必须要求操作者实施全数检查。

4. 充分使用防错装置

在生产过程中，操作者受各种客观因素的影响终有失误的时候，有些人为的错误是不可避免的。如果将品质水平依赖于人的工作态度，则品质仍不能有效保证。但是可以设计出这样的装置，不给操作者犯错误的机会，这就是精益生产管理中普遍使用的防错装置，如作业忘记或失误时机器不能起动，操作过程失误时报警装置鸣叫、设备停机，出现加工错误时运输带会阻挡不良工件流到下工序……

5. 生产和作业平准化

平准化包括数量平准和品种平准。平准化生产后，由于流程中在制品数量急剧减少，造成搬运动作的减少、码放动作的减少等，这些都会减少由于磕碰、挤压而产生的不良产品。同时由于工件减少使得产品错装、漏装、多装等情况也不会发生。这样，由于生产作业是在有规则和平稳的状况下运行的，错误作业发生的可能性得到大幅度下降。

6. 执行标准化作业

标准化作业是指彻底消除作业浪费，使操作者的作业规律化、定期化。标准化作业以在现场不生产不良品为出发点，也是改善作业的出发点和维持点。同时，标准化作业也为培养新人和生产标兵提供了有效保证。

总之，精益生产管理是控制不良品的制胜法宝，带给人们一种双赢的思想理念，其精髓是解决问题、消除浪费，实现品质零缺陷的跨越。随着产品和设备技术的日益更新，人们会愈加追求"零缺陷"的精益生产，更加重视现场生产管理的细致化、果断化。

课 后 练 习

2-1 什么是班组生产管理？班组生产管理的内容有哪些？
2-2 合理组织生产过程的客观要求有哪些？
2-3 生产作业控制的主要手段有哪些？
2-4 如何进行车间的合理布置？
2-5 怎样编制班组生产作业计划？班组生产作业计划应如何实施？
2-6 什么叫流水生产线？流水生产线的特点有哪些？
2-7 什么叫精益生产？如何推行精益生产？
2-8 案例分析

跑得快的"火车头"

"火车跑得快，全靠车头带"，某电镀热处理分公司电镀车间杂镀班的班长马平就是这样的"火车头"。

1977年进厂时，马班长分到了电镀公司，一干就是30年。数十年"杂镀生活"的摸索与研究，使他系统掌握了酸洗、发蓝、镀锌、镀银等全部镀种的电镀工序，能娴熟地配制电镀漕液，熟练操作各种电动机械。他利用扎实的专业知识和丰富的经验，多次参加和主持QC课题的攻关，如他主持的"降低均压垫不合格品率"曾获得湖南省QC成果一等奖。马班长还通过改变传统的施工方法，设计合理的挂具，多次解决了生产中出现的技术难题。特别是他在专业操作中有自己的独创技能。技术过硬的他，深得客户的信任，如果正碰上他休假，客户打电话也要把他叫过来，"你在我就放心"是客户给予他的高度评价。

"百花齐放才是春"，马平深谙其中的道理。当生产遇到问题、设备出现故障时，他就将问题当成典型案例，及时组织班员进行分析、讨论，毫不保留技术，对徒弟更是倾囊相授。"我们已经老了，应该把机会多让给年轻一辈，让他们的工作技能能衔接上"，这几乎成了马班长的口头禅，正因为这样，被评为2006年度集团公司"十佳班长"的他，让出了去长沙学习的机会，只说是生产任务太紧走不开。

人性管理、精细管理是马班长带班的又一"法宝"。马班长曾主动提出接受曾犯过思想错误的某职工到班组工作，许多人对此很不理解。马班长对那名职工说"我了解你的心性，更相信你的工作能力，希望你能出色地完成工作任务。"马班长的鼓励给了那名职工很大的动力，他进步很快，每项任务都能顺利完成。此外，马班长还将班组各项规程进行了细化，按思想品德、劳动纪律、工作质量、工作效率、安全生产等几方面综合进行考核，使班组工作做到透明化、公开化、公正化。正是实行了一系列行之有效的自主管理，杂镀班班组各项工作不断跃上新的台阶，多次被评为"优秀班组"，马平也多次被评为公司的"先进工作者""质量先进个人""质量标兵"和"优秀班长"。

问：（1）请你总结优秀班长马平班组生产管理的成功经验。
（2）什么是人性管理和精细管理？作为班组长应如何进行班组精细管理？

第三章 班组生产的现场管理

8S 管理带来的素养和效益

2008 年 7 月至 12 月，某电机集团公司装配线班长张凡被集团领导派到富士康参加为期 6 个月的脱产学习。通过这次学习，张凡亲身体验了富士康科技集团的 8S 管理模式。熟练地掌握了 8S 管理的知识和方法，并有着立即在自己班组中实现 8S 管理的强烈愿望。

回到久别的班组，张凡对班组的一切都感到那么的熟悉和亲切，但对照刚学到的先进管理方法，看到的却是员工在操作过程中习以为常、司空见惯的种种不协调、不合理，处处存在浪费的现象。张凡更坚定了在班组尽快开展 8S 管理的决心。

说干就干，张凡立即把自己的想法向事业部领导作了详细汇报，立即得到了事业部领导的赞同并表示大力支持，同时要求张凡立即写出开展 8S 管理的报告，并上报集团公司。集团公司领导对此给予了高度重视，决定在全集团公司实施 8S 管理。

常言虽说"江山易改，本性难移"，然而在短短的几年时间里，该电机集团公司领导班子带领全体员工，深入细致地开展公司倡导的 8S 管理活动，取得了显著的成效。在 8S 管理活动开展初见成效的 2009 年 12 月，中外行业专家等一批重要客人来集团参观，客人们看到集团整齐的设备、严格的程序，被生产现场的景象所折服，纷纷表示："某电机集团公司的生产现场做到这种程度，真不容易。看到集团具备这样的现场管理水平，产品放到这儿生产加工没有理由不放心。" 2009 年与企业签订了 150 万加工生产合同，2010 年，加工生产合同增加到 270 万，2011 年增加到 560 万。3 年来，外协加工生产总销售收入年均增长 19.9%，8S 管理功不可没。

张凡所在的事业部是公司最大的一个部门，拥有车、铣、刨、磨、电加工、热处理等多种工艺设备，生产组织以单件加工为主的多产品、多批次的加工方式进行。主作业区是一个面积大于 9000m^2 的老厂房，厂房内被隔断为面积不等的各式各样的小木屋，有库房、休息间，也有半成品间，存放着不知存放了多少年的材料、半成品，还有一些说不上用途的隔离间。有的员工有如此说法："在厂里上班，只要打了卡就行了，即使有人躲在这些地方睡大觉，也是神不知鬼不觉。" 在劳动纪律检查中，小房子里面甚至有人打扑克。这样，有效使用的厂房面积越来越少，很多成了"闲置的土地"，管理死角也就越来越多。

2009 年，为彻底解决生产现场存在的问题，事业部在公司开展的 8S 管理活动中积极主动，利用成为试点单位的机会在全体班组中实施 8S 管理活动，制订活动标准和活动策划，班组一层具体组织落实。在实施 8S 管理活动的初期，少数班组长和员工感到比较抽象，张凡和事业部领导一起尽量将其转化成为员工容易接受的东西，将活动目标明确为"创建文明、整洁、有序、高效、安全的工作环境，提升企业竞争力和员工队伍素养"。

首先开始的是整理工作。这一年,事业部下定决心、排除万难,撤除了存在多年的"房中房",清除了几百吨的"滞留物",对设备进行了大搬家,对生产现场的物品按使用频率分为A、B、C三种类型进行整理,将报废的设备清理退库。

整顿工作紧随整理工作之后开展。主要内容是对厂房使用性质进行功能划分并固定下来。生产区域用绿色表示,通道用蓝色表示,原材料存放区和在制品存放区分别用白色和黄色线标注,设立标示牌,并对所有的设备重新表面喷漆。在不停产、不影响工作的前提下,按照通道、作业区、办公区的先后顺序进行全场地面刷漆,刷完漆后事业部给每位员工发了一双崭新的工作鞋和一套工作服,并动员员工要"穿新鞋,走新路"。工作环境彻底改观以后,以往工厂里乱倒茶渣剩水、乱扔垃圾、乱扔废弃物、随地吐痰的那些不文明行为和现象一下子绝迹了。员工们在这样的环境里工作心情格外愉快。事业部及时总结出活动的意义——"人造环境树形象,环境育人提素养",并将这个融员工感受和活动功能于一身的标语口号制成横幅,悬挂于厂房上,促使活动引向深入。

清洁工作本来是以往开展的日常性工作,但因缺乏标准而时紧时松,或者就是走走过场。针对这一情况,事业部重点抓标准的制订和责任的分工落实,实行专人负责与分工协作相结合。除通道和公共区域由专人负责外,其他每个工位的卫生都明确有操作者负责。这种做法被大家戏称为"井田制"。"井田制"保证了清洁工作无死角,处处有标志,件件到人头,人人有事干,事事有人管。

对于安全管理工作,重点是抓制度建设,明确了上班时的岗位制服穿戴规范和操作安全规范,并且以一次"城门立木"之举,收到了良好的效果。2009年5月3日,有一名女工进厂加班,由于操作车床时没有按要求穿戴制服,并且因赶时间忘记了将长发盘起并用网罩罩住,被罚款200元。原本"五一"加班能挣几十元的加班费,可因违规被处罚的数字却数倍于此,这名女工不服气,员工们也因这事议论纷纷。事业部领导针对这一情况,组织了一次操作安全培训,并以真实的案例及发生的影像资料教育员工,这次培训让员工明白了安全生产的重要性,不规范操作的严重事故隐患。对违规员工的重罚,使大家看到了事业部扭转习惯性违章的决心,明确了事业部领导关心员工安全的真实目的和良苦用心,收到了应有的效果。

在抓素养方面,事业部通过工具柜规范使用、水杯定位摆放、岗位制服穿戴规范等一系列做法,持之以恒地加以引导,实现了员工素质的全面提升,培养了员工良好的工作习惯。平时大力宣传节约理念,使员工树立起成本、时间、资源等方面的节约意识,激励员工探索技术创新和成本控制的途径。开展一系列相关专业培训,鼓励员工积极学习、互相交流,提高个人专业水平和综合素质。

事业部通过对员工不断地重复刺激,形成了条件反射,实现了令行禁止的目的。经过一年的8S管理活动,在事业部领导和全体员工的努力下,员工素养得到了全面提升,经营状况达到了有史以来最高水平,员工收益创下了历史最高水平,事业部200多人次受到了公司的各种奖励。在2008年年终公司表彰会上,张凡被授予公司优秀员工、优秀班组长的称号,正如他在表彰会上所说"当好一名优秀员工不容易,当好一名优秀班组长更不容易,我要学习的东西还很多,今后我得不断加强学习,尤其是班组生产现场的知识和经验是一门科学,是一门艺术。"

下面介绍一下班组生产管理的相关知识,以供有志于班组长工作的人学习。

第一节　班组生产现场管理概述

一、现场管理的定义

现场管理，简言之，就是生产现场的基础管理、综合管理。现场管理就是运用科学的管理思想、管理方法和管理手段，对现场的各种生产要素，如人（操作者和管理者）、机（机器设备）、料（原料和零部件）、法（工艺和监测方法）、环（环境）、资（资金）、能（能源）、信（信息）等，进行合理配置和优化组合的动态过程，通过计划、组织、领导、协调和控制等管理职能，以保证现场按预定的目标，实现优质、高效、低耗、均衡、安全、文明的生产作业。

二、现场管理的特点

现场管理具有基础性、系统性、群众性、规范性和动态性五个特点。

（1）基础性　企业管理一般可分三个层次，即最高领导层的决策性管理、中间管理层的执行性与协调性管理、作业层的控制性现场管理。现场管理属于基层管理，是企业管理的基础。基础工作健全与否，直接影响现场管理的水平。通过加强现场管理，又可以进一步健全基础工作。加强现场管理要从基层建设、基本功训练、基本素质的提高来开展。

（2）系统性　现场管理是从属于企业管理这个大系统的一个子系统。人、机、料、法、环、资、能、信等生产要素，通过生产现场有机的转换过程，向环境输出各种合格的产品或服务。同时，反馈转换中的各种信息，以促进各方面工作的改善。系统性特点要求生产现场必须实行统一指挥，不允许各行其是。各项专业管理虽自成体系，但在生产现场必须协调配合，服从现场整体优化的要求。

（3）群众性　现场管理的核心是人。人与人、人与物的组合是现场生产要素中最基本的组合，不能见物不见人。现场的一切生产活动和各项管理工作都要现场的人去掌握、去操作、去完成。优化现场管理仅靠少数专业人员是不够的，必须依靠现场所有员工的积极性和创造性，动员广大员工参与管理。

（4）规范性　现场管理要严格执行操作规程，严格遵守工艺纪律及各种行为规范。现场各种制度的执行，各类信息的收集、传递、分析和利用需要标准化，要做到规范齐全并提示醒目，尽量让现场人员能看得见、摸得着，人人心中有数。

（5）动态性　现场种种生产要素的组合，是在投入与产出的转换过程中实现的。现场管理应根据变化的情况对生产要素进行必要的调整和合理配置，提高现场对市场环境的适应能力，从而增加企业的竞争力。

三、现场管理的任务

（1）全面完成生产计划规定的任务。
（2）消除生产现场的浪费现象。
（3）优化劳动组织，搞好班组建设和民主管理。

（4）加强定额管理，降低物料和能源消耗。
（5）优化专业管理。
（6）组织均衡生产，实行标准化管理。
（7）加强管理基础工作。
（8）治理现场环境。

四、现场管理的要素

目标能被直接控制，管理要素才能被直接控制，为了实现现场管理目标，现场管理者应有效地管理人员、设备、材料、方法、环境五大要素。

（1）人员　人是生产系统中最重要、最活跃的因素，教导员工，使其掌握必要的作业技能，达到合格的行为质量和工作质量，确保每个人都能按要求开展工作、完成任务。同时，要调动一线员工的主动性、积极性和创造力，使全员开动脑筋，参与改善、自主改善。

（2）设备　设备是生产的重要条件，做好设备维护保养，给设备提供合适的工作条件，同时科学操作、使用设备，防止设备劣化，使设备发挥最大工作效率。

（3）材料　材料是产品的构成元素，确保材料的质量才能保证产品的质量。要善于把握材料特性及变化点，做好应变管理。

（4）方法　操作方法、工艺条件等是确保质量和效率的重要基础，根据现场特点运用工业工程、价值工程等管理技术改善操作方法。在保证质量的前提下使员工做得更轻松、更容易，取得更高效率、更好效益。同时，针对不同的产品型号特点，不断细化工艺条件，使工艺条件更合理、更优化、更有针对性。

（5）环境　生产环境对人和设备的影响都非常大，广泛开展现场 8S 等活动，并不断进行现场改善，创造整洁、明朗、有序的生产环境，确保安全、质量和效率的实现。

五、现场管理的基本观念

1. 资源观念

现场管理者要将周围的环境当成资源来看待，人、机、料、法、环是资源，技术和信息是资源，上级、同级和下级之间的关系也都是资源，只有把周围的环境都当成可以利用的资源来看待，才能改变对它们的态度，调整对它们的方法，想办法调动它们的积极性，使它们为实现生产现场目标服务。

2. 经营观念

生产现场具备经营实体所必备的基本要素，生产现场相当于一个经营实体，管理一个部门就是经营一个部门。现场主管应充分发挥个人主观能动性和集体智慧，使企业配置到生产现场的资源创造最大效益。所以，生产现场搞得好不好，就是现场管理者当得好不好。每个生产现场都是一块小天地，现场管理者应该自主思考：我这块小天地该怎样管？该做哪些事情？怎样做好？还有哪些不足？

现场管理者要重视包含在过程中的方法和能力问题，建立资源运用和部门经营的观念，站在更高的角度，以更广阔的视野来看待现场管理。

六、现场管理的基本内容

（1）现场实行"定置管理"，使人流、物流、信息流畅通有序，现场环境整洁，文明生产。

（2）加强工艺管理，优化工艺路线和工艺布局，提高工艺水平，严格按工艺要求组织生产，使生产处于受控状态，保证产品质量。

（3）以生产现场组织体系的合理化、高效化为目的，不断优化生产劳动组织，提高劳动效率。

（4）健全各项规章制度、技术标准、管理标准、工作标准、劳动及消耗定额、统计台账等。

（5）建立和完善管理保障体系，有效控制投入产出，提高现场管理的运行效能。

（6）搞好班组建设和民主管理，充分调动职工的积极性和创造性。

七、现场管理的三大工具

1. 标准化

企业里有各种各样的规范，如规程、规定、规则、标准、要领等，这些规范形成文字化的东西统称为标准（或称标准书）。制订标准，而后依标准付诸行动则称之为标准化。那些认为编制或改定了标准即认为已完成标准化的观点是错误的，只有经过指导、训练才能算是实施了标准化。创新改善与标准化是企业提升管理水平的两大轮子。改善创新是使企业管理水平不断提升的驱动力，而标准化则是防止企业管理水平下滑的制动力。没有标准化，企业不可能维持在较高的管理水平上。

2. 目视管理

目视管理是利用形象直观而又色彩适宜的各种视觉感知信息来组织现场生产活动，达到提高劳动生产率的一种管理手段，也是一种利用视觉来进行管理的科学方法。所以目视管理是一种以公开化和视觉显示为特征的管理方式，综合运用了管理学、生理学、心理学、社会学等多学科的研究成果。

3. 看板管理

看板管理是管理可视化的一种表现形式，即将数据、情报等的信息一目了然地展现出来，主要是对于管理项目，特别是情报进行的透明化管理活动。它通过各种形式如标语、现况板、图表、电子屏等把文件中、脑子里或现场等隐藏的情报揭示出来，以便任何人都可以及时掌握管理现状和必要的情报，从而能够快速制订并实施应对措施。因此，管理看板是发现问题、解决问题的非常有效且直观的手段，是优秀的现场管理必不可少的工具之一。

八、现场管理的基本方法

1. 三直三现法

三直三现法即"马上现场、马上现品、马上现象"。目的是帮助生产现场的管理者端正正确的管理作风，准确把握问题、查明真相，实施最有效的对策，到现场解决实际问题。

2. 5W2H 法

5W2H 法是一种综合分析的方法，适用于解决问题。5W2H 具体包括：什么事情（What），什么地方（Where），什么时间（When），什么人（Who），什么原因（Why），怎样做（How），成本和代价是什么（How much）。

3. PDCA 法

PDCA 法由美国戴明博士提出的，也称戴明模式，即策划（Plan）—实施（Do）—检查（Check）—改进（Action）。闭环管理，环环相扣，持续改进。

4. 目视管理

目视管理即通过视觉导致人的意识变化的一种管理方法。目视三要素，无论是谁都能判明是好是坏（异常）；能迅速判断，精度高；判断结果不会因人而异。目视分三个水准，初级水准：有表示，能明白现在的状态。中级水准：都能判断良好与否。高级水准：能将管理方法（包括异常处置等）都列明。

5. 看板管理

具体方法已在上文阐述。

6. 定置管理

定置管理即为确定物品的位置进行分类标志，易于找寻。有物必有区，有区必分类，分类必挂牌。人和物有两种结合方式，一是直接结合，情况较少，如个人用的钢笔、眼镜等。二是间接结合，只有通过一定的信息才能结合。人和物有三种结合状态，A 状态，即人和物处于紧密结合状态，人需要的物随手可以拿到，物和人结合非常紧密。B 状态，人和物处于寻找状态，这时人需要物的时候不能随手拿到，需要到处寻找，要浪费一些时间才能找到。C 状态，即对人不起作用的物，或者是现场不需要的物。定置管理的目的就是取缔 C 状态，不断改善 B 状态，使其达到 A 状态，尽量保持 A 状态。

7. 8S 管理

8S 是整理、整顿、清扫、清洁、素养、安全、节约、学习的简称。8S 活动是一项基本活动，是现场一切活动的基础。①整理，将工作场所任何东西区分为有必要的与不必要的，把必要的东西与不必要的东西明确地、严格地区分开来，不必要的东西要尽快处理掉。②整顿，对整理之后留在现场的必要的物品分门别类放置，排列整齐，明确数量，有效标志。③清扫，将工作场所清扫干净，保持工作场所干净、亮丽。④清洁，将上面的 3S 实施的做法制度化、规范化。⑤素养，通过晨会等手段，提高员工文明礼貌水准，增强团队意识，养成按规定行事的良好工作习惯。⑥安全，就是要维护人身与财产不受侵害，创造一个零故障，无意外事故发生的工作场所。⑦节约，不断减少企业的人力、成本、空间、时间、物料的浪费，并持之以恒。⑧学习，深入学习各项专业技术知识，从实践和书本中获取知识的同时，不断地向同事、向上级主管学习，取长补短，完善自我，提升自己的综合素质。

8. TPM 管理

即"全面生产维护"。为了解决设备运行过程中的诸多问题,美国把维护设备的经验进行了总结,将装备出现故障以后采取应急措施的事后处置方法称为"事后维护（BM）",将装备在出现故障以前就采取对策的事先处置方法称为"预防维护（PM）",将为延长装备寿命的改善活动称为"改良维护（CM）",把为了制造不出故障、不出不良产品的装备的活动称为"维护预防（MP）",最后将以上 BM、PM、CM、MP 四种活动结合起来称为"生产维护（PM）",这就是 TPM 的雏形。二战后,日本在向美国学习的过程中,将美国的 PM（生产维护）活动引进日本,成功地创立了日本式 PM,因有 80%～90%的员工都参与了此项活动,于是在 PM 前加了"T",正式将该公司的 PM 活动命名为 TPM,即"全面生产维护（TPM）"。

9. JIT 管理

JIT 管理（Just In Time）又称即时管理,零库存管理,由日本丰田公司首创。其核心思想是"在需要的时间,使用需要的资源,生产需要的产品"。生产原料及产品实现零库存。

九、现场管理十大利器的核心内容

（1）工艺流程查一查：查到合理的工艺路线。
（2）平面布置调一调：调出最短路线的平面布置。
（3）流水线上算一算：算出最佳的平衡率。
（4）动作要素减一减：减去多余的动作要素。
（5）搬运时空压一压：压缩搬运距离、时间和空间。
（6）人机效率提一提：提高人与机器的合作效率。
（7）关键路线缩一缩：缩短工程项目的关键路线。
（8）现场环境变一变：变革工作和现场的环境。
（9）目视管理看一看：看清指示、信息和问题。
（10）问题根源找一找：找出问题的根源并加以解决。

第二节　班组生产现场目视管理

一、目视管理的含义

目视管理是利用形象直观、色彩适宜的各种视觉感知信息来组织现场生产活动,达到提高劳动生产率目的的一种管理方式。它是以视觉信号为基本手段,以公开化为基本原则,尽可能地将管理者的要求和意图让大家都看得见,借以推动自主管理、自我控制。所以目视管理是一种以公开化和视觉显示为特征的管理方式,也可称之为"看得见的管理"。目视管理的目的是,以视觉信号为基本手段,以公开化为基本原则,尽可能地将管理者的要求和意图让大家都看得见，借以推动看得见的管理、自主管理、自我控制。

二、目视管理的特点

（1）以视觉信号显示为基本手段，大家都能够看得见。

（2）要以公开化、透明化的基本原则，尽可能地将管理者的要求和意图让大家看得见，借以推动自主管理或自主控制。

（3）现场的作业人员可以通过目视的方式将自己的建议、成果、感想展示出来，与领导、同事以及工友们进行相互交流。

目视管理是一种以公开化和视觉显示为特征的管理方式，也可称为看得见的管理，或一目了然的管理。这种管理的方式可以贯穿于各种管理的领域当中。

三、目视管理的作用

1. 迅速快捷地传递信息

目视管理的作用，用很简单的一句话表示就是迅速快捷地传递信息。

2. 形象直观地将潜在的问题和浪费现象都显现出来

目视管理依据人类的生理特征，充分利用信号灯、标示牌、符号颜色等方式来发出视觉信号，鲜明准确地刺激人的神经末梢，快速地传递信息，形象直观地将潜在的问题和浪费现象都显现出来。不管是新进的员工，还是新的操作手，都可以与其他员工一样，一看就明白问题在哪里。它是一个在管理上具有非常独特作用的好办法。

3. 特别强调的是客观、公正、透明化

目视管理有利于统一的识别，可以提高士气，让全体员工上下一心去完成工作。明确生产工作要做的理由、工作的内容或担当者，以及工作场所、时间限制、把握程度、具体方法等，这些都是管理中的 5W2H。

4. 促进企业文化的建立和形成

目视管理通过对员工合理化建议的展示，对优秀事迹和对先进的表彰，并在公开讨论栏和关怀温情专栏等栏目中宣传和描绘企业宗旨方向、远景规划等各种健康向上的内容，能使所有员工形成一种非常强烈的凝聚力和向心力，这些都是建立优秀企业文化的一种良好开端。

四、目视管理的类别

1. 红牌

红牌适宜于 8S 中的整理，是改善的基础起点，用来区分日常生产活动中非必需品，挂红牌的活动又称为红牌作战。

2. 看板

用在 8S 的看板管理中，是使用的物品基本状况的展示板。通过看板，物品的具体位

置在哪里、做什么用、数量多少、谁负责,甚至谁来管理等重要信息,让人一看就明白。8S 强调的是透明化、公开化,而目视管理有一个先决的条件,就是消除黑箱作业。

3. 信号灯或者异常信号灯

在生产现场,第一线的管理人员必须随时知道,作业员或机器是否在正常地开动,是否在正常作业。信号灯是工序内发生异常时,用于通知管理人员的工具。信号灯有以下几个种类。

（1）发音信号灯 适用于物料请求通知,当工序内物料用完时,或者该供需的信号灯亮时,扩音器马上会通知搬送人员立刻及时地供应。几乎所有的工厂的主管都知道,信号灯必须及时亮起,信号灯也是看板管理中的一个重要的项目。

（2）异常信号灯 用于产品质量不良及作业异常等异常发生场合,通常安装在大型工厂的较长的生产装配流水线上。一般设置红或黄两种信号灯,由员工来控制。当发生零部件用完,或出现不良产品及机器发生故障等异常情况时,往往影响到生产指标的完成,这时员工马上按下红灯的按钮,红灯一亮,生产管理人员和厂长都要停下手中的工作,马上前往现场,予以调查处理,异常被排除以后,管理人员就可以把这个信号灯关掉,然后继续进行作业和生产。

（3）运转指示灯 检查显示设备的运转状况,机器开动、转换或停止的状况。还能显示机器的停止原因。

（4）进度灯 进度灯比较常见的安装在组装生产线上。在手动或半自动生产线,每一道工序的间隔时间大概是 1～2 分钟,进度灯用于组装节拍的控制,以保证产量。但是节拍间隔有几分钟的长度时,在作业中可根据进度灯的指示,由作业员自己把握作业进度,防止作业的迟缓。进度灯的间隔时间一般为 10 分钟。对应于作业的步骤和顺序,采用标准化程序,它的要求也比较高。

4. 操作流程图

操作流程图的本身是描述工序重点和作业顺序的简明指示书,也称为步骤图,用于指导生产作业。在一般的车间内,特别是工序比较复杂的车间,在看板管理上一定要有个操作流程图。例如原材料进来后,第一个流程可能是签收,第二个流程可能是点料,第三个流程可能是转换或者转制,这就叫操作流程图。

5. 反面教材

反面教材一般是结合现物和柏拉图的表示,就是让现场的作业人员明白和知道不良的现象及后果。一般是放在人多的显著位置,让人一看就明白:这是不能够正常使用的,或这是不能违规操作的。

6. 提醒板

提醒板用于防止遗漏。健忘是人的本性,不可能杜绝,只有通过一些自主管理的方法来最大限度地尽量减少遗漏或遗忘。比如有的车间的进出口处立着一块板子,上面写着今天有多少产品要在何时送到何处,或者什么产品一定要在何时生产完毕,下午两点钟有一个什么检查,或是某某领导来视察。这些板子都可统称为提醒板。一般来说,用纵轴表示时间,横轴表示日期,纵轴的时间间隔通常为一个小时,一天用 8 个小时来区分,每一个小时,就是每一个时间段记录正常、不良或次品的情况,让作业者自己记录。提醒板一个月统计一次，在每个月的例会中总结，与上个月进行比较，看是否有进步，并确定下个月的目录，这是提醒板的另一个作用。

7. 区域线

区域线就是对半成品放置的场所或通道等区域，用线条把它画出。主要用于整理与整顿，以及异常原因、停线故障等，用于看板管理。

8. 警示线

警示线就是在仓库或其他物品放置处用来表示最大或最小库存量的涂在地面上的彩色漆线，用于看板管理中。

9. 告示板

告示板是一种及时管理的道具，也就是公告，或是一种让大家都知道的通知方法，比方说今天下午两点钟开会，就在告示板上写上这些内容。

10. 生产管理板

生产管理板是揭示生产线的生产状况、进度的表示板，记入生产实绩、设备开动率、异常原因（停线、故障）等，用于看板管理。

五、目视管理的内容

1. 规章制度与工作标准的公开化

为了维护统一的组织和严格的纪律，保持大工业生产所要求的连续性、比例性和节奏性，提高劳动生产率，实现安全生产和文明生产，凡是与现场工人密切相关的规章制度、标准、定额等，都需要公布于众；与岗位工人直接有关，应分别展示在岗位上，如岗位责任制、操作程序图、工艺卡片等，并要始终保持完整、正确和洁净。

2. 生产任务与完成情况的图表化

现场是协作劳动的场所，因此，凡是需要大家共同完成的任务都应公布于众。计划指标要定期层层分解，落实到车间、班组和个人，并列表张贴在墙上；实际完成情况也要相应地按期公布，并用作图法制出图表，让大家看出各项计划指标完成中出现的问题和发展的趋势，以促使集体和个人都能按质、按量、按期地完成各自的任务。

3. 与定置管理相结合，实现视觉显示资讯的标准化

在定置管理中，为了消除物品混放和误置，必须有完善而准确的资讯显示，包括标志线、标志牌和标志色。因此，目视管理在这里便自然而然地与定置管理融为一体，按定置管理的要求，采用清晰的、标准化的资讯显示符号，将各种区域、通道，各种辅助工具（如料架、工具箱、工位器具、生活柜等）用标准颜色标注清楚，不得任意涂抹。

4. 生产作业控制手段的形象直观与使用方便化

为了有效地进行生产作业控制，使每个生产环节、每道工序能严格按照期量标准进行生产，杜绝过量生产、过量储备，要采用与现场工作状况相适应的、简便实用的资讯传导信号，以便在后道工序发生故障或由于其他原因停止生产，不需要前道工序供应在制品时，

操作人员能及时看到信号，立即停止投入。例如"广告牌"就是一种能起到这种作用的资讯传导手段。各生产环节和工种之间，也要设立方便实用的资讯传导信号进行联络，以尽量减少工时损失，提高生产的连续性。例如在机器设备上安装红灯，在流水线上配置工位故障显示幕，一旦发生停机，即可发出信号，巡回检修工看到后就会及时前来修理。

生产作业控制除了期量控制外，还要有质量和成本控制，也要实行目视管理。例如质量控制，在各质量管理点（控制）要有质量控制图，以便清楚地显示质量波动情况，及时发现异常，及时处理。车间要利用板报形式将"不良品统计日报"公布于众，当天出现的废品要陈列在展示台上，由有关人员会诊分析，确定改进措施，防止再度发生。

5. 物品的码放和运送的数量标准化

物品码放和运送实行标准化，可以充分发挥目视管理的长处。例如，各种物品实行"五五码放"，各类工位器具，包括箱、盒、盘、小车等，均应按规定的标准数量盛装，这样，操作、搬运和检验人员点数时既方便又准确。

6. 现场人员着装的统一化与实行挂牌制度

现场人员的着装不仅起劳动保护的作用，在机器生产条件下，也是正规化、标准化的内容之一。它可以体现职工队伍的优良素养，显示企业内部不同单位、工种和职务之间的区别，因而还具有一定的心理作用，使人产生归属感、荣誉感、责任心等，对于组织指挥生产，也可创造一定的方便条件。

挂牌制度包括单位挂牌和个人佩戴标志。按照企业内部各种检查评比制度，将那些与实现企业战略任务和目标有重要关系的考评专案的结果，以形象、直观的方式给单位挂牌，能够激励先进单位更上一层楼，鞭策后进单位奋起直追。个人佩戴标志，如胸章、胸标、臂章等，其作用同着装类似。另外，还可同考评相结合，给人以压力和动力，达到催人进取、推动工作的目的。

7. 色彩的标准化管理

色彩是现场管理中常用的一种视觉信号，目视管理要求科学、合理、巧妙地运用色彩，并实现统一的标准化管理，不允许随意涂抹。这是因为色彩的运用受多种因素制约。

（1）技术因素　不同色彩有不同的物理指标，如波长、反射系数等。强光照射的设备，多涂成蓝灰色，是因为其反射系数适度，不会过分刺激眼睛。危险信号多用红色，这既是传统习惯，也是因其穿透力强，信号鲜明的缘故。

（2）生理和心理因素　不同色彩会给人以不同的重量感、空间感、冷暖感、软硬感、清洁感等情感效应。例如，高温车间的涂色应以浅蓝、蓝绿、白色等冷色为基调，可给人以清爽舒心之感；低温车间则相反，适宜用红、橙、黄等暖色，使人感觉温暖。热处理设备多用属冷色的铅灰色，能起到降低"心理温度"的作用。家具厂整天看到的是属暖色的木质颜色，木料加工设备则宜涂浅绿色，可缓解操作者被暖色包围所涌起的烦躁之感。从生理上看，长时间受一种或几种杂乱的颜色刺激，会产生视觉疲劳，因此，工人休息室的色彩就要考虑周全，如纺织工人的休息室宜用暖色，冶炼工人的休息室宜用冷色，这样有利于消除职业疲劳。

（3）社会因素　不同国家、地区和民族，都有不同的色彩偏好。例如我国人民普遍喜欢绿色，因为它是生命、青春的象征，而有些国家的人则认为绿色是不吉祥的。

总之，色彩包含着丰富的内涵，现场中凡是需要用到色彩的，都应有标准化的要求。

六、目视管理的对象及常用工具

1. 目视管理的对象

构成工厂的全部要素都是其管理对象。如服务、产品、半成品、原材料、零配件、设备、工夹具、模具、计量具、搬运工具、货架、通道、场所、方法、票据、标准、公告物、人、心情等。

2. 目视管理的常用工具

目视管理中常用的工具一般有警报灯、显示灯、图表、管理板、样本、热压标贴、标示牌，以及各种颜色纸/带/油漆等。

3. 目视管理的物品管理

日常工作中，需要对工夹具、计量仪器、设备的备用零件、消耗品、材料、在制品、完成品等各种各样的物品进行管理。通常对这些物品管理有四种基本形式：

（1）随身携带。
（2）伸手可及之处。
（3）较近的架子、抽屉内。
（4）放于储物室、货架中。

此时，"什么物品、在哪里、有多少"及"必要的时候、必要的物品、无论何时都能快速取出放入"成为目视管理的物品管理要点，见表3-1。

表3-1 目视管理的物品管理要点

要　点	方　法
1. 明确物品的名称及用途	分类标志及用颜色区分
2. 决定物品的放置场所，容易判断	采用有颜色的区域线及标志加以区分
3. 物品的放置方法能保证顺利地进行先入先出	常用和不常用的分区放置

4. 目视管理的作业管理

工厂中的工作是通过各种各样的工序及人组合而成的。各工序的作业是否按计划进行，是否按决定的那样正确地实施呢？通过目视作业管理，能够很容易地了解到各作业及各工序的进行状况，以及是否有异常发生等情况，这是非常重要的。目视管理的作业管理要点见表3-2。

表3-2 目视管理的作业管理要点

要　点	方　法
1. 明确作业计划及事前需准备的内容，且很容易核查实际进度与计划是否一致	保养用日历、生产管理板、各类看板
2. 作业能按要求的那样正确地实施，且能够清楚地判定是否在正确地实施	One Point（重点）教材、欠缺品和误用品警报灯
3. 在早期发现异常上下功夫	安装异常警报灯

目视管理的作业管理检查内容如下：

（1）是否按要求的那样正确地实施着。
（2）是否按计划在进行着。
（3）是否有异常发生。
（4）如果有异常发生，应如何对应简单明了地表示出来。

5. 目视管理的设备管理

近几年来，随着工厂机械化、自动化的进行，仅靠一些设备维护人员已很难保持设备的正常运作，现场的设备操作人员也被要求加入到设备的日常维护当中。因此，操作者的工作不仅仅只是操作设备，还要进行简单的清扫、点检、加油、紧固等日常保养工作。

目视管理的设备管理是以能够正确、高效地实施清扫、点检、加油、紧固等日常保养工作为目的，以期达成设备的"零"故障目标。目视管理的设备管理要点见表3-3。

表3-3 目视管理的设备管理要点

要 点	方 法
1. 清楚地表示应该进行维护保养的机能部位	加油标贴，管道、阀门的颜色区别管理
2. 能迅速发现发热异常	在马达、泵上使用温度感应标贴或温度感应油漆
3. 是否正常供给、运转清楚明了	旁置玻璃、小飘带、小风车
4. 在各类盖板的极小化、透明化上下工夫	特别是驱动部分，应使之容易"看见"
5. 标示出计量仪器类的正常范围、异常范围、管理限界	用颜色表示出范围（如：绿色表示正常范围、红色表示异常范围）
6. 设备是否按要求的性能、速度在运转	标示应有的周期、速度

6. 目视管理的品质管理

目视管理能有效防止许多"人的失误"的产生，从而减少品质问题的发生。目视管理的品质管理要点见表3-4。

表3-4 目视管理的品质管理要点

要 点	方 法
1. 防止因"人的失误"导致的品质问题	合格品与不合格品分开放置，用颜色加以区分，类似品采用颜色区分
2. 设备异常的"显露化"	重要部位贴付"品质要点"标贴，明确点检线路，防止点检遗漏
3. 能正确地实施点检	计量仪器按点检表逐项实施定期点检

7. 目视管理的安全管理

目视管理的安全管理是要将危险的事物予以"显露化"，刺激人的"视觉"，唤醒人们的安全意识，防止事故、灾难的发生。目视管理的安全管理要点见表3-5。

表3-5 目视管理的安全管理要点

要 点	方 法
1. 注意有高低、突起之处	使用油漆或荧光色，刺激视觉
2. 设备的紧急停止按钮设置	设置在容易触及的地方，且有醒目标志
3. 注意车间、仓库内的交叉之处	设置凸面镜或"临时停止脚印"图案
4. 危险物的保管、使用严格按照法律规定实施	法律的有关规定醒目地展示出来

第三节　班组生产现场 8S 管理

一、8S 的定义

8S 是指 Seiri（整理）、Seiton（整顿）、Seiso（清扫）、Seiketsu（清洁）、Shitsuke（修养）、Security（安全）、Saving（节约）、Study（学习）八个项目，因均以"S"开头，因此简称"8S"。8S 管理不仅能够改善生产环境，还能提高生产效率、产品品质、员工士气，是其他管理活动有效展开的基石之一。

1. 1S——整理

整理就是彻底地将要与不要的东西区分清楚，并将不要的东西加以处理，是改善生产现场的第一步。需对"留之无用，弃之可惜"的观念予以突破，必须挑战"好不容易才做出来的""丢了好浪费""可能以后还有机会用到"等传统观念。经常对"所有的东西都是要用的"观念加以检讨。图 3-1 为某物资供应公司的立体库，其中物资摆放有序，帐、卡、物一致。

图 3-1　某物资供应公司的立体库

2. 2S——整顿

把经过整理出来的需要的人、事、物加以定量、定位，简言之，整顿就是人和物放置方法的标准化。整顿的关键是做到定位、定品、定量，抓住了这三个要点，就可以制作看版，做到目视管理，从而提炼出适合本企业的东西放置方法，进而使该方法标准化。实行定置管理后的车间现场如图 3-2 所示。

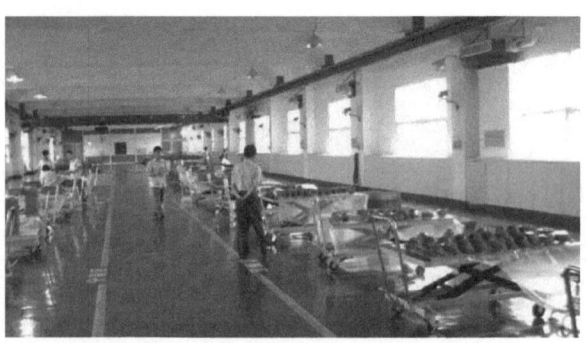

图 3-2　实行定置管理后的车间现场

3. 3S——清扫

就是彻底地将自己的工作环境四周打扫干净，设备异常时马上维修，使之恢复正常。清扫活动必须按照清扫对象、清扫人员、清扫方法、准备清扫器具、实施清扫的步骤实施，方能真正收到效果。

4. 4S——清洁

是指对整理、整顿、清扫之后的工作成果要认真维护，使现场保持完美和最佳状态。清洁，是对前三项活动的坚持和深入。清洁活动实施时，需要秉持三个观念：①只有在"清洁的工作场所才能产生出高效率、高品质的产品；②清洁是一种用心的行为，千万不要只在表面下功夫；③清洁是一种随时随地的工作，而不是上下班前后的工作；目的是通过制度化来维持成果。

5. 5S——素养

就是要努力提高人员的素养，养成严格遵守规章制度的习惯和作风，素养是"8S"管理的核心，没有人员素质的提高，各项活动就不能顺利开展，即使开展了也坚持不了。其目的是提升"人的品质"，成为对任何工作都讲究认真的人。

6. 6S——安全

就是要维护人身与财产不受侵害，以创造一个零故障，无意外事故发生的工作场所。实施的要点是：不要因小失大，应建立、健全各项安全管理制度；对操作人员的操作技能进行训练；勿以善小而不为，勿以恶小而为之，全员参与，排除隐患，重视预防。

7. 7S——节约

就是对人力、成本、时间、空间、库存、物料消耗等方面合理利用，以发挥它们的最大效能，从而创造一个高效率的、物尽其用的工作场所。实施时应该秉持三个观念：能用的东西尽可能利用；以自己就是主人的心态对待企业的资源；切勿随意丢弃，丢弃前要思考其剩余的使用价值。节约是对整理工作的补充和指导，我国由于资源相对不足，更应该在企业中秉持勤俭节约的原则。

8. 8S——学习

就是要深入学习各项专业技术知识、技能和技巧，在实践中提高专业水平和能力，并持之以恒。积极向同事及上级主管学习借鉴长处，完善自我，提升个人素质。在工作中树立团队协作意识，与人共享、互补、互利，制造共赢。

二、推行 8 S 管理的目的

1. 整理的目的

（1）腾出空间，活用空间。
（2）防止误用、误送。
（3）塑造清爽的工作场所。
（4）下决心断然处置不必要的物品，及时清除妨碍现场的生产残余物、返修品、报废品及无用的工具夹、量器、机器、箱包等。

2. 整顿的目的

（1）工作场所一目了然。
（2）工作环境整整齐齐。
（3）消除找寻物品的时间。
（4）消除过多的积压物品。
（5）提高效率。

3. 清扫的目的

（1）清扫油污、灰尘、垃圾等，保持职场内干干净净、明明亮亮。
（2）避免影响产品质量。
（3）避免发生工业伤害。
注意点：责任化、制度化。

4. 清洁的目的

（1）维持上面 3S 的成果。
（2）形成制度化，定期检查。

5. 素养的目的

（1）培养具有好习惯、遵守规则的员工。
（2）提高员工文明礼貌水准。
（3）营造团体精神。
（4）长期坚持，养成良好的习惯。

6. 安全的目的

（1）建立安全生产环境，杜绝安全事故。
（2）规范操作，确保产品质量。
（3）保障员工人身安全，保证生产正常连续进行。

7. 节约的目的

（1）控制、降低成本。
（2）养成员工节约时间、减少浪费的习惯。

8. 学习的目的

（1）促进个人和企业发展。
（2）使企业得到持续改善，培养学习性组织。
（3）互补互利，与人共享，制造共赢。
（4）增强内外部客户服务意识。

三、推行 8S 对企业的影响

1. 推行 8S 管理是对企业最好的宣传

（1）推行 8S 的企业在行业内被称赞为最干净、最整洁的工场。
（2）推行 8S 的企业让人们为之感动，忠实的顾客越来越多。

（3）推行8S的企业知名度很高，很多人慕名而来参观。
（4）推行8S的企业大家争着来工作。
（5）人们都以购买推行8S的企业的产品为荣。

2. 8S是品质护航员

（1）员工有很强的品质意识，按要求生产、按规定使用，能减少问题的发生。
（2）检测用具正确使用和保养，保证品质要求。
（3）8S是确保品质的先决条件。
（4）优质的产品来自优质的工作环境。
（5）发生问题时，一眼就可以发现。
（6）工厂如果没有8S就发现不了异常（或很迟才发现）。
（7）早发现异常必然能尽早解决问题，防止事态进一步严重。
（8）所用的调查时间减少，节省人力物力。

3. 8S是成本节约员

（1）能减少库存量，排除过剩生产。
（2）降低机器设备的故障发生率，延长使用寿命。
（3）减少卡板、叉车等搬运工具的使用量。
（4）减少不必要的仓库、货架和设备。
（5）寻找时间、等待时间、避让调整时间最小化。
（6）减少取出、安装、盘点、搬运等无附加价值的活动。

4. 8S是效率保障员

（1）模具、工装夹具管理良好，调试、寻找时间减少。
（2）设备产能、人员效率稳定，综合效率可把握性高。
（3）能保证生产的正常进行，不会耽误交货。

5. 8S是安全管理员

（1）保持宽敞、明亮的工作场所，使物流一目了然。
（2）使货物堆高有程度限制。
（3）人车分流，道路通畅。
（4）危险、注意等警示明确。
（5）员工正确使用保护器具，不会违规作业。
（6）灭火器放置位置、逃生路线明确，以防万一。

6. 8S是标准化推进员

（1）让人们正确地执行已经规定的事项。
（2）去任何岗位都能立即上岗作业。

7. 8S是企业文化策划员

创造一个心情愉快的工作环境，这个环境将让员工心情愉快。喜悦的心情并不是公司带来的，而是员工们自己创造出来的，员工们应为此感到自豪和骄傲。

（1）8S使岗位明亮、干净，不会让人厌倦和烦恼。

（2）8S 让大家都亲自动手进行改善。

（3）8S 让员工乐于工作，更不会无故缺勤旷工。

（4）8S 能给人"只要大家努力，什么都能做得到"的信念，创造出有活力的工作现场。"人造环境、环境育人"，员工通过对整理、整顿、清扫、清洁、修养的学习和遵守，使自己成为一个有道德修养的公司人，整个公司的环境面貌也随之改观。没有人能完全改变世界，但可以将一小部分变得更美好。通过对地域、人类的贡献，公司也能更好地发展壮大下去。

四、8S 活动推行的步骤

步骤一　成立推行组织

（1）推行委员会及推行办公室成立。

（2）组织职权确定。

（3）委员的主要工作安排。

（4）编组及责任区划分。

建议由企业主要领导出任 8S 活动推行委员会主任职务，以表示对此活动的支持。具体安排上可由副主任负责活动的全面推行。

步骤二　拟定推行方针及目标

方针制订：推动 8S 管理时，制订方针作为导入的指导原则。方针的制订要结合企业具体情况，要有号召力。方针一旦制订，要广为宣传。

目标制订：先设定期望目标，作为活动努力方向，同时也便于活动过程中的成果检查。

步骤三　拟定工作计划及实施方法

（1）拟定日程计划，作为推行及控制的依据。

（2）收集资料及借鉴他厂做法。

（3）制订 8S 活动实施办法。

（4）制订要与不要的物品区分方法。

（5）制订 8S 活动评比方法。

（6）制订 8S 活动奖惩办法。

（7）其他相关规定（如推行 8S 活动的时间等）。

推行工作一定要有计划，以便大家对整个过程有一个整体的了解。项目责任者清楚自己及其他担当者的工作是什么及何时要完成，相互配合造就一种团队作战精神。

步骤四　教育

（1）每个部门对全员进行教育。

（2）新进员工的 8S 培训。

教育是非常重要的，让员工了解 8S 活动能给工作及自己带来好处，从而主动地去做，与被别人强迫着去做的效果是完全不同的。教育形式要多样化，讲课、放录像、观摩他厂案例或样板区域、学习推行手册等方式均可视情况加以使用。

步骤五　宣传

（1）高层、主管发表讲话、宣言（晨会、内部报刊等）。

(2) 宣传栏、内部报刊定期宣传介绍 8S。
(3) 现场张贴 8S 海报、标语等。

步骤六　实施

(1) 前期作业准备
1) 召开推行方法说明会。
2) 道具准备。
(2) 工厂"洗澡"运动（全体上下彻底大扫除）。
(3) 建立地面画线及物品标示标准。
(4) 明确"3 定"（定位、定容、定量）、"3 要素"（场所、方法、标志）。
(5) 定点摄影。
(6) 编制"8S 日常确认表"并实施。
(7) 红牌作战。

步骤七　确定活动评比办法

(1) 加权系数：困难系数、人数系数、面积系数、教养系数。
(2) 考核评分法。

步骤八　查核

(1) 现场查核。
(2) 8S 问题点质疑、解答。
(3) 举办各种活动及比赛（如征文活动等）。

步骤九　评比及奖惩

依 8S 活动竞赛办法进行评比，公布成绩，实施奖惩。

步骤十　检讨与修正

各责任部门针对缺点项目进行改善，不断提高。在 8S 活动中，适当地导入 QC 手法、IE 手法是很有必要的，能使 8S 活动推行得更加顺利、更有成效。

步骤十一　纳入定期管理活动中

(1) 标准化、制度化的完善。
(2) 实施各种 8S 强化月活动。

需要强调的一点是，企业因其背景、架构、企业文化、人员素质的不同，推行时可能会有各种不同的问题出现，推行办要根据实施过程中所遇到的具体问题，采取可行的对策，才能取得满意的效果。

五、8S 实施要点

(1) 整理：正确的价值意识——"使用价值"，而不是"原购买价值"。
(2) 整顿：正确的方法——"3 要素、3 定"+整顿的技术。
(3) 清扫：责任化——明确岗位 8S 责任。
(4) 清洁：制度化及考核——8S 时间；稽查、竞争、奖罚。
(5) 素养：长期化——晨会、礼仪守则。

(6) 安全：标准化——教育、规范要求。
(7) 节约：习惯化——意识、行动。
(8) 学习：理念化——坚持、互助、互补。

六、8S 与其他管理活动的关系

（1）8S 是现场管理的基础，是 TPM（全面生产维护）的前提，是 TQM（全面质量管理）的第一步，也是 ISO9000 有效推行的保证。

（2）8S 能够营造一种"人人积极参与，事事遵守标准"的良好氛围。有了这种氛围，推行 ISO、TQM 及 TPM 就更容易获得员工的支持和配合，有利于调动员工的积极性，形成强大的推动力。

（3）实施 ISO、TQM、TPM 等活动的效果是隐蔽的、长期性的，一时难以看到显著的效果。而 8S 活动的效果是立竿见影的。如果在推行 ISO、TQM、TPM 等活动的过程中导入 8S，可以通过在短期内获得显著效果来增强企业员工的信心。

（4）8S 是现场管理的基础，8S 水平的高低，代表着管理者对现场管理认识的高低，这又决定了现场管理水平的高低，而现场管理水平的高低，制约着 ISO、TPM、TQM 活动能否顺利、有效地推行。

通过 8S 活动，从现场管理着手改进企业"体质"，能起到事半功倍的效果。

七、8S 的推行要领

1. 整理的推行要领

（1）对工作场所（范围）全面检查，包括看得到和看不到的地方。
（2）制定"要"和"不要"的判别基准。
（3）不要物品的清除。
（4）要的物品调查使用频度，决定日常用量。
（5）每日自我检查。
（6）避免因不整理而发生的浪费。
1）空间的浪费。
2）使用棚架或柜橱的浪费。
3）零件或产品变旧而不能使用的浪费。
4）放置处变得窄小而造成的浪费。
5）对不要的东西也要管理造成的浪费。
6）库存管理或盘点花费时间的浪费

2. 整顿的推行要领

（1）前一步骤整理的工作要落实。
（2）需要的物品明确放置到指定场所。
（3）物品摆放整齐、有条不紊。
（4）物品地板画线定位准确。
（5）场所、物品标示准确。

（6）制定废弃物处理办法。

（7）整顿的重点。

1）整顿的结果要让物品处在任何需要它的人都能立即取出的状态。

2）要站在新人或其他职场人员的角度来看，使得什么东西该放在什么地方更为明确。

3）要想办法使物品能立即取出使用。

4）使用后要能容易地恢复到原位，没有恢复原位或误放时能马上知道。

3. 清扫的推行要领

（1）建立清扫责任区（室内、外）。

（2）开始一次全公司的大清扫，每个地方清洗干净。

（3）调查污染源，予以杜绝或隔离。

（4）建立清扫基准，作为规范。

清扫就是使工作场地成为没有垃圾、没有污脏的状态。虽然前面已经经过了整理、整顿，要的东西也马上就能取到，但是被取出的东西要成为能被正常使用的状态才行。而达成这样状态就是清扫的第一目的，尤其目前强调高品质、高附加价值产品的制造，更不容许有垃圾或灰尘的污染，造成产品的不良性。

4. 清洁的推行要领

（1）落实前 3S 工作。

（2）制定目视管理的基准。

（3）制定 8S 实施办法。

（4）制定稽核方法。

（5）制定奖惩制度，加强执行。

（6）高阶主管经常带头巡查，带动全员重视 8S 活动。

8S 活动一旦开始，不可在中途变得含糊不清。如果不能贯彻到底，又会形成另外一个污点，而这个污点也会造成公司内保守而僵化的气氛。要打破这种保守、僵化的现象，唯有花费更长时间来改正。

5. 素养的推行要领

（1）制定服装、臂章、工作帽等识别标准。

（2）制定公司有关规则、规定。

（3）制定礼仪守则。

（4）教育训练。

（5）推动各种激励活动。

（6）遵守规章制度。

（7）例行打招呼、礼貌运动。

6. 安全的推行要领

（1）经常进行整理、整顿、清扫，以保持清洁状态。明确安全管理也是在整理、整顿、清扫、清洁、素养的状态实施中完成的。

（2）使中心的安全生产管理制度人人熟知，使职工养成自觉遵守安全制度和操作规程的良好的安全习惯。

(3) 教育职工建立安全自我防范意识，做到预防为主。

(4) 坚持自我检查、互查、巡查与评价相结合的检查考核机制。

7. 节约的推行要领

(1) 以自己就是企业主人的心态养成节约习惯。

(2) 落实整理、整顿工作，消除空间上的浪费。

(3) 遵循时间的科学使用法，提高工作效率。

(4) 制定合理的能源或资源使用标准，强化成本控制，减少浪费。

8. 学习的推行要领

(1) 搭建学习平台，制订学习计划并有效地组织与执行，鼓励自发学习。

(2) 定期、不定期开展学习活动，加强学习交流与实际研讨。

(3) 建立培训后交流、实习作业、定期业务交流、标杆经验交流的机制与制度。

(4) 鼓励创新、革新和改善并给予奖励。

八、8S 推行的难点和对策

"8S"管理技术的引入和推广，在夯实企业管理的基础工作，提升企业的现场管理水平方面功不可没。它是在原有"整理、整顿、清扫、清洁、素养、安全""6S"管理的基础上，增加了"节约、学习"这两项内容而形成的。

（一）8S 推行的难点

1. 整理方面

(1) 主要表现　不用的杂物、设备、材料、工具都堆放在仓库，使仓库变成"杂物存放地"；货架大小不一，物品摆放不整齐。

(2) 检查中常见问题

1) 虽然现在不用，但以后要用，搬来搬去怪麻烦的，因而不整理，造成现场杂乱无章。

2) 对于大件的物品，好不容易才放到现有的位置，又要按照"8S"的要求进行整理，觉得过几天发完以后再调整位置，结果惰性成为习惯，难以改正。

3) 个别仓库管理员的抵触情绪表现在，为什么别人管理的物品不如我的整齐都不指出，而偏偏就找出我的缺点，太不公平了。

2. 整顿方面

(1) 主要表现　货架上的物品没有"物资收发登记卡"，管理状态不清，除了当事人之外，其他人一时难以找到；货架太高或物品堆积太高，不易拿取；没有按"重低轻高""大低小高"的原则摆放。

(2) 检查中常见问题

1) 刚开始放得很整齐，一发料又乱了，根本没时间去整顿。

2) 物资收发登记卡挂在周转箱上妨碍发料（或者辅助仓库物品太多、太杂，胶木件挂登记卡不容易），只要心中有数就行了。

3）为图仓库省事，不按生产节拍运作，给车间发料时一次发得太多，造成车间现场混乱。

4）货架上物品存放箱的大小不一，询问时以物品大小不一做借口，造成货架参差不齐，非常凌乱。

3. 清扫方面

（1）主要表现　物品连外包装箱在内一起放在货架上，影响仓库的整齐划一。清扫时只扫货物不扫货架。清扫不彻底。

（2）检查中常见问题

1）只在规定的时间清扫，平时见到污渍和脏物也不当一回事。

2）认为清扫只是清洁工的事，与仓库管理员无关。

3）清扫对象过高、过远，手不容易够着，于是死角很少或干脆就不打扫。

4）清扫工具太简单，许多脏物无法清除。

4. 清洁方面

（1）主要表现　突击打扫很卖力，清洁维持难长久。

（2）检查中常见问题

1）出于小团体的荣誉，为了应付检查评比经常搞突击性卫生打扫。当时清爽宜人，事后不注意清洁效果的维持，也就是通常所说的"一阵风"。

2）简单地停留在扫干净的认识上，以为只要扫干净就是清洁了，结果除了干净之外，其他方面并没有多大的改善。

3）清洁化的对象只限于现场所管理的物品，对库房顶上、窗户外面等没有清扫。

5. 素养方面

（1）主要表现　工作缺乏主动性，就事论事，工作中没有创新。

（2）检查中常见问题

1）只是按照规章制度的要求去做，不动脑筋想办法如何做得更好。

2）认为只要做好本职工作就可以了，没有必要再花时间学习业务知识。

6. 安全方面

（1）主要表现　安全意识淡薄，防范措施疏忽。

（2）检查中常见问题

1）认为安全工作与己无关，是公司管理人员或电工的事。

2）认为物品的安全自己无能为力。

3）虽已向领导提出了安全方面的建议，但未被采纳，长此以往觉得应该如此。

7. 节约方面

（1）主要表现　缺乏意识，设备、物件、耗材、空间、时间等方面出现浪费。

（2）检查中常见问题

1）库房、货架、棚架过剩，零件、半成品、成品库存过多。

2）卡车、台车、叉车、运输线等搬运工具过剩。

3）生产机器、设备闲置，办公文具、桌椅多余。

4）空间布置不合理，实用范围缩小。
5）水、电资源浪费。

8. 学习方面

（1）主要表现　缺乏主动性，难以坚持。
（2）检查中常见问题
1）个人学习目标不明确，积极性不强，有时是应付上级检查。
2）碍于颜面，不愿积极主动向同事及上级主管请教。
3）学习经常是三分钟热度，或流于形式，不能坚持。

（二）8S 推行的对策

针对上述不良症状，相应的对策简单地说有 4 条。
（1）在"整理、整顿、清扫、清洁""4S"中制订工作规范，仓库管理要做到"两齐"（库容整齐、堆放整齐）、"三清"（数量、质量、规格）、"三洁"（货架、物件、地面）、"三相符"（账、卡、物）、"四定位"（区、架、层、位对号入座）。
（2）结合每周一次的不定期检查，对结果进行张榜公布并通报全公司，责成责任单位负责人定期改正。
（3）每年对仓管员进行一次轮训，强化"安全"和"素养"的意识。
（4）加强节约、学习理念的宣传教育，定期或不定期开展相关培训、学习，并纳入考核。

九、8S 是检查要点

1. 办公区

（1）是否将不要的东西丢弃（抽屉、橱、柜、架子、书籍、文件、档案、图表、文具用品、墙上标语、海报、看板）。
（2）地面、桌子是否显得零乱。
（3）垃圾筒是否及时清理。
（4）办公设备是否沾上污浊及灰尘。
（5）桌子、文件架、通路是否以画线来隔开。
（6）下班时桌面是否整理清洁。
（7）有无文件归档规则及按规则分类、归档。
（8）文件等有无实施定位化（颜色、标记、斜线）。
（9）需要文件是否容易取出、归位，文件柜是否明确管理责任者。
（10）电脑公共文档有无规范管理。
（11）办公室墙角有无蜘蛛网。
（12）桌面、柜子上有无灰尘。
（13）公告栏有无过期的公告物品。
（14）饮水机是否干净。
（15）管路配线是否杂乱，电话线、电源线是否固定得当。
（16）抽屉内是否杂乱，东西是否杂乱摆放。

（17）下班时垃圾是否清理。
（18）私人用品是否整齐地放置于一处。
（19）报架上报纸、书刊是否整齐排放。
（20）中午及下班后，设备电源是否关好。
（21）办公设备是否随时保持正常状态，无故障物。
（22）盆景摆放是否整齐，没有枯死或干黄。
（23）会议室物品是否摆放整齐、到位和有标志。
（24）是否遵照规定着装。
（25）有无文件传阅的规则。
（26）有无人员动向登记栏。
（27）当事人不在，接到电话时是否有"留言记录"。
（28）工作态度是否良好（有无谈天、说笑、看小说、打瞌睡、吃东西现象）。
（29）接待宾客的礼仪是否妥当。
（30）离开或下班后，椅子是否被推至桌下，并紧挨办公桌平行放置。

2. 各部门现场

（1）现场摆放物品（如原材料、成品、半成品、余料、垃圾等）是否定时清理，区分"要"与"不要"。
（2）物料架、模具架、工具架等是否正确使用与清理。
（3）桌面、柜子、台面及抽屉等是否定时清理。
（4）茶杯、私人用品及衣物等是否定位摆放。
（5）材料、余料或废料等是否置放清楚。
（6）模具、夹具、计测器、工具等是否正确使用，摆放整齐。
（7）机器上有无不必要的物品、工具或物品，摆放是否牢靠。
（8）非立即需要或过期（如：三天以上）资料、物品是否入柜管理或废弃。
（9）资料、保养卡、点检表是否定期记录，定位放置。
（10）手推车、小拖车、置料车、架模车等是否定位放置，定人负责。
（11）塑料篮、铁箱、纸箱等搬运箱桶是否定位摆放。
（12）润滑油、切削油、清洁剂等用品是否定位摆放并标示。
（13）作业场所是否予以划分，并加注场所名称。
（14）消耗品（如抹布、手套、扫把等）是否定位摆放，定量管理。
（15）加工中的材料、待检材料、成品、半成品等是否堆放整齐并标示。
（16）通道、走道是否保持畅通，通道内是否摆放或压线摆放物品（如电线、手推车）。
（17）所有生产用工具、夹具、零件等是否定位摆设。
（18）不良品、报废品、返修品是否定位摆放并隔离（应划定位置摆放不合格品、破损品及使用频度低的东西）。
（19）易燃物品是否定位放置并隔离。
（20）动力供给系统是否加设防护物和警告牌。
（21）个人离开工作岗位时物品是否放置整齐。
（22）目前或短期生产不用的物品是否收拾定位。

（23）下班前是否确实打扫、收拾。
（24）垃圾、纸屑、烟蒂、塑胶袋、破布等是否及时清扫。
（25）机器设备、工作台、门、窗是否清理擦拭。
（26）废料、余料、呆料等是否随时清除。
（27）地上、作业区的油污是否随时清除。
（28）垃圾箱、桶内外是否清扫干净。
（29）墙壁周围蜘蛛网是否打扫干净。
（30）工作环境是否随时保持整洁、干净。
（31）长期不用（如：一月以上）物品、材料、设备等是否加盖防尘。
（32）地上、门窗、墙壁是否保持清洁。
（33）墙壁油漆剥落、地面涂层破损及画线油漆剥落是否修补。
（34）是否遵守作息时间（不迟到、早退、无故缺席）。
（35）工作态度是否良好（有无谈天、说笑、离岗、呆坐、看小说、打瞌睡、吃东西）。
（36）服装穿戴是否整齐（上班时间严禁穿拖鞋）。
（37）干部是否确实督导部属进行自主管理和工作。
（38）使用公物后是否及时归位，并保持清洁。
（39）停工前是否打扫和整理。
（40）是否遵照工厂的规定做事，不违反厂规。

湖南湘潭电机厂的现场 8S 管理检查评分标准

序号	检查要素	标准分	要素	评分标准
1	留下必要的，清除不要的物品（1S 整理）	15 分	（1）绘制定置图，物品定点定位摆放 （2）工作场所要求整齐、清洁 （3）工具柜内采用形迹管理或嵌入式，装配班有工具等级本 （4）保证道路畅通，清除多余物品 （5）仓库必须按定置摆放，对库房进行清理，账卡物三对头，限额发料，余料退库 （6）废弃物品需及时处理	（1）无定置图扣 5 分 （2）发现工作场所有多余物件，一件扣 1 分 （3）工具柜未按定置图摆放且有多余物品，一件扣 1 分 （4）发现道路不畅通，一处扣 2 分 （5）仓库未按定置图摆放，一处扣 1 分；发现仓库有多余物，一件扣 1 分 （6）发现废弃物未及时处理扣 2 分
2	留下不要的物品，分门别类依规定的位置摆放，并摆放整齐，明确标示（2S 整顿）	15 分	（1）工作器具要使用正确，不能与其他物品混放 （2）工作场所的所有物品摆放整齐有序，保证足够的安全距离，要有正确标识 （3）公用柜必须设立专人保管，且有正确标识 （4）工模夹具要定置摆放，并且要标示清楚 （5）设备上不允许摆放其他物品	（1）发现未正确使用工量器具，一次扣 1 分；与其他物品混放扣 1 分 （2）发现工作场所的物品无标识的扣 1 分；标志不正确一处扣 1 分 （3）公用柜未设专人保管，一处扣 1 分 （4）工模夹具未按定置要求摆放的扣 1 分；缺标识的扣 1 分 （5）发现设备上有其他物品，一次扣 1 分

（续）

序号	检查要素	标准分	要素	评分标准
3	清除工作场所内的脏污，且防止脏污的发生（3S清扫）	15分	（1）对操作的设备实行日小扫、周大扫 （2）设备无跑、冒、滴、漏现象，且保持清洁 （3）图纸资料需规范管理，保持清洁 （4）工作场所责任区要定专人管理，且整齐、清洁 （5）生产用的工、量、器、夹具等保持清洁、完好	（1）发现设备日常保养不到位扣1分 （2）设备漏油或卫生差，一处各扣1分 （3）现场图纸资料有损坏，一处扣2分；不清洁扣1分 （4）责任区无专人管理扣1分 （5）现场工、量、器、夹具不清洁扣1分
4	维持整理、整顿、清扫的成果并形成制度化、规范化、标准化。（4S清洁）	15分	（1）建立完善班组规章制度 （2）坚持站立式上岗会、民主管理会和民主生活会，且及时做好记录 （3）班组活动需公示在班组园地中	（1）未建立班组规章制度扣10分 （2）缺少上岗会记录和民主管理、民主生活会记录扣5分；各级领导签字不到位，一项扣1分 （3）班务活动未及时公示在班组园地中扣5分
5	人人养成良好的习惯，遵守厂规厂纪。（5s素养）	10分	（1）班组记录需规范、整洁、齐全 （2）班组园地整洁，记录及时 （3）员工需执行公司的"两禁一挂"	（1）班组记录不规范、不齐全的扣1分 （2）班组园地不整洁、发现记录不及时，一次扣1分 （3）班员违反"两禁一挂"，一次扣1分
6	一切工作均以安全为前提。（6S安全）	10分	（1）设备保证无安全隐患 （2）员工需遵守安全操作规程 （3）按规定穿着劳动防护用品	（1）发现设备有安全隐患而继续使用的扣5分 （2）班员违反安全操作规程，一次扣2分 （3）消防安全不到位扣2分
7	（7S节约）	10分	（1）当天工作当天完成，不拖欠积压 （2）人员安排合理，工作时无闲置人员 （3）用料科学，不浪费，废料控制在最低限度 （4）问题处理得当，不推诿、不回避	（1）未完成当天工作者，一次扣3分 （2）工作时发现闲置人员，一次扣3分 （3）用料浪费，废料未合理控制，一次扣2分 （4）问题处理不得当、及时，一次扣2分
8	（8S学习）	10分	（1）拟定行为规范和培训计划并执行 （2）制订个人学习计划、做好学习记录 （3）员工沟通与交流 （4）定期开展激励和奖惩活动	（1）无行为规范和培训计划扣5分，执行不到位扣3分 （2）无学习计划扣2分，缺一次学习记录扣1分 （3）与其他员工沟通交流欠佳扣2分 （4）无激励和奖惩活动扣5分，活动效果欠佳扣3分

课后练习

3-1　现场管理的基本内容有哪些？简述现场管理的基本方法。

3-2　什么叫准时生产方式、看板管理？看板的种类和主要功能有哪些？

3-3　什么叫目视管理？目视管理的主要内容有哪些？

3-4　什么叫8S管理？如何推行8S活动？

3-5　讨论题

优秀与失败的生产现场管理者在对待"错误、成绩、目标"等方面的区别。

3-6　案例分析（详细内容见第二章案例3）

问题

1．针对以往的弊端，你认为张凡和他的项目组成员做出了哪些改进方案？

2．如果你是一位班组长，你怎样进行生产的现场管理？

第四章 班组质量管理

> 张凡从车间主任的办公室出来,心情很不好,因为本月的车间工作小结里点名批评了总装一班的产品不合格率比别的班组要高。回到工作现场,看到自己班组的成员都在忙忙碌碌,他不禁有些纳闷:大家从主观上都希望产品一次合格,也都在按程序工作,问题出在哪里呢?下班后他又去了刘科长家,刘科长对他说:"产品的不合格率高是因为你没有抓好质量管理。""质量管理?怎么抓?"刘科长笑了:"别急,质量管理可是大有学问,只要你按我说的做,保证你下个月不会挨批评。"

第一节 质量与质量管理

一、产品与质量的概念

(一)产品的概念

ISO9000:2000 版中对产品是这样定义的:产品是过程的结果。这就是说,任何一个过程的结果都可成为产品,如原材料、半成品、成品。产品一般可分为四大类,即硬件、软件、流程性材料和服务。硬件、流程性材料通常是有形产品,而软件和服务通常是无形产品。

(二)质量的概念

ISO 9000:2000 标准(GB/T 19000—2000)中对质量的定义是:"一组固有特性满足要求的程度"。这个定义可以理解为:

(1)质量可存在于各个领域或任何事物中,质量不仅是产品质量也可以是工序质量、工作质量。

(2)质量是由一组固有特性组成的。这些固有特性是满足顾客和其他相关方要求的特性,并由其满足要求的程度来表征。以产品、过程或体系为质量载体,通过产品、过程或体系设计和开发及其后实现过程形成的属性,如物理化学特性、感官特性、赋予的特性等。

(3)满足要求是指应满足明示的(如明确规定的),通常指隐含的(如组织惯例、一般习惯)或必须履行的(如法律法规、行业规范)需要和期望。以固有特性满足要求的程度来评定事物质量的优劣,如适用性、可靠性、经济性、安全性、外观的满意性等。

(4)顾客和其他相关的产品、体系或过程的质量要求是动态的、发展的和相对的。随时间、地点、环境而变化。

（三）关于质量的几个基本术语

1. 产品质量

产品质量是指产品能够满足使用要求所具备的特性。概括起来主要有以下五个方面。

（1）适用性，指产品适合用户使用的性能。

（2）可靠性，指产品在规定时间内、规定条件下，完成规定工作任务的能力大小或可能性。一般是指产品精度的稳定性、性能的持久性、零件的耐用性、安全可靠性、寿命的长久性等。

（3）经济性，指产品制造和使用过程中低成本、高效益、经济合理。

（4）安全性，指产品在操作或使用过程中对使用者和周围环境安全和卫生的保证程度。

（5）外观的满意性，指产品的美观大方，能满足人们在外形上对产品的要求。产品的外观因素有许多，如产品的外形、色泽、包装等外观质量特性。

2. 工序（工程）质量

工序质量是指工序能够稳定地生产合格产品的能力，通过常用工序能力系数表示。在产品制造过程中，影响产品质量或使产品质量发生波动的因素主要是操作者、原材料、机械设备、工艺和环境，这些统称为质量因素。这五个因素对产品质量发生综合作用的过程称为"工程"。产品质量取决于工程质量，只有五大因素配合密切，才能够保证在稳定的、正常的工作状态之下生产，工程质量就高，产品质量就稳定可靠，产品质量就好；反之，则工程质量差，产品不合格，产品质量就差。

3. 工作质量

工作质量是指企业的管理、技术和组织等工作对实现产品质量标准和提高产品质量的保证程度。工作质量取决于企业员工的素质，企业决策层的工作质量起主导作用，管理层和执行层的工作质量起保证与落实作用。工作质量反映了生产中保证质量标准的工作质量水平，工作质量高，产品合格率就高，反之，废品率、返修率就高。

二、质量管理发展的阶段

1. 质量检验阶段

大约从 20 世纪初到 20 世纪 40 年代，质量检验作为专门的工序，设置了检验组织和专职检验人员。检验人员按生产产品的质量标准检验产品合格与否，把不合格产品剔出来，不允许出厂。这一阶段的最大特点是"事后把关"，虽然产品质量有了一定的保证，但生产出的废品给企业造成的损失已无法挽回，是一种消极的质量管理。

2. 统计质量控制阶段

20 世纪四五十年代，概率论与数理统计原理在质量管理中开始应用，控制影响产品质量的各种因素，将"事后把关"转变成"事前预防"，做到以防为主。通过"控制图"和抽样检验，随时对生产过程进行观察、检验，寻找可能产生生产不正常的原因，并及时采取措施，预防不合格产品的出现。这在质量管理的发展上是一个很大的转折，由过去的消极管理转向为积极管理、主动管理。这一转折在质量管理上的意义和作用都是重大的。但这种管理方法片面,过于强调数理统计方法,忽视了组织管理工作和"人"的因素在质量管理中的作用。再加上这种方法仅仅对产品生产制造过程进行控制,忽视了影响产品质量的其他因素。

3. 全面质量管理阶段

20 世纪 50 年代后期,科技和高精尖产品的发展对质量的要求越来越高,如航天技术的人造地球卫星、生产自动化的高精机械设备等。光靠统计质量控制已明显不能满足要求。20 世纪 60 年代,首先由美国通用电气公司的菲根鲍姆博士提出了全面质量管理的概念(Total Quality Management,TQM),把质量管理的范围从工序控制扩展到产品设计、制造和使用等所有与质量有关的环节,对生产全过程进行质量管理,企业全体人员应该都具有质量意识和承担质量的责任。这一概念提出后在全球范围内得到了广泛的应用与实践,并得以推广。至今,该理论仍在实践中不断地发展和完善。

三、全面质量管理(TQM)

(一)全面质量管理的概念

全面质量管理的概念自 1961 年菲根鲍姆在《全面质量管理》一书中提出后,世界各国在实践中不断总结创新,形成了较多的全面质量管理概念,但总的思想和原则是一致的,内涵是相同的。目前,以 ISO9000 族标准中对全面质量管理概念的描述最为确切。在 ISO9000 族标准中是这样描述的:"一个组织以质量为中心,以全员参与为基础,目的在于通过让顾客满意和本组织所有成员及社会受益而达到长期成功的管理途径。"

全面质量管理强调以下观点:

(1)用户第一及下道工序就是用户的观点。以顾客为关注焦点,满足顾客要求并争取超越顾客期望,即"顾客第一",并将用户的概念扩充到企业内部,下道工序就是上道工序的用户,不将质量问题留给下道工序、用户。

(2)预防的观点。防患于未然,以防为主,严格把关,防检结合,零缺陷管理,确保产品质量。

(3)定量分析的观点。以客观事实为依据,实事求是,用科学的方法分析,进行科学管理。

(4)以工作质量为重点的观点。产品质量和服务质量均取决于工作质量,因此,应以工作质量为重点。

(二)全面质量管理的特点

全面质量管理的特点关键在一个"全"字,可以做如下理解。

1. 全面质量的质量管理

质量管理应该是全面的,不仅仅是对产品质量进行管理,还应对工程质量和工作质量进行管理,就是要达到价廉物美、低成本高效益、服务周到,以满足顾客、组织成员及社会的需要为目的。

2. 全过程的质量管理

全过程的质量管理是指对产品生产经营全过程都要进行有效的质量管理,无论是产品的开发、设计,还是生产制造及产品使用都要把质量管理贯穿其始终,防患于未然,把不合格产品消灭在最初始过程中，保证达到原定的质量标准。并将这个过程不断循环，使产品质量不断改善提高。

3. 全员参与的质量管理

全面质量管理要提高企业全体员工的素质，无论是高层管理者、中层管理者还是基层生产者都要关心质量，树立质量意识和质量责任的观念，人人对质量负责。要对企业员工进行教育和培训，树立"质量第一"、"质量是企业的生命"的观念，建立全面质量管理制度，充分发挥企业员工参与质量管理的积极性和主动性。

4. 采用全面的、多样化的方法的质量管理

科学技术是不断发展的，影响产品质量的因素也是变化的、复杂的。这就要求不能用静止的质量管理方法处理变化发展的质量问题，而要用全面的、多样化的方法，并将这些方法有机结合起来，形成系统的质量管理方法，以提高质量管理工作的科学性和准确性，从而达到提高质量的目的。

（三）全面质量管理的工作原则

（1）预防的原则。
（2）经济的原则。
（3）协作的原则。

本田公司的质量管理

美国一向有"装在轮子上的国家"之称，汽车制造业十分发达，底特律以汽车城著称于世。但是，日本的本田公司不仅将自己的产品打进了美国的汽车市场，而且在美国的俄亥俄州建立了一家汽车装配厂——简称 HAM，成为第一家在美国制造日本小轿车的日本制造商。

日、美两国文化的背景很不相同，本田公司怎么能在美国市场上取得如此巨大的成功呢？这应当归于它的质量管理。

本田公司在打进美国市场之前，曾细致地研究过德国大众汽车公司在美国失败的原因。德国大众汽车公司在 20 世纪 50 年代和 60 年代，曾是最大的小轿车出口商和第一个在美国制造外国小轿车的德国汽车制造商。但由于它对质量不够重视，在引擎还没有消灭瑕疵时便迫不及待地推出"野兔"牌小轿车，因潜伏着大量事故隐患，致使美国的汽车代销商拒绝进货。后来，大众汽车公司虽然在设计和工艺上做了改进后推出了改良的"野兔"车，但美国人已经形成了大众牌汽车质量低劣的观念，败局无法挽回。1987 年，大众公司只好关闭其在宾夕法尼亚的汽车制造厂，灰溜溜地撤离美国。

20 世纪 70 年代中晚期，本田公司接受大众汽车公司的教训，为在美国推出本田公司第一辆"阿考特"牌轿车做准备，首先派遣一批工程师到洛杉矶地区研究美国的高速公路，逐次测量每一段路面的高度和各岔口的进出坡道。然后回日本模拟铺设几英里的高速公路，连各处接缝等细节都模拟得惟妙惟肖。这就使得"阿考特"牌轿车能完全适应美国的道路

状况，美国买主驾驶起来得心应手。

1985年9月，本田公司开设在俄亥俄州的HAM公司开始了在美国本土制造日本汽车的历史，并且源源不断地推出新型号轿车。总裁本田宗一郎始终把保证质量和尽量满足顾客的需要放在第一位。他强调："当我们开始在美国制造汽车时，所做的第一件事就是在生产流水线试运行时严格检查，一旦HAM生产出的汽车质量比不上在日本制造的，则我们良好的质量声誉就全毁了。"因此HAM生产汽车从一开始就把重点放在工艺质量上而不是产量上，每辆新车在出厂前都经过严格测试，包括两英里的实际行驶里程实验。而大多数汽车制造厂只采用抽样行驶实验。本田公司采取这种做法，曾承受了一些损失，但是，由于质量过硬，赢得了消费者的信赖，本田公司最终大获其利。

要保证汽车的质量，必须领先技术潮流。本田公司拨出年收入的5%用于研究和开发，而一般汽车制造厂家平均每年只拨出年收入的3%。本田公司还十分注意信息反馈。当他们了解到驾驶汽车的妇女抱怨方向盘太重时，就在6个月内在推出的第二代"序幕"车上装上了电动方向盘。1985年1月，美国的《轿车与驾驶员》杂志将本田的"阿考特"轿车列入了十大排行榜，并称道："阿考特轿车是世界汽车工业有史以来最接近于全世界通用的小轿车。"

分析：提高企业经营管理水平，创造更好的经济效益和社会效益，是企业生存和发展的客观要求。对不同的企业，因具体情况存在差异，其实现途径就多种多样。然而，从国内外大量经营成功与失败的案例中，可以发现，质量问题是影响企业经营成败及长远发展的最核心问题。在经济全球化和我国加入WTO的形势下，增强以质量为核心的竞争力，加强质量管理，进行质量管理创新是我国企业面临的紧迫课题。

质量战略创新不仅仅是致力于具体的质量改进，而且要放眼于未来的市场机会。质量战略创新要求企业结合企业的发展目标和市场的变化趋势，明确企业的质量方向和质量策略，确保企业质量管理服从于战略要求，并为企业经营目标的实现提供支持。企业从战略的角度考虑质量问题，有利于克服单纯依赖价格战略带来的后遗症，丰富企业的经营战略内涵，有利于企业走可持续发展的道路。在经济全球化的今天，任何一家企业要取得长久的成功，都需要分析先行质量战略的适用性，及时地进行质量战略创新，否则质量管理将陷入只见树木不见森林的尴尬境地，以失败告终。

第二节　如何开展全面质量管理

> 张凡初步了解了质量管理的基本知识以后，对开展质量管理的决心更大了。刘科长告诉他，要开展全面质量管理，要按以下几个步骤来进行。

一、推行PDCA循环的工作方法

PDCA循环是由美国质量管理专家戴明最先总结出来的，因此，又称戴明环，是由四个英语单词的开头字母组成，即：P—Plan，计划阶段，D—Do，执行实施阶段，C—Check，检查阶段，A—Action，处理阶段。就是按照计划、执行、检查、处理这样四个阶段的顺序来进行管理工作。在质量管理活动中，要求把各项工作按照计划，经过实践，检验其结果，将成功的方案纳入标准，将不成功的方案留待下一个循环去解决。这种工作程序，反映了开展管理活动的一般性规律。这种工作方法包括四个阶段、8个步骤。

（一）PDCA 的四个阶段（8个步骤）

第一阶段：计划阶段（P）
（1）分析现状，找出存在的质量问题。
（2）分析产生问题的原因或影响因素。
（3）找出影响质量问题的主要原因。
（4）针对主要影响质量的问题，制订计划措施。
第二阶段：执行实施阶段（D）
（5）执行计划，落实措施。
第三阶段：检查阶段（C）
（6）检查计划的执行情况和措施实施的效果，发现新问题。
第四阶段：处理阶段（A）
（7）总结经验，巩固成果，将有效措施纳入标准或规程中加以巩固，失败、无效的则不再实施，吸取教训。
（8）将未能解决的和新发现的遗留问题转入到下一个 PDCA 循环加以解决。如此循环不已，不断提高。如图4-1、图4-2所示。

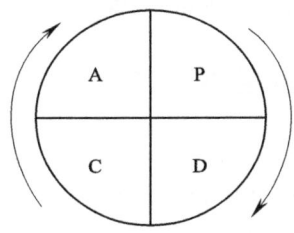

图 4-1　PDCA 循环

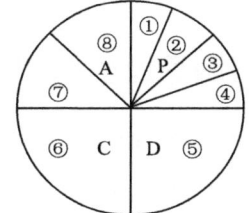

图 4-2　PDCA 循环的 8 个步骤

（二）PDCA 循环的特点

（1）大环套小环，一环扣一环，小环保大环，推动大循环。整个企业质量目标方针是大环，科室、车间、工段、班组工作目标和实施计划是小环，并进行相应循环，相互协调、相互促进、不断提高。上级循环是下一级循环的依据，下级循环是上一级循环的组成部分和保证。大循环靠内部小循环保证，小循环又由大循环带动（如图4-3所示）。
（2）PDCA 循环是一个螺旋式上升过程，每转动一次，质量就提高一个台阶，不断循环，质量就不断提高。如此反复，质量问题不断得到解决，管理水平、工作质量和产品质量就步步提高（如图4-4所示）。
（3）管理循环就是综合循环。四个阶段的划分是相对的，彼此之间是相互联系的、协调的。
（4）管理循环关键在于处理阶段，只有不断处理、不断总结，将成功的经验纳入各项标准、规程和制度中，才能在实践中发扬成绩，避免失败。

PDCA 循环的工作方法对世界全面质量管理的意义是重大的，尤其是对日本。20世纪初，日本企业的产品质量并不好，假冒伪劣产品泛滥。而到了20世纪80年代，日本产品成了世界优质产品的象征。短短几十年，日本产品的质量发生了如此大的变化，其关键在哪里呢？关键就在于日本采用了美国著名质量管理专家爱德华·戴明的质量管理思想，使用了 PDCA 循环的工作方法。1951 年，日本设立了戴明国家质量奖。该奖主要面向日本国内的制造企业，每年最多 1～2 名，日本国内称戴明奖为"诺贝尔奖"。

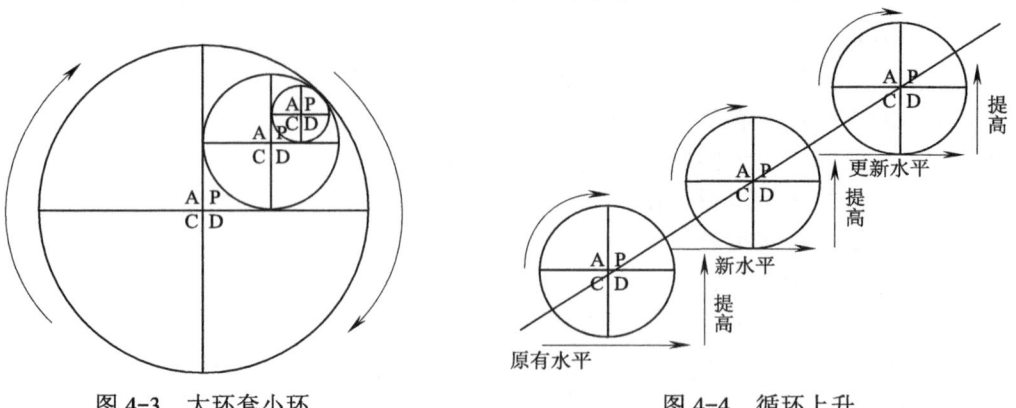

图 4-3　大环套小环　　　　　　　　图 4-4　循环上升

经过几十年的努力，20 世纪 80 年代中期，日本经济如日中天，是日本经济最辉煌的时期，汽车、家电等产品遍布世界各国，人们争相购买日本产品。正如著名质量管理专家朱兰对日本经济的评价说："日本的经济振兴是一次成功的质量革命。"

二、做好制造过程和辅助生产过程的质量管理工作

1. 制造过程中质量管理工作的内容

（1）组织质量检验工作，要求严格把好质量关。包括原材料进厂检验、工序间和产品出厂检验。其中工序间检验的方式方法较多，可根据具体情况加以选择。

（2）组织和促进文明生产，提高生产的节奏性，实现均衡生产。严格执行工艺纪律，养成自觉遵守的习惯。在制品码放整齐，储运安全，空气清新，照明良好，四周颜色明快和谐，噪声适度。

（3）组织质量分析，掌握质量动态。质量分析应包括废品（或不合格品）分析和成品分析。

（4）组织工序的质量控制，建立管理点。工序质量控制是保证制造过程中产品质量稳定性的重要手段，它要求在不合格品发生之前，就能予以发现和预报，并能及时地加以处理和控制，有效地减少和防止不合格品的产生。在实践中，控制图等统计方法的采用是进行工序质量控制的常见方法。建立质量管理点，是为了明确制造过程的质量控制重点工序或部位。

2. 辅助生产过程中质量管理的内容

这里指的辅助生产过程，是指为保证制造过程正常进行而提供各种物资技术条件的过程，包括物资采购供应、动力生产、设备维修、工具制造、仓库保管、运输服务等。制造过程的许多质量问题，往往同这些部门的工作质量有关。辅助生产过程质量管理的基本任务是提供优质服务和良好的物质技术条件，以保证和提高产品质量。它的主要内容有：做好物资采购供应（包括外协）的质量管理，保证采购质量；严格入库物资的检查验收，按质、按量、按期提供生产所需要的各种物资（包括原材料、燃料等）；组织好设备维护工作，保持设备良好的技术状态；做好工具制造和供应管理工作等。

三、加强 4 M 的管理

全面质量管理的一个重要特点是"预防性",即把仅靠"事后把关"改变为加强"事前预防",把"管理结果"改变为"管理因素"。生产过程中影响产品质量的主要因素有人(Man)、设备(Machine)、材料(Material)、方法(Method)。下面就来谈谈如何对这四大因素进行管理。

1."人"的管理

在四大因素中,人是最重要的因素。不论是设备的操作、检修、保养,还是材料的验收把关,以及作业方法的遵守和改进,都依靠员工的智慧和积极性。因此,对于班组长来说,应做好以下几方面工作:

(1)加强对工人的技能训练 班组长要让班组成员充分理解质量标准和作业标准,按要求进行充分训练,对训练过程中存在不足的成员进行个别而具体的指导。

(2)提高工人的质量意识 班组长应加强班组成员对自己作业质量的控制,提高班组成员对自己工作重要性的认识,加强全面质量管理思想和方法的宣传教育。

2."设备"的管理

这里所说的"设备",包括各种机床设备和器械及这些装置以外的夹具和量具等。设备的管理是要尽早发现设备运转不良并分析其原因,采取适当的措施;要进行预防性维护,以防患于未然;对机床设备和器械,包括夹具、量具等,都需要工人的日常检修,以及依据一定的标准进行定期的检修和调整。

3."材料"的管理

这里的材料不只是产品的原材料,也包括生产所使用的零件和辅助材料等。对材料的管理主要是加强验收检查,改进保管方法,避免材料的碰伤、变形和变质等。对保管中的材料进行定期检查,对将出库的材料严格检查把关。

4."方法"的管理

应该将最佳的作业方法标准化,拟定成文,并向员工彻底说明。

四、推行"6S"活动

"6S"活动,是指对现场的各种状态不断地进行整理—整顿—清扫—清洁—素养—安全的"6S"循环(如图 4-5 所示)。通过"6S"活动,可以使工作井然有序,工作效率提高,使产品质量得到保证,使设备故障率降低,浪费减少,安全水平提高,还能使人际关系和睦,心情舒畅,从而进一步提高人的素养。

1.整理

区分不用、不常用、偶尔用和经常用的东西(见表 4-1)。

表 4-1　工作现场东西的整理放置

不用的东西	坚决扔掉
不常用的东西	放远点(仓库)
偶尔用的东西	集中放在车间
经常用的东西	放在作业区

2. 整顿

这里讲的是对整理后需要的东西的整顿（见表4-2）。

表4-2 整理后东西的放置

定位置摆放（定置管理）	物各有位，物在其位
定量摆放，目视管理	过目知数，标识清晰
工具、物料分类、分规格摆放	一目了然

3. 清扫

清扫就是弄干净，但又不单纯是弄干净（见表4-3）。

表4-3 清扫的重点

自己用的东西自己要弄干净	不是增加清扫工
对设备清扫，同时要检查是否有异常	清扫就是点检
对设备清扫时，要润滑	清扫也是保养
清扫地面要调查铁屑飞出，油、水、气滴漏原因	清扫中有改善

4. 清洁

前三项（3S）的维持、坚持。

要点：不搞突击，贵在坚持和保持。清洁就是美。

5. 素养

"6S"始于素养，终于素养。

在改造客观世界的同时改造了主观世界，产生"美"的意识，使心灵和行为变得更美。养成良好的风气和习惯，遵章守纪，尊重他人，珍惜自己。"6S"活动以人的素养为中心，在不断循环中前进、提高。

6. 安全

就是要维护人身与财产不受侵害，创造一个零故障。无意外事故发生的工作场所。不要因小失大，应建立、健全各项安全管理制度；对操作人员的操作技能进行训练；"勿以善小而不为，勿以恶小而为之"，全员参与，排除隐患，重视预防。

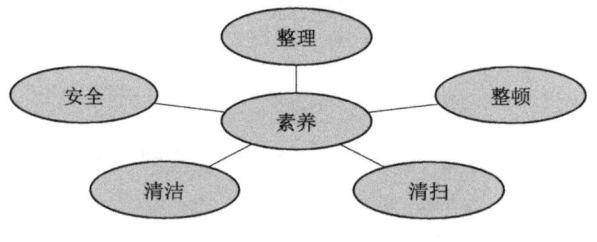

图4-5 6S图

第三节 质量管理的基本工具

张凡兴冲冲地准备按刘科长传授的四个步骤在小组内开展全面质量管理，这时候，刘科长制止了他："不急，你还得了解几个质量管理的基本工具，否则你的管理工作很难做到位。"

一、排列图法

排列图法又称主次因素法或巴雷特图法，是找出影响产品质量主要、次要因素的一种有效方法，如图 4-6 所示。

在排列图中，左边纵坐标表示频数，右边纵坐标表示频率（以百分比率表示），横坐标表示影响质量的各因素，按影响程度的大小由左至右等距离排列。直方图形的高度表示某个因素影响程度的大小，曲线表示各影响因素大小的累计百分比率，这条曲线称巴雷特曲线。通常把累计百分比率分为三类：0～80%为 A 类问题，是主要因素；80%～90%为 B 类问题，是次要因素；90%～100%为 B 类问题，是一般因素。

例如，某饲料产品的抽样检查得到的饲料不合格统计表如表 4-4 所示。

表 4-4 某饲料厂饲料不合格统计表

原　因	废品数/袋	总计废品数/袋	百分比（%）	累计百分比（%）
水分过多	182	182	72.8	72.8
蛋白质含量低	34	216	13.6	86.4
维生素含量不足	15	231	6.0	92.4
含黄曲霉素	13	244	5.2	97.6
其　他	6	250	2.4	100
合　计	250	—	100	—

做排列图注意事项：
（1）主要因素不应超过三个，否则就失去了找主要因素的意义。
（2）左纵坐标表示频数（影响程度），如件数、金额、工时等。
（3）为使横坐标不过长，不太重要的项目很多时，一般列入"其他"栏内。
（4）确定了主要因素，采取相应措施以后，为了检查实施效果，还可重新画排列图。

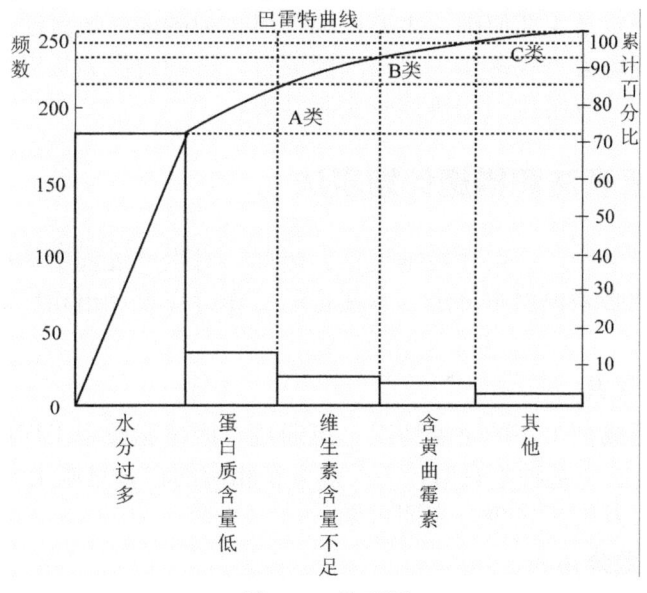

图 4-6 排列图

二、因果分析图

因果分析图又称特性因素图，是用来寻找质量问题产生原因的一种方法。它是利用排列图找出影响产品质量的主要因素后，找出主要因素产生的根源，集思广益，寻根究底，从大到小，从粗到细，将产品质量特性与影响质量的有关因素之间的关系用图表画出来，其形状像鱼刺、树枝，因此，又称"鱼刺图"或"树枝图"（如图4-7、图4-8所示）。

通过分析，把造成质量问题的各种原因系统地分出不同层次，并形象地用箭头表示它们之间的因果关系，以迅速正确地找出问题所在，针对主要原因制订具体措施加以解决。

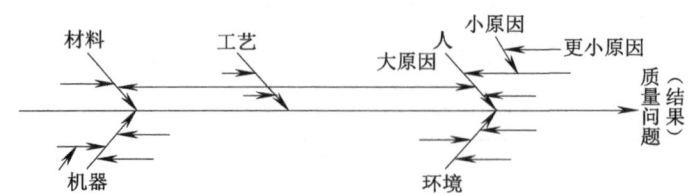

图 4-7　因果分析图（一）

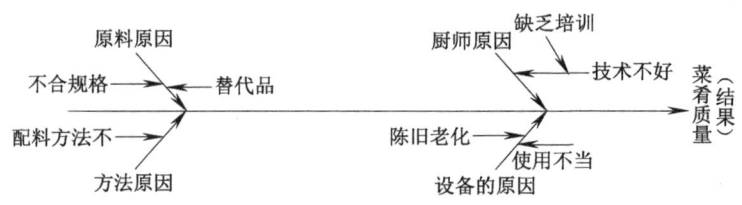

图 4-8　因果分析图（二）

作因果分析图的注意事项：影响质量问题的大原因有人、机器、材料、工艺和环境5方面。
（1）充分发扬民主，集思广益，记录各种意见。
（2）原因分析从大到小，从粗到细，寻根究底，直到能具体采取措施为止。
（3）大原因不一定是主要原因，主要原因可用排列图或其他方法来确定。
（4）应到生产现场去查找落实主要原因的项目，再制定措施加以解决。
（5）采取措施后，应用排列图等调查实际结果。

三、统计分析表法和措施计划表法

质量管理讲究科学性，一切凭数据说话。因此，对生产过程中的原始质量数据的统计分析十分重要，为此必须根据本班组、本岗位的工作特点设计出相应的表格。常用的统计分析表有以下几种。

1. 不良项目调查表

例如某合成树脂成型工序的进展情况，可通过合成树脂成型工序的不良项目调查表进行记录和查验。每当发生某种不良时，工人就可在相应的栏目里画上一个调查符号，这样，下班时哪些不良项目发生了多少，立即可知。

2. 零件尺寸频数分布表

此表与不良项目调查表属同一类型。工人每加工完一个零件，经检测后将所得零件尺寸在"组距"中找到相应的尺寸组，然后再在相应栏中记录符号，待到下班或完工时，再统计零件尺寸频数。这样的图既直观、又明确，有助于掌握零件尺寸的分布情况。

3. 汽车油漆缺陷统计表

该表的特点是直观，而且将每个缺陷的部位都表示出来。

4. 不良原因调查表

要分清不良产品的发生原因，可按设备、操作者、时间等标志进行分层调查，填写不良原因调查表。

5. 不合格品分类统计分析表（略）

6. 措施计划表

对策表是措施计划表，当排列图找出主要因素，经因果分析图找出主要原因后制订对策措施，即改进措施计划，然后将措施计划汇集成表，即对策表（如表4-5所示）。排列图、因果分析图、对策表合称为"两图一表"法。

表4-5 某公司改进中断线插头槽径大的对策表

序号	主要原因	现状	目标	对策与措施	负责人	完成日期
1	人员未培训	工程不良中，插头焊接不良占总数的32%，且返工率高	从事插头焊接的人员全部培训及格	（1）对现在从事此工作的人员进行技术培训；（2）培训后合格人员颁发资格证书	资格认定委员会×××	
2	焊油槽管理不良	由于碎屑盒和焊油放在一起，残余剪断时易飞到焊油槽中	由焊油不干净造成的插头焊接表面不干净和假焊等降低到现状的2%以下	（1）将作业台上的所有物品实行定置管理；（2）焊油每周更换一次，以确保其清洁度	生产班组长	
3	手持焊条根数多	调查表明：1～2根/次作业不良率为0.5%，3～4根/次作业不良率为8%以上	最高的工作质量	（1）实行作业标准化，建立统一的作业标准；（2）由班组成员轮流对作业者手持根数进行监督	班组全员	
4	倾斜作业	（后略）	……	……	……	……
5	……	……	……	……	……	……

四、分层法

分层法又叫分类，是分析影响质量（或其他问题）原因的方法。大家知道，如果把很多性质不同的原因搅在一起，那是很难理出头绪来的。其办法是把收集来的数据按照不同的目的加以分类，把性质相同，在同一生产条件下收集的数据归在一起。这样，可使数据反映的事实更明显、更突出，便于找出问题，对症下药。企业中处理数据常按以下原则分类。

（1）按不同时间分：如按不同的班次、不同的日期进行分类。
（2）按操作人员分：如按新工人、老工人、男工、女工和不同工龄分类。
（3）按使用设备分：如按不同的机床型号、不同的工夹具等进行分类。
（4）按操作方法分：如按不同的切削用量、温度、压力等工作条件进行分类。
（5）按原材料分：如按不同的供料单位、不同的进料时间、不同的材料成分等进行分类。
（6）按不同的检测手段分类。
（7）其他分类：如按不同的工厂、使用单位、使用条件、气候条件等进行分类。

总之，目的是把不同质的问题分清楚，便于分析问题找出原因。所以，分类方法多种多样，并无任何硬性规定。为了便于理解，举个例子说明。

【例】加工一根轴，其前工序是两个车工甲、乙操作的，其后工序是另外两个磨工丙、丁操作的。现在要研究磨加工过程中出现的废品。如果把丙、丁两个人加工的零件混在一起研究，只能知道这道工序上有问题，而并不知道每个人的加工情况。如果把车工甲加工的零件分成两部分让丙、丁磨，统计后进行分析。再把车工乙加工的零件分成两部分让丙、丁磨，也同样统计后进行分析，这样就可以清楚地了解每个人的加工情况。

五、直方图

直方图是用于工序质量控制的一种质量数据的分布图形，又称质量分布图。对生产工序加工出来的产品进行抽样检测取得一批数据，通过对数据系统分析整理，适当分组统计，以组距为横坐标，以频数为纵坐标，以组距为底，频数为高，画出一系列矩形连起来的图形。其目的是用来判断生产过程的稳定性，预测不合格产品率，以便采取措施，控制产品质量。

（一）绘制直方图

【例】某车床加工制直径 10.00mm±0.32mm 的小轴外径，试绘制该工序加工的频率直方图。收集数据，从工序生产的零件中随机抽取几个样本检测（一般 n 取 50、100、200），本例 n=50，测量结果见表 4-6。

表 4-6 数据表

28	27	33	33	44	35	28	39	37	18
32	11	28	25	19	23	13	25	30	22
21	25	22	48	21	36	18	24	34	29
33	20	40	27	5	32	16	33	24	34
26	33	38	20	23	35	30	17	25	28

1. 分组

确定组数 K，一般凭经验确定（如表 4-7 所示）。本例 K=7。

表 4-7 数据分组经验数值

数据的数量	适当的分组数（K）	一般使用的组数 K
50～100	6～8	
100～250	7～12	10
250 以上	10～20	

2. 确定组距 h，即组与组之间的间距

$h=(L_a-S_m)/(K-1)$

式中 L_a 是收集数据中最大值，S_m 是收集数据中最小值。$h=(48-5)/6=7.1≈7$

3. 计算第一组的上下界限值

$S_m±h/2=5±7/2=5±3.5$

即 8.5 或 1.5。

4. 计算其余各组的上下界限值

第一组的上界限值就是第二组的下界限值。第二组的下界限值加上组距就是第二组的上界限值，其余依此类推。

5. 计算各组的中心值 X_i

X_i=（某组下界限值+某组上界限值）/2

6. 统计各组内所含的频数 f_i

统计各组的频数 f_i，整理频数分布表，见表4-8。

表4-8 频数分布表

组 号	组 距	中心值 X_i	频数 f_i
1	1.5～8.5	5	1
2	8.5～15.5	12	2
3	15.5～22.5	19	11
4	22.5～29.5	26	16
5	29.5～36.5	33	14
6	36.5～43.5	40	4
7	43.5～50.5	47	2
8	—	—	50

7. 计算平均值 $X_平$

$X_平 = a + h(\sum f_i u_i)/\sum f_i = 10.074 \text{mm}$

式中 u_i 为各组简化中心值。

8. 计算标准偏差

$S = h\sqrt{\sum f_i u_i^2 / \sum f_i - (\sum f_i u_i / \sum f_i)^2} = 0.0852 \text{mm}$

9. 画直方图

以纵坐标为频数，横坐标为组距，画出一系列矩形即为直方图，如图4-9所示。

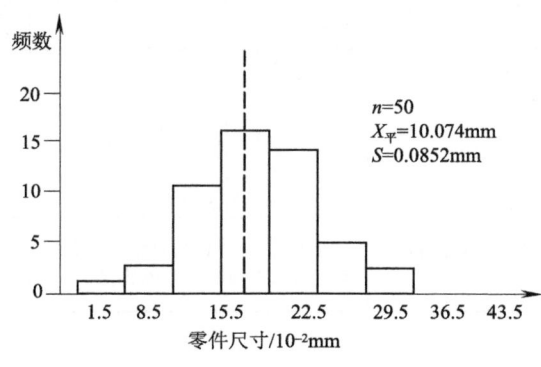

图4-9 直方图

（二）直方图的应用

通过对直方图图形形状的观察分析，揭示质量状况，判断生产过程的稳定性，以便根据具体情况，采取积极的措施。常见的几种直方图外观形状及其成因分析见表 4-9。

表 4-9 常见的几种直方图外观形状及其成因

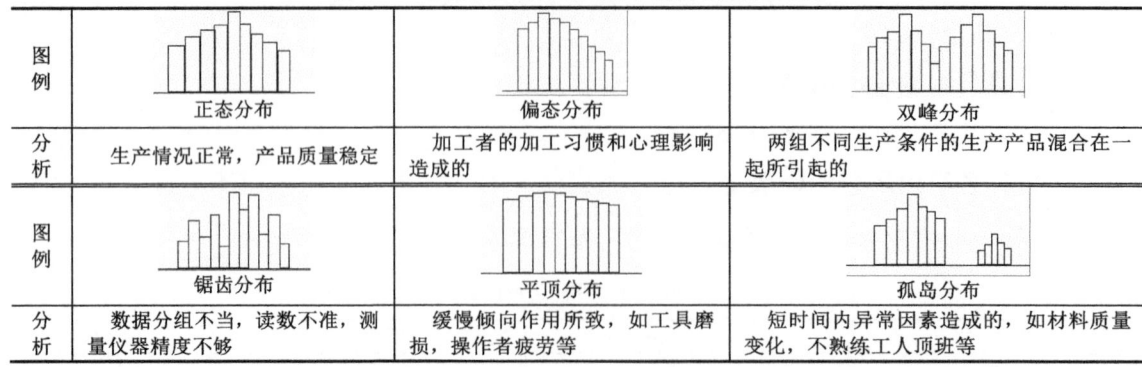

图例	正态分布	偏态分布	双峰分布
分析	生产情况正常，产品质量稳定	加工者的加工习惯和心理影响造成的	两组不同生产条件的生产产品混合在一起所引起的
图例	锯齿分布	平顶分布	孤岛分布
分析	数据分组不当，读数不准，测量仪器精度不够	缓慢倾向作用所致，如工具磨损，操作者疲劳等	短时间内异常因素造成的，如材料质量变化，不熟练工人顶班等

（1）对工序质量状态分析　当直方图为正态分布时，还需要进一步将直方图与公差范围进行比较，来分析工序质量状态，以判断工序满足标准要求的程度。这种对比可归纳为六种情况，如表 4-10 所示。其中，B 为实际尺寸分布范围，T 为公差范围。

（2）工序能力度量　所谓工序能力，是指工序处于稳定状态下的实际加工能力。通常用质量特性分布的 6 倍标准偏差来表示，即 $B=6\sigma$。为了掌握工序能力对工序质量要求的保证程度。需要计算工序能力指数（C_P），通过 C_P 的计算值来评价工序能力的等级。若 $C_P>1.67$，为特级；$1.67>C_P\geqslant1.33$，为一级；$1.33>C_P\geqslant1$，为二级；$1>C_P\geqslant0.67$，为三级；$C_P<0.67$，为四级。

公式：$C_P=T/B=T/6\sigma\approx(T_U-T_L)/6S$（其中 S 为子样标准偏差。）

表 4-10 工序质量状态分布

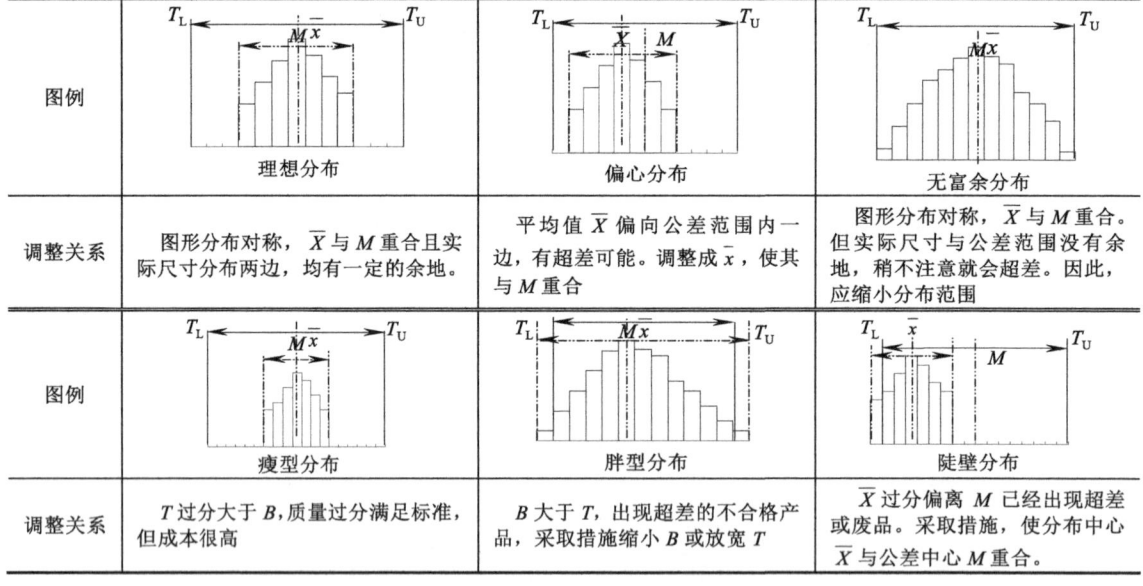

图例	理想分布	偏心分布	无富余分布
调整关系	图形分布对称，$\overline{X}$ 与 M 重合且实际尺寸分布两边，均有一定的余地。	平均值 $\overline{X}$ 偏向公差范围内一边，有超差可能。调整成 $\overline{x}$，使其与 M 重合	图形分布对称，$\overline{X}$ 与 M 重合。但实际尺寸与公差范围没有余地，稍不注意就会超差。因此，应缩小分布范围
图例	瘦型分布	胖型分布	陡壁分布
调整关系	T 过分大于 B，质量过分满足标准，但成本很高	B 大于 T，出现超差的不合格产品，采取措施缩小 B 或放宽 T	$\overline{X}$ 过分偏离 M 已经出现超差或废品。采取措施，使分布中心 $\overline{X}$ 与公差中心 M 重合。

六、控制图

（一）控制图的基本概念

控制图又称质量管理图或质量评估图。它是描述生产过程中产品质量状态的时间序列图,用来分析判断生产工序是否处于稳定状态。

图上一般有三条线,中心线(CL),常用实线表示,上控制(UCL)和下控制线(LCL),常用虚线表示。一般把被控制的特征值用点描在图上,如果点全部落在 UCL 线和 LCL 线以内,而且点的排列正常(如成链状,靠近控制线,有周期性),表示质量数据的差异是由于偶然因素引起的,整个生产处于控制状态,属正常,否则视为异常,需要采取措施。如图 4-10 所示。

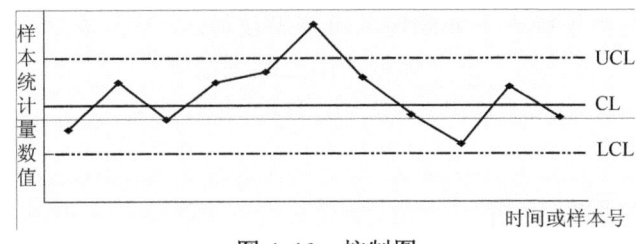

图 4-10　控制图

根据正态分布特性,$\mu \pm 3\sigma$ 范围所占的概率为 99.73%,而落在 $\mu \pm 3\sigma$ 之外的概率只有 0.27%,因此,通常用"三倍标准差法"来确定控制界限,把中心线定在被控制的统计量的期望值上,其计算公式为

$$CL = E(Y)$$
$$UCL = E(Y) + 3\sigma(Y)$$
$$LCL = E(Y) - 3\sigma(Y)$$

式中　　　Y——样本统计量;
　　　$E(Y)$——样本统计量的平均值;
　　　$\sigma(Y)$——样本统计量为标准差。

(二)控制图的绘制方法

控制图的种类很多,可分为计量值控制图和计算值控制图两大类。目前最常用的是平均数和级差($\overline{X}-R$)控制图。这里仅以 $\overline{X}-R$ 控制图为例来讲述一下其绘制程序。

(1)收集数据。间隔随机抽样,数据量应大于 100 个。
(2)数据分组。一般组数 $K=20 \sim 25$。
(3)将数据填入数据表。
(4)计算各组平均值 $\bar{x} = \dfrac{\sum_{i=1}^{n} x_i}{n}$。
(5)计算总平均值 $\overline{X}$。
(6)计算各组的极差值 R,$R = X - x$。
式中　X——组内最大值;
　　　x——组内最小值。
(7)计算各组极差值的平均值 $\overline{R}$。
(8)计算中心线和控制上下线。
对于控制图:
$$CL = \overline{X}$$
$$UCL = \overline{X} + A_2 \overline{R}$$

$$LCL = \overline{X} - A_2 \overline{R}$$

对于 R 控制图：

$$CL = \overline{R}$$
$$UCL = D_4 \overline{R}$$
$$LCL = D_3 \overline{R}$$

式中 A_2、D_3、D_4 由子样大小 n 确定，可查表获得。

（9）画控制界限，用普通方格坐标纸或用控制图纸画。

（10）打点，将打出的点子按组号顺序用直线连接起来。

（11）写上有关事项。

（三）控制图的观察分析

画出控制图后，对控制图进行观察分析，当满足下列条件时，可以认为生产过程基本处于控制状态。

（1）点子未超越控制界限。

（2）点子在控制界限内排列无缺陷，随机分布在中心线两侧。

（3）有缺陷的点子排列。

1）点子在中心线一侧连续七次以上出现。

2）连续七个点子呈上升或下降的倾向。

3）点子排列呈周期性变化。

4）连续三个点子中，至少有两个点接近控制界面。

5）点子连续在中心线一侧多次出现。

以上五种情况，表明生产过程发生了异常，应查明原因，采取相应措施加以消除。

七、散布图

散布图又称相关图，将有关的各对数据用点描在直角坐标图上，用来分析判断影响因素和质量特性之间的相关程度，散布图的形式如图 4-11 所示。

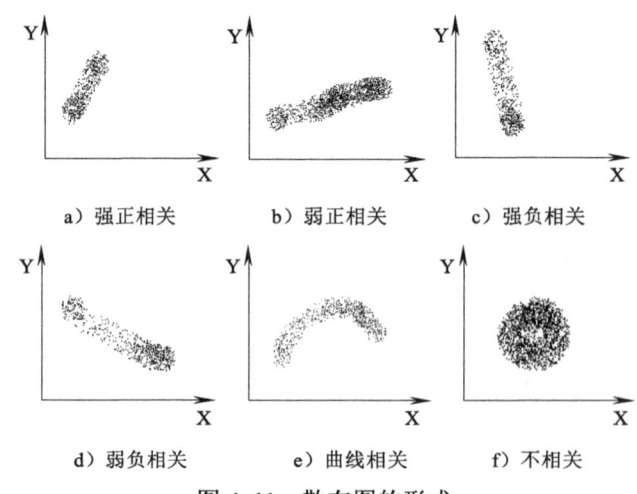

图 4-11 散布图的形式

第四节 QC 小组

> 张凡在小组里进行了全面质量管理,每天用图表来分析小组的生产质量问题,对小组成员在工作中出现的质量问题给予及时纠正。但是,他的努力没有得到小组成员的理解,有人讽刺他是想出风头,有人说他在找碴。张凡非常郁闷,向刘科长倾诉。刘科长说:"质量管理工作光靠班组长一个人是搞不好的,必须全员行动才行。你在班组里开展 QC 小组活动试试看。"

一、QC 小组概述

1. QC 小组活动的起源

QC 小组活动起源于日本。21 世纪 50 年代起,日本开始对现场负责人进行质量管理教育,并出现了名为"现场 QC 讨论会"的组织。1962 年正式改名为"QC 小组",开始在全国注册登记。当时第一个注册登记的是日本机电公社松山搬运机 QC 小组。1964 年以后,出现了 QC 小组支部,日本科技联建立了 QC 小组本部。日本是世界上按职工比例计算 QC 小组最多的国家。现在,QC 小组在世界上发展十分迅速,已遍及五大洲的 40 多个国家和地区。

QC 小组活动在我国的开展有深厚的基础。早在 20 世纪 50 年代初期,就有马恒昌小组、"毛泽东号"机车组等一大批先进的班组,坚持"质量第一"的方针,对工作认真负责,一丝不苟,在提高产品质量上不断作出贡献,提供了班组质量管理的好经验。60 年代,大庆油田坚持"三老四严""四个一样"和"质量回访"制度,在班组内开展岗位练兵,天天讲质量,事事讲严细,做到"项项工程质量全优",出了质量问题就"推倒重来"。1964 年,洛阳轴承厂滚子车间终磨小组首创了"产品质量信得过"活动,多年来加工的轴承滚子做到了"自己信得过,检验员信得过,用户信得过,国家信得过",成为我国第一批"产品质量信得过小组"。所有这些群众性质的质量管理活动,为 QC 小组在我国的建立和发展奠定了基础。

中国的 QC 小组活动始于 1978 年。1978 年 9 月,北京内燃机总厂第一个 QC 小组的成立,标志着我国 QC 小组活动进入试点阶段。经过 1980~1985 年的推广阶段和 1986 年以后的发展阶段,QC 小组活动作为企业最基层的质量改进活动不断得到重视和发展,小组活动的深度和广度逐步提高。2005 年全国共注册 QC 小组 131 万个,创造可计算直接经济效益 362 亿元,QC 小组活动为提升综合国力及企业整体竞争实力发挥了积极而又显著的作用。作为全国的中心,北京市的 QC 小组活动从 1979 年开始,一直持续健康的发展,小组活动的积极性及整体活动水平不断提升。2005 年,北京质量协会联合北京市总工会、共青团北京市委、北京市科学技术协会共同推动北京市 QC 小组工作,自此,北京市 QC 小组活动由这四家单位共同主办。在四家单位的共同努力下,三年来培训小组骨干、诊断师近千人,举办 QC 小组成果发表会八次,表彰优秀成果 800 多个。仅 2007 年就举办培训班三期,培训 QC 小组诊断师、骨干近 300 人,组织举办"中南海杯"暨北京市第五十次、北京市第五十一次 QC 小组成果发表会,参会代表 400 多人,联合表彰北京市级优秀 QC 成果近 200 个,标志着 QC 小组活动得到各界的支持和肯定,QC 小组工作又上了一个新台阶。北京质量协会将继续依托强大的质协系统优势和专家资源优势，锐意创新，吸引更多行业参与到 QC 小组活动中来，推动 QC 小组活动全面发展。

2. QC 小组的概念

QC 小组，即质量管理小组，是指在生产或工作岗位上从事各种劳动的职工，围绕企业的经营战略、方针目标和现场存在的问题，以改进质量、降低消耗，提高人的素质和经济效益为目的组织起来，运用质量管理的理论和方法开展活动的小组。QC 小组是企业中群众性质量管理活动的一种有效组织形式，是职工参加企业民主管理的经验同现代科学管理方法相结合的产物。

3. QC 小组活动的特点

（1）明显的自主性。
（2）广泛的群众性。
（3）高度的民主性。
（4）严密的科学性。

4. QC 小组活动的宗旨

（1）提高职工素质，激发职工的积极性和创造性。
（2）改进质量、降低消耗，提高经济效益。
（3）建立文明的、心情舒畅的生产、服务、工作现场。

5. QC 小组活动的作用

（1）有利于开发智力资源，发挥人的潜能，提高人的素质。
（2）有利于预防质量问题和改进质量。
（3）有利于实现全员参加管理。
（4）有利于改善人与人之间的关系，增强人的团结协作精神。
（5）利于改善和加强管理工作，提高管理水平。
（6）有助于提高职工的科学思维能力、组织协调能力、分析与解决问题的能力，从而使职工岗位成才。
（7）有利于提高顾客的满意程度。

二、QC 小组的分类

根据工作性质和内容的不同，QC 小组大致可以分为五种类型。

（1）现场型：主要以班组、工序、服务现场职工为主组成，以稳定工序，改进产品质量，降低物质消耗，提高服务质量为目的。
（2）攻关型：一般由干部、工程技术人员和工人三结合组成，以解决有一定难度的质量关键为目的。
（3）管理型：以管理人员为主组成，以提高工作质量，改善与解决管理中的问题，提高管理水平为目的。
（4）服务型：由从事服务性工作的职工组成，以提高服务质量，推动服务工作标准化、程序化、科学化，提高经济效益和社会效益为目的。

（5）创新型：由具有一定业务能力，想进行创新改进的员工组成，以打破现状，适应新形势、新变化的要求，通过一套标准化的思维流程，分析并筛选出最佳的创新措施及手段，获得事半功倍、锦上添花的效果，创造出有魅力的质量，不断追求卓越为目的。

三、QC 小组的组建

QC 小组的人员组成

为了便于活动，小组人员不宜过多，一般为 3~10 人较合适。小组成员要牢固树立"质量第一"的思想，努力学习全面质量管理基本知识和其他现代管理方法，熟悉本岗位的技术标准和工艺规程，具有一定的专业知识和技术水平，并能积极参加活动。QC 小组组长是小组的带头人，一般由全体组员选举产生，也可在成员同意的前提下，由行政领导提名。对于自愿结合的班组 QC 小组来讲，组长通常由小组的发起人担任。QC 小组组长应是全面质量管理的热心人，事业心强，技术水平和思维能力较高，能善于团结周围群众，发挥集体智慧，掌握全面质量管理的基本知识和常用数理统计方法，并有一定的组织活动能力。

1. QC 小组组长

（1）职能

1）组织领导：QC 小组组长是 QC 小组的带头人，负责 QC 小组组建时有关人员的联络，制订活动计划，进行人员分工，带领全体组员开展 QC 小组活动，负责保管活动的原始记录，参与上级部门召开的 QC 小组活动会议，并向组员传达。

2）协调工作：QC 小组活动要在班组工作现场进行，紧密结合企业实际活动。因此，QC 小组必须与进行活动所在的班组、部门紧密联系并协调工作。

3）指导推进：QC 小组组长都是企业推行质量管理的骨干，因此，QC 小组组长不但要带领组员学习好质量管理的基本知识，还要指导组员进一步学习。QC 小组组长是企业 QC 小组活动执行层的推行者。

（2）任务

1）抓好 QC 小组的质量教育工作，提高小组成员的质量意识。

2）为小组活动制订活动计划，带领组员认真进行活动，按照 PDCA 循环的工作方法开展活动。

3）组织小组开展多种形式的活动。由于 QC 小组不是企业正式部门，所以组员之间不应该只是工作关系，而应该形成一个良好的团队，工作氛围愉快轻松。

（3）要求　QC 小组组长应该是质量管理、质量观念的拥护者、倡导者；业务知识丰富，在活动中能够带领组员不断提高业务素质；QC 小组组长还应有组织能力，协调小组成员之间的关系，调动成员的积极性。

2. QC 小组组员

QC 小组组员不受行政职务的限制，可以是普通工人、技术人员、管理人员。QC 小组组员应该根据 QC 小组活动计划和安排按时参加活动，充分发挥自己的特长。组员要按时完成小组分配的任务，这样全小组的课题才能得以完成。QC 小组组员还应该是所在部门质量改进的积极分子，不但自己具备质量意识，还要向自己的部门和其他成员灌输质量思想，从而带动整个组织质量观念的完善。

四、QC小组活动管理制度范例

总装一班 QC 小组活动管理制度

一、总则

（1）为了更好地推行全面质量管理，广泛开展质量管理活动，不断提高工程质量、工作质量和服务质量，以适应经济建设的需要，根据上级的有关规定，特制订本制度。

（2）全面质量管理小组（简称 QC 小组），在公司主管部门的领导下开展工作。

二、QC 小组的组织形式

（1）QC 小组是由职工组织起来的，运用科学质量管理的思想和方法开展质量管理活动的群众性组织。质量管理小组由干部、技术人员和工人"三结合"自愿组成，可以行政班组为基础或由跨部门班组组成。

（2）QC 小组的成员以 3~10 人为宜，一般不超过 10 人，小组的组长由小组成员民主选举或由上级推荐并征得小组成员同意，小组可聘请技术顾问做技术指导。

三、QC 小组的主要任务

（1）牢固树立"质量第一"和"为用户服务"的思想，根据公司方针和目标，运用质量管理的基本思想和科学方法，有效地运用数理统计工具开展质量管理活动，不断改进和提高工作质量和服务质量，取得更大的经济效益。

（2）坚持学习质量管理方针、政策和专业技术、科学管理方法，摸索、研究、创造出一套适合本部门、本岗位的质量管理办法，不断提高企业管理水平。

（3）积极提出合理化建议，进行技术革新，开展质量攻关，参与制订或修改各种有关的规程和规章制度，参加质量管理标准化活动，制订和贯彻各项标准，积极参加"质量月"活动。

四、QC 小组的权力和义务

1. 权力

（1）有权优先参加各部门组织的质量管理活动。

（2）有权出席各级质量管理小组代表会、成果发布会，并发布成果，接受奖励。

（3）有权向上级部门和领导反映工作质量和服务质量的不良行为。

2. 义务

（1）小组成员必须认真学习质量管理的方针、政策、办法等，研究、积累有关数据，建立活动档案，在推行质量管理中发挥骨干作用。

（2）小组成员必须积极参加小组活动，努力工作，不可挂虚名、走形式，必须团结一致、互相敬重和帮助，主动承担任务，为提高质量管理做出自己的贡献。

（3）小组成员必须服从分配，按期完成承担的计划工作任务。

（4）小组必须每月向公司主管部门提交工作总结。

五、QC 小组的注册登记

（1）为了便于统一管理，统一领导，进一步发挥 QC 小组的作用，必须对 QC 小组进行注册登记。

（2）QC 小组成立后，填写 QC 小组登记表，登记表经本单位质量管理领导小组和本单位领导审批后，报公司质量管理主管部门注册备案，给予正式承认。登记表一式三份，小组、单位、公司各保存一份。

（3）QC 小组如需要调整时，应重新进行登记或变更原登记表。

六、QC 小组的课题选择

（1）课题选择必须符合公司方针、生产计划和工作需要，能够切实解决有关生产、工作和管理中的实际问题。

（2）课题选择应当以保证和提高工作质量、服务质量作为重点。

（3）课题选择应选比较明显的、经常遇到的、最容易做起的、见效快的、比较关键性的问题。

（4）课题应当以保证提高工作质量和服务质量为重点。

七、QC 小组的活动方式

（1）课题选择后，必须制定出活动计划，每月至少一至两次。活动时间为每月第二周、第四周的星期一。做到活动有总结、有记录、有效果。运用数理统计工具，不断提出和解决新的课题。

（2）课题完成后要提交成果报告，并参加成果发布会发表成果。公司每年至少召开一次成果发表会，其中优秀 QC 小组可申请参加上一级成果发布会逐级发表成果。

（3）已登记注册的 QC 小组，如连续半年没有开展活动，应予以注销。没有登记注册的 QC 小组，不能申请参加成果发布会和发布成果。

八、QC 小组的成果发表

（1）QC 小组成果必须整理成图文并茂以数据说话的文字形式予以发表。

（2）QC 小组成果在本部门、本单位逐个发表交流后，报公司质量管理办公室备案。对优秀的 QC 小组，可由本部门、本单位审查后，推选参加公司 QC 小组成果发布会。

（3）QC 小组成果采用百分制的方法评定。评定小组由公司全面质量管理委员会、科协、工会及有关部门的领导、业务骨干组成。评定后，由公司质量管理办公室负责汇总。

九、QC 小组的表彰奖励

（1）对 QC 小组所取得的成绩，根据国家《合理化建议和技术奖励条例》有关规定，按照其经济效果和作用的大小给予适当奖励。

（2）根据公司成果评定结果，经审查核实后，由公司质量管理委员会确认，评定总分在 90 分以上的为优秀 QC 小组。

（3）优秀 QC 小组每年评选一次，并授予奖励和奖金，以资鼓励。

（4）对重大成果（包括节能、提高质量、增产节约等），除公司给予奖励外，还可以根据国家规定，向上级部门申请奖励。

（5）对有价值的 QC 小组成果，除在本公司交流外，还推荐到有关学术刊物上进行发表。

十、本制度自下发之日起执行。

五、QC 小组的活动程序

QC 小组组建以后，从选择课题开始，开展活动。活动的具体程序如下。

1. 选择课题

QC 小组活动课题是 QC 小组在一个时期内的质量目标,关系到 QC 小组活动的方向、深度和广度。选择课题一般应根据企业方针目标和中心工作,根据生产服务现场存在的关键和薄弱环节,根据用户(包括下道工序)迫切需要解决的问题来选择。QC 小组的选题范围涉及企业各个方面工作,概括起来主要有 10 大方面:提高质量;降低成本;设备管理;提高出勤率、工时利用率和劳动生产率,加强定额管理;开发新品,开设新的服务项目;安全生产;治理"三废",改善环境;提高顾客(用户)满意率;加强企业内部管理;加强思想政治工作,提高职工素质。

选择活动课题的一些要点:

(1)课题选择必须符合公司方针、生产计划和工作需要,能够切实解决有关生产、工作和管理中的实际问题。

(2)课题选择应当以保证和提高工作质量、服务质量作为重点。

(3)课题选择应选比较明显的、经常遇到的、最容易做起的、见效快的、比较关键性的问题。

(4)课题应当以保证提高工作质量和服务质量为重点。

(5)"先易后难",注重能够解决的实际"小"课题。

(6)选择具体课题一定要有目标值。

2. 调查现状

了解课题的目前状况,必须认真做好现状调查。在进行现状调查时,应根据实际情况,应用不同的 QC 工具(如对策表、排列图、直方图、饼分图等),进行数据的搜集整理,找出现状与用户的需求之间的差距,明确要解决的问题。

3. 确定目标

课题选定以后,应确定合理的目标值。目标值的确定要注重定量化,使小组成员有一个明确的努力方向,便于检查,活动成果便于评价。还要注重实现目标值的可能性,既要防止目标值定得太低,小组活动缺乏意义,又要防止目标值定得太高,久攻不克,使小组成员失去信心。

4. 分析原因

对现状调查结果认真分析,发动全体 QC 小组组员动脑筋、想办法,通过头脑风暴法集思广益,然后选择适当的 QC 工具(如因果图、关联图、系统图、相关图、排列图等)进行分析,找出问题的主要原因。

5. 制订对策

主要原因确定后,制订相应的措施计划(5W1H 的方法),明确各项问题的具体措施,要达到的目的,谁来做,何时完成以及检查人。

6. 实施对策

按制订的实施对策实施并在实施过程中进行检查,发现偏差及时进行纠偏,以达到活动目标。小组长要组织成员定期或不定期地研究实施情况,随时了解课题进展。

7. 检查效果

措施实施后，应对最终效果进行综合检查，确认活动的结果是否达到了预定的目标。如果达到了预定的目标，小组就可以进入下一步工作。为了保证成果得到巩固，小组必须将一些行之有效的措施或方法纳入工作标准、工艺规程或管理标准，经有关部门审定后纳入企业有关标准或文件。如果课题的内容只涉及本班组，那就可以通过班组守则、岗位责任制等形式加以巩固。如果没有达到预定目标，就应对计划的执行情况及其可行性进行分析，找出原因，在下一个 PDCA 循环中加以改进。

8. 发表成果

总结成果资料，由 QC 小组指定一名小组成员将成果在相应的会议上发表。这样既可以鼓舞 QC 小组的士气，又可以吸引其他员工的关注，还可和其他 QC 小组交流经验，提高活动的效果。

9. 继续活动

做完本次活动，小组可以针对本次活动中未解决的问题继续改进，也可以重新选择课题，还可以重新组建新的更有针对性的 QC 小组开展新的活动。

以上步骤是 QC 小组活动的全过程，QC 小组活动是一个完整的 PDCA 循环过程，推动质量问题不断改进，不断螺旋式上升提高。

六、QC 小组活动案例

案例 8

红光公司分玻壳车间，通过开展 QC 小组活动降低玻壳炸裂率。

1. 选题

公司 1995 年的方针目标是"三三二一零"，即完成玻壳 310 万只，创 3000 万元利润，2 个优质产品，1 亿元以上的产值，事故为零。可是在实际生产中，玻壳炸裂废品多，造成了较大的经济损失（1 只玻壳厂内价为 47 元）。为此，玻壳 QC 小组选择了"降低玻壳炸裂率"这一活动课题。

2. 调查现状

根据 1995 年 1 月份的生产月报，QC 小组作了玻壳不良品统计表见表 4-11。根据统计表作玻壳不良品排列图。

表 4-11 玻壳不良品统计表

不良品分类	不良品/只	累计数/只	累计（%）
炸裂	24216	24216	53.7
封接不良	6472	30688	68.07
颈炸	4488	35176	78.03
划（碰）伤	2731	37907	84.08
小炸	2207	40114	88.98
其他	4968	45082	100
小计	45082	45082	

从排列图中可以清楚地看到,在 A 类废品中玻壳炸裂是最主要的,占废品总数的 53.7‰。

3. 确定目标值

根据统计,玻壳炸裂率为 9.7%。经小组讨论,力争使其降低到 5% 以下。

4. 分析玻壳炸裂的原因

QC 小组全体成员深入现场,用因果图法对玻壳炸裂的原因进行了分析。

经过分析可知,造成玻壳炸裂的原因很多,人的因素有操作技能、工作责任心问题,设备因素有退火架速度慢、退火炉炉头结构设计不合理的问题,工艺因素有退火温度曲线不适当等问题。但是,在这些因素中什么是最主要因素呢?

5. 寻找主要原因

QC 小组成员仔细观察了生产过程,结合专业理论知识认真分析了退火炉炉头构造,认为退火炉第一燃烧室是提供热量的主要来源。根据工艺要求,炉头区域温度应是炉内最高温度区域,用来完成对刚封接好的玻壳进入退火炉内的加热过程。但由于退火炉炉头结构设计不合理,第一燃烧室距离炉头太远,距离达 6.2m,造成炉头空间温度偏低,使玻壳入炉后得不到充足的热量,造成玻壳炸裂严重。由于玻壳炸裂,炸裂的玻璃碎片又造成第一燃烧室附近的烟道堵塞,烟气无法上升到炉膛内,使该区域热量减少。这就形成了"炸裂—堵塞—温度低—炸裂"的恶性循环。所以,要降低玻壳炸裂率,最关键的是要解决炉头结构设计不合理的问题。

6. 制订对策

玻壳生产线是从日本引进的设备,其中就包括退火炉炉头设备,QC 小组认为,要用"消化、吸收、提高和创新"的态度对待外国的技术。于是大胆制订了改造退火炉炉头设备的措施,如表 4-12 所示。

表 4-12 退火炉炉头设备改进措施

序 号	存在的问题	计 划 措 施	负 责 人	完成期限	检 查 人
1	玻壳退火炉结构设计不合理	(1)专题讨论改造退火炉炉头结构,对各改造方案进行评审,选择最佳方案			
		(2)制订玻壳退火炉改造施工计划表			
2	炉头上部空间温度低	(1)自行设计、制造辐射火头,并确认辐射火头的性能、可靠性、寿命等			
		(2)自行设计、制造炉头辐射火头的燃烧系统装置(管路系统)			
3	改造前的准备工作	(1)按指定的进度计划表检查落实施工准备工作			
		(2)准备施工用的各种材料、工具等			

7. 实施改造

根据措施表中的计划,完成了退火炉技术改造的设计方案和施工图;完成了退火炉头空间增设辐射火头的设计、制造任务,并通过了可行性实验;完成了退火炉改造部分的燃烧系统管理设计和施工准备。

在完成上述措施的基础上,QC 小组进行了退火炉炉头的技术改造实施,重点解决了炉头空间温度低的问题;自行设计、制造了炉头使用的辐射火头;重新改造了第一火室的烟道,以保证热循环的燃烧气体畅通,炉内温度均匀,杜绝了"炸裂—堵塞—温度低—炸裂"的恶性循环的根源。

经过采取以上措施，QC 小组根据 4 月初生产报表，统计了玻壳不良品分布情况，炸裂率已从原 9.7%下降到 6.1%，说明有了初步效果。此后，QC 小组又经过原因分析，采取了"重新设计制造玻壳退火架""调整玻壳推送装置的推送间隙时间"等 4 条措施。

8. 效果

QC 小组开展活动以后，收到了明显的效果，玻壳炸裂率持续下降。根据 5 月份的生产月报，从玻壳不良品统计表和排列图可以看出，炸裂占不良品总数已由 QC 活动前的 53.7%下降为 43.7%，炸裂占检验数的比例由先前的 9.7%下降为 4.3%，下降了 5.4 个百分点，达到并超过了 5%的活动目标值。

9. 巩固措施

经过半年多的运行，效果稳定。此后又采取了以下巩固措施：按改进后的玻壳退火工艺编制工艺文件；建立了两个工序质量管理点，并将其纳入了玻壳生产线工序质量管理文件。

第五节　ISO9000 与质量认证

一、ISO9000 族标准的定义

国际标准化组织（International Organization for Standardization,ISO）成立于 1974 年 2 月 23 日，是由各国际标准化团体组成的世界性的联合会，是非官方组织。为了适用国际贸易和国际技术经济合作与交流，提高世界各国的质量管理水平，在 1987 年推出了 ISO9000 "质量管理和质量保证"系列标准。该标准在世界范围内产生了十分广泛而深刻的影响，被称为"ISO9000 现象"。它标志着质量管理和质量保证标准走向了规范化、系列化、标准化、程序化的进程。目前国际标准化组织的 160 多个成员国中，已有 110 多个国家，包括欧盟各国以及美国、加拿大、澳大利亚、日本等几乎所有工业发达国家，都采用了 ISO9000 系列标准作为本国国家标准。我国已于 1992 年等同采用了 ISO9000 系列标准，发布为 GB/T19000 系列标准，并于 1993 年 1 月 1 日起开始实施。

在国际贸易中，要求提供按 ISO9000 系列标准通过质量体系认证的证明，作为签订合同的一个条件，这已是一个趋势。企业应顺应国际潮流，积极主动地开展以 GB/T19000 系列标准为依据的质量体系认证，提高产品质量，提高产品在国际、国内市场上的竞争力，为稳定国内市场，走向国际市场掌握一把金钥匙。

ISO9000 族标准的定义：由 ISO/TC176 质量管理和质量保证委员会质量体系技术委员会所制定的所有国际标准，它适用于任何企业和组织，包括制造业、服务性商业、建筑业等。

二、2008 版 ISO9000 族标准

1. GB/T19000-2008 idt ISO9000:2005《质量管理体系基础和术语》

GB/T19000-2008 idt ISO9000:2005《质量管理体系基础和术语》，起着奠定理论基础、

统一术语概念和明确指导思想的作用，具有很重要的地位。

标准的"引言"部分提出了8项质量管理原则，标准提供了12项质量管理体系基础和83个与质量管理体系有关的术语及其定义。

标准中提出的8项质量管理原则是在总结质量管理经验的基础上提出的一个组织在实施质量管理时必须遵循的准则，是组织的领导者进行质量管理的基本原则，也是制订2008版ISO9000族标准的理论基础。

标准中表述了建立和运行质量管理体系应遵循的12个方面的质量管理体系基础知识，这12项质量管理基础既体现了8项质量管理原则，又对质量管理体系的某些方面作出了指导性说明，起着"承上启下"的重要作用。

标准给出了与质量管理体系有关的10个部分和84个术语，用较通俗的语言阐明了质量管理领域所用术语的概念，它统一了各国的标准使用者对标准内容的理解，为理解ISO9000族标准奠定了基础。

在标准的附录中，用概念图的方式表达了每一部分概念中各术语的相互关系，帮助使用者形象地理解相关术语之间的关系，系统地掌握其内涵。

2. GB/T19001-2008 idt ISO9001:2000《质量管理体系要求》

标准规定了质量管理体系的要求，取代了1994版ISO9001、ISO9002和ISO9003三个质量保证模式标准，成为用于审核和第三方认证的唯一标准。

标准可用于组织证实其有能力稳定地提供满足顾客要求和适用法律法规要求的产品；也可用于组织通过质量管理体系的有效应用，包括持续改进质量管理体系的过程及保证符合顾客和适用法律法规的要求，实现增强顾客满意度的目标。

标准可用于内部和外部（第二方或第三方）评价组织提供满足组织自身要求、顾客要求、法律法规要求的产品的能力。

标准应用了"以过程为基础的质量管理体系模式"，鼓励组织在建立、实施和改进质量管理体系及提高其有效性时，采用"过程方法"，通过满足顾客要求增强顾客满意度。

标准中的"1 范围"给出了GB/T19001标准的适用范围，说明了标准中提出的质量管理体系要求是通用的，旨在适用于各种类型、不同规模和提供不同产品的组织。当由于组织及其产品的特点对标准中的某些要求不适用时，可以考虑对这些不适用的要求进行删减。

如果组织进行删减，应仅限于GB/T19001标准第7章的要求，并且这样的删减不影响组织提供满足顾客要求和适用法律法规要求的产品的能力或责任，否则不能称其质量管理体系符合GB/T19001标准。

标准中的"2 引用标准"和"3 术语和定义"，说明了GB/T19001标准所引用的标准和采用的术语和定义。

标准中的"4 质量管理体系""5 管理职责""6 资源管理""7 产品实现"和"8 测量、分析和改进"，对质量管理体系及其所需的过程提出了具体的要求。与2000版GB/T19001标准相比，2008版标准在术语名称上基本没有变化。

3. GB/T19004-2009 idt ISO9004:2009《质量管理体系业绩改进指南》

标准提供了超出GB/T19001标准要求的指南，它不是GB/T19001标准的实施指南。

标准充分考虑了提高质量管理体系的有效性和效率，进而考虑开发改进组织绩效的潜能。

标准对组织改进其质量管理体系总体绩效提供了指导和帮助，是指南性质的标准，标准不能用于认证、审核、法规或合同的目的。

标准应用了"以过程为基础的质量管理体系模式"的结构，鼓励组织在建立、实施和改进质量管理体系及提高其有效性和效率时，采用"过程方法"，通过满足相关方要求提高相关方的满意程度。

标准给出了"自我评定指南"和"持续改进的过程"两个附录，用于帮助组织评价质量管理体系的有效性和效率以及成熟水平，通过给出的持续改进方法寻找改进的机会，以提高组织的整体绩效，从而使所有相关方满意。

4. GB/T19011-2003 idt ISO19011:2002《质量和（或）环境管理体系审核指南》

标准是 ISO/TC176 和 ISO/TC207（环境管理技术委员会）联合制订的有关审核方面的指南标准，标准遵循了"不同管理体系可以共同管理和审核"的原则。

标准取代了 1994 版 ISO10011-1、ISO10011-2 和 ISO10011-3 三个质量管理体系审核指南标准，也取代了 1996 版的 ISO14010、ISO14011 和 ISO14012 三个环境管理体系审核指南标准。

标准兼容了质量管理体系审核和环境管理体系审核的特点。标准为审核原则、审核方案的管理、质量管理体系审核和环境管理体系审核的实施提供了指南，也对评价质量和环境管理体系审核员的能力提供了指南。

标准适用于需要实施质量和（或）环境管理体系内部或外部审核或需要管理审核方案的所有组织。标准原则上可适用于其他领域的审核。

标准给出了与审核有关的 14 个术语和定义；提出的 5 个"审核原则"体现了审核的基本性质；"审核方案管理"提供了审核管理的思路和方法；"审核活动"为审核的实施过程提供了指南；"审核员的能力和评价"中明确了质量和（或）环境管理体系审核员的能力和条件要求，为评价审核员提供了指南。

5. GB/T19000-2008 idt ISO9000:2005 的具体内容

引 言

0.1 总则

GB/T 19000 族标准可帮助各种类型和规模的组织实施并运行有效的质量管理体系。这些标准包括：

——GB/T 19000 表述质量管理体系基础知识并规定质量管理体系术语；

——GB/T 19001 规定质量管理体系要求，用于证实组织具有提供满足顾客要求和适用的法规要求的产品的能力，目的在于增进顾客满意程度；

——GB/T 19004 提供考虑质量管理体系的有效性和效率两方面的指南。该标准的目的是改进组织业绩并达到顾客及其他相关方满意；

—— GB/T 19011 提供审核质量和环境管理体系指南。

上述标准共同构成了一组密切相关的质量管理体系标准，在国内和国际贸易中促进相互理解。

0.2 质量管理原则

成功地领导和运作一个组织，需要采用一种系统和透明的方式进行管理。针对所有相关方的需求，实施并保持持续改进其业绩的管理体系，可使组织获得成功。质量管理是组织各项管理的内容之一。

以下八项质量管理原则已得到确认，最高管理者可运用这些原则，领导组织进行业绩改进：

a）以顾客为关注焦点

组织依存于顾客，因此，组织应当理解顾客当前和未来的需求，满足顾客要求并争取超越顾客期望。

b）领导作用

领导者应确保组织的目的和方向的一致。他们应当创造并保持良好的内部环境，使员工能充分参与实现组织目标的活动。

c）全员参与

各级人员都是组织之本，唯有其充分参与，才能使他们为组织的利益发挥其才干。

d）过程方法

将活动和相关的资源作为过程进行管理，可以更高效地得到期望的结果。

e）管理的系统方法

将相互关联的过程作为系统加以识别、理解和管理，有助于组织提高实现目标的有效性和效率。

f）持续改进

持续改进总体业绩应当是组织的一个永恒目标。

g）基于事实的决策方法

有效决策建立在数据和信息分析的基础上。

h）与供方互利的关系

组织与供方是相互依存的，互利的关系可增强双方创造价值的能力。

上述八项质量管理原则形成了 GB/T19000 族质量管理体系标准的基础。

质量管理体系基础和术语

1 范围

本标准表述了作为构成 GB/T19000 族标准主体内容的质量管理体系的基础，并确定了相关的术语。本标准适用于：

a）通过实施质量管理体系寻求优势的组织。

b）对供方能满足其产品要求寻求信任的组织。

c）产品的使用者。

d）就质量管理方面所使用的术语需要达成共识的人员和组织（如：供方、顾客、行政执法机构）。

e）评价组织的质量管理体系或依据 GB/T19001 的要求审核其符合性的内部或外部人员和机构，如审核员、行政执法机构、认证（注册）机构。

f）对组织质量管理体系提出建议或提供培训的内部或外部人员和机构。

g）制订相关标准的人员。

2 质量管理体系基础

2.1 质量管理体系的理论说明

质量管理体系能够帮助组织增强顾客满意。

顾客要求产品具有满足其需求和期望的特性，这些需求和期望在产品规范中表述，并集中归结为顾客要求。顾客要求可以由顾客以合同方式规定或由组织自己确定。在任一情况下，产品是否可接受最终由顾客确定。因为顾客的需求和期望是不断变化的，以及竞争的压力和技术的发展，这些都促使组织持续地改进产品和过程。

质量管理体系方法鼓励组织分析顾客要求，规定相关的过程，并使其持续受控，以实现顾客能接受的产品。质量管理体系能提供持续改进的框架，以增加提升顾客和其他相关方满意的概率。质量管理体系还就其能够提供持续满足要求的产品，向组织及其顾客提供信任。

2.2 质量管理体系要求与产品要求

GB/T19000族标准区分了质量管理体系要求和产品要求。

GB/T 19001规定了质量管理体系要求。质量管理体系要求是通用的，适用于所有行业或经济领域，不论其提供何种类别的产品。GB/T19001本身并不规定产品要求。

产品要求可由顾客规定，或由组织通过预测顾客的要求规定，或由法规规定。产品要求有时与相关的过程要求一起，被包含在诸如技术规范、产品标准、过程标准、合同协议和法规要求中。

2.3 质量管理体系方法

建立和实施质量管理体系的方法包括以下步骤：

a）确定顾客和其他相关方的需求和期望。
b）建立组织的质量方针和质量目标。
c）确定实现质量目标必需的过程和职责。
d）确定和提供实现质量目标必需的资源。
e）规定测量每个过程的有效性和效率的方法。
f）应用这些测量方法确定每个过程的有效性和效率。
g）确定防止不合格并消除产生原因的措施。
h）建立和应用持续改进质量管理体系的过程。

上述方法也适用于保持和改进现有的质量管理体系。

采用上述方法的组织能对其过程能力和产品质量树立信心，为持续改进提供基础，从而增进顾客和其他相关方满意并使组织成功。

2.4 过程方法

任何使用资源将输入转化为输出的活动或一组活动可视为一个过程。

为使组织有效运行，必须识别和管理许多相互关联和相互作用的过程。通常，一个过程的输出将直接成为下一个过程的输入。系统地识别和管理组织所应用的过程，特别是这些过程之间的相互作用，称为"过程方法"。

本标准鼓励采用过程方法管理组织。

由GB/T19000族标准表述的，以过程为基础的质量管理体系模式如图4-12所示。该图表明在向组织提供输入方面相关方起着重要作用。监视相关方满意程度需要评价有关相关方感受的信息，这种信息可以表明其需求和期望已得到满足的程度，图4-12中的模式没有表明更详细的过程。

2.5 质量方针和质量目标

建立质量方针和质量目标为组织提供了关注的焦点。两者确定了预期的结果，并帮助组织利用其资源达到这些结果。质量方针为建立和评审质量目标提供了框架。质量目标需要与质量方针和持续改进的承诺相一致，其实现必须是可测量的。质量目标的实现对产品质量、运行有效性和财务业绩都有积极影响，因此，对相关方的满意和信任也产生积极影响。

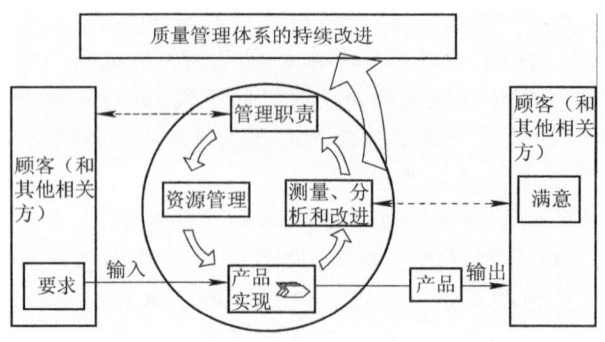

图4-12　以过程为基础的质量管理体系模式

增值活动 ——▶　信息流 ------▶

注：括号中的陈述不适用与GB/T19001。

2.6　最高管理者在质量管理体系中的作用

最高管理者通过其领导作用及各种措施可以创造一个员工充分参与的环境，质量管理体系能够在这种环境中有效运行。最高管理者可以运用质量管理原则（见0.2）作为发挥以下作用的基础。

a）制定并保持组织的质量方针和质量目标。

b）通过在整个组织内促进质量方针和质量目标的实现，增强员工的意识、积极性和参与程度。

c）确保整个组织关注顾客要求。

d）确保实施适宜的过程以满足顾客和其他相关方要求并实现质量目标。

e）确保建立、实施和保持一个有效和高效的质量管理体系以实现这些质量目标。

f）确保获得必要资源。

g）定期评审质量管理体系。

h）决定有关质量方针和质量目标的措施。

i）决定改进质量管理体系的措施。

2.7　文件

2.7.1　文件的价值

文件能够沟通意图、统一行动，其使用有助于：

a）满足顾客要求和质量改进。

b）提供适宜的培训。

c）重复性和可追溯性。

d）提供客观证据。

e）评价质量管理体系的有效性和持续适宜性。

文件的形成本身并不是目的，它应是一项增值的活动。

2.7.2　质量管理体系中使用的文件类型

在质量管理体系中使用下述几种类型的文件：

a）向组织内部和外部提供关于质量管理体系的一致信息的文件，这类文件称为质量手册。
b）表述质量管理体系如何应用于特定产品、项目或合同的文件，这类文件称为质量计划。
c）阐明要求的文件，这类文件称为规范。
d）阐明推荐的方法或建议的文件，这类文件称为指南。
e）提供如何一致地完成活动和过程的信息的文件，这类文件包括形成文件的程序、作业指导书和图样。
f）为完成的活动或达到的结果提供客观证据的文件，这类文件称为记录。

每个组织确定其所需文件的多少和详略程度及使用的媒体。这取决于下列因素，诸如组织的类型和规模、过程的复杂性和相互作用、产品的复杂性、顾客要求、适用的法规要求、经证实的人员能力以及满足质量管理体系要求所需证实的程度。

2.8 质量管理体系评价

2.8.1 质量管理体系过程的评价

评价质量管理体系时，应对每一个被评价的过程提出如下四个基本问题：
a）过程是否已被识别并适当规定？
b）职责是否已被分配？
c）程序是否得到实施和保持？
d）在实现所要求的结果方面，过程是否有效？

综合上述问题的答案可以确定评价结果。质量管理体系评价，如质量管理体系审核和质量管理体系评审以及自我评定，在涉及的范围上可以有所不同，并可包括许多活动。

2.8.2 质量管理体系审核

审核用于确定符合质量管理体系要求的程度。审核发现用于评定质量管理体系的有效性和识别改进的机会。

第一方审核用于内部目的，由组织自己或以组织的名义进行，可作为组织自我合格声明的基础。

第二方审核由组织的顾客或由其他人以顾客的名义进行。

第三方审核由外部独立的组织进行。这类组织通常是经认可的，提供符合（如：GB/T19001）要求的认证或注册。

GB/T19011 提供审核指南。

2.8.3 质量管理体系评审

最高管理者的任务之一是就质量方针和质量目标，定期和系统地评价质量管理体系的适宜性、充分性、有效性和效率。这种评审可包括考虑修改质量方针和质量目标的需求以响应相关方需求和期望的变化。评审包括确定采取措施的需求。

审核报告与其他信息源一同用于质量管理体系的评审。

2.8.4 自我评定

组织的自我评定是一种参照质量管理体系或卓越模式对组织的活动和结果所进行的全面和系统的评审。

自我评定可提供一种对组织业绩和质量管理体系成熟程度的总的看法。它还有助于识别组织中需要改进的领域并确定优先开展的事项。

2.9 持续改进

持续改进质量管理体系的目的在于增加提升顾客和其他相关方满意度的概率，改进包

括下述活动:
　　a）分析和评价现状，以识别改进区域。
　　b）确定改进目标。
　　c）寻找可能的解决办法，以实现这些目标。
　　d）评价这些解决办法并做出选择。
　　e）实施选定的解决办法。
　　f）测量、验证、分析和评价实施的结果，以确定这些目标已经实现。
　　g）正式采纳更改。
　　必要时对结果进行评审，以确定进一步改进的机会。从这种意义上说，改进是一种持续的活动。顾客和其他相关方的反馈以及质量管理体系的审核和评审均能用于识别改进的机会。

2.10　统计技术的作用

应用统计技术可帮助组织了解变异，从而有助于组织解决问题并提高有效性和效率。这些技术也有助于更好地利用可获得的数据进行决策。

在许多活动的状态和结果中，甚至是在明显的稳定条件下，均可观察到变异。这种变异可通过产品和过程可测量的特性观察到，并且在产品的整个寿命周期（从市场调研到顾客服务和最终处置）的各个阶段，均可看到其存在。

统计技术有助于对这类变异进行测量、描述、分析、解释和建立模型，甚至在数据相对有限的情况下也可实现。这种数据的统计分析能对更好地理解变异的性质、程度和原因提供帮助。从而有助于解决，甚至防止由变异引起的问题，并促进持续改进。

GB/Z19027给出了统计技术在质量管理体系中的指南。

2.11　质量管理体系与其他管理体系的关注点

质量管理体系是组织的管理体系的一部分，它致力于使与质量目标有关的结果适当地满足相关方的需求、期望和要求。组织的质量目标与其他目标，如成长、筹资、收益性、环境及职业健康与安全等目标相辅相成。一个组织的管理体系的各个部分，连同质量管理体系可以合成为一个整体，从而形成使用共有要素的单一的管理体系。这将有利于策划、资源配置、确定互补的目标并评价组织的整体有效性。组织的管理体系可以对照其要求进行评价，也可以对照国家标准如GB/T19001和GB/T24001的要求进行审核，这些审核可分开进行，也可合并进行。

2.12　质量管理体系与卓越模式之间的关系

GB/T19000族标准与组织卓越模式提出的质量管理体系方法均依据共同的原则。它们两者均：
　　a）使组织能够识别它的强项和弱项。
　　b）包含对照通用模式进行评价的规定。
　　c）为持续改进提供基础。
　　d）包含外部承认的规定。

GB/T19000族质量管理体系与卓越模式之间的差别在于它们应用范围不同。GB/T19000族标准提出了质量管理体系要求和业绩改进指南，质量管理体系评价可确定这些要求是否得到满足。卓越模式包含能够对组织业绩进行比较评价的准则，并能适用于组织的全部活动和所有相关方。卓越模式评价准则提供了一个组织与其他组织进行业绩比较的基础。

3 术语和定义

本章定义的术语，如果出现在其他的定义或注释中，将使用黑体字表示，并在其后括号中附原词条号。这种以黑体字表述的术语，可以用其完整的定义所替代。

【示例】

产品（3.4.2）被定义为"过程（3.4.1）的结果"。

过程被定义为"一组将输入转化为输出的相互关联或相互作用的活动"。

如果术语"过程"由它的定义所替代，产品则成为"一组将输入转化为输出的相互关联或相互作用的活动的结果"。

对于在具体场合限于特定含义的概念，在定义前的角括号<>中标出适用领域。

【示例】

在有关审核的术语中，技术专家的条目是：3.9.11

技术专家　technical　expert

<审核>向审核组（3.9.10）提供特定的知识或技术的人员。

3.1　有关质量的术语

3.1.1

质量　quality

一组固有特性（3.5.1）满足要求（3.1.2）的程度。

注1：术语"质量"可使用形容词，如差、好或优秀来修饰。

注2："固有的"（其反义是"赋予的"）就是指本来就有的，尤其是那种永久的特性。

3.1.2

要求　requirement

明示的、通常隐含的或必须履行的需求或期望。

注1："通常隐含"是指组织（3.3.1）、顾客（3.3.5）和其他相关方（3.3.7）的惯例或一般做法，所考虑的需求或期望是不言而喻的。

注2：特定要求可使用限定词表示，如产品要求、质量管理要求、顾客要求。

注3：规定要求是经明示的要求，如在文件（3.7.2）中阐明。

注4：要求可由不同的相关方（3.3.7）提出。

注5：本定义与ISO/IEC导则 第2部分：2004 的3.12.1 中给出的定义不同。

3.1.2.1

要求　requirement

表达应遵守的准则的条款。

3.1.3

等级　grade

对功能用途相同的产品（3.4.2）、过程（3.4.1）或体系（3.2.1）所做的不同质量要求的分类或分级。

【示例】飞机的舱级和宾馆的等级分类。

注：在确定质量要求时，等级通常是规定的。

3.1.4

顾客满意　customer　satisfaction

顾客对其要求（3.1.2）已被满足程度的感受。

注 1：顾客抱怨是一种满意程度低的最常见的表达方式，但没有抱怨并不一定表明顾客很满意。

注 2：即使规定的顾客要求符合顾客的愿望并得到满足，也不一定确保顾客很满意。

3.1.5

能力　capability

组织（3.3.1）、体系（3.2.1）或过程（3.4.1）实现产品（3.4.2）并使其满足要求（3.1.2）的本领。

注：ISO 358 中确定了统计领域中过程能力术语。

3.1.6

能力　competence

经证实的应用知识和技能的本领。

注 1：在本标准中，所定义的能力的概念是通用的。在 ISO 其他的文件中，本词汇的使用可能更加具体。

注 2：在 GB/T19000 族标准中，术语能力（competence）（3.1.5）特指组织、体系或过程的"能力"，而能力（competence）（3.1.6）则特指人员的能力。

3.2　有关管理的术语

3.2.1

体系（系统）　system

相互关联或相互作用的一组要素。

3.2.2

管理体系　management system

建立方针和目标并实现这些目标的体系（3.2.1）。

注：一个组织（3.3.1）的管理体系可包括若干个不同的管理体系，如质量管理体系（3.2.3）、财务管理体系或环境管理体系。

3.2.3

质量管理体系　quality management system

在质量（3.1.1）方面指挥和控制组织（3.3.1）的管理体系（3.2.2）。

3.2.4

质量方针　quality policy

由组织（3.3.1）的最高管理者（3.2.7）正式发布的关于质量（3.1.1）方面的全部意图和方向。

注 1：通常质量方针与组织的总方针相一致并为制订质量目标（3.2.5）提供框架。

注 2：本标准中提出的质量管理原则可以作为制订质量方针的基础（见 0.2）。

3.2.5

质量目标　quality objective

在质量（3.1.1）方面所追求的目的。

注 1：质量目标通常依据组织的质量方针（3.2.4）制定。

注 2：通常对组织（3.3.1）的相关职能和层次分别规定质量目标。

3.2.6

管理　management

指挥和控制组织（3.3.1）的协调的活动。

注：在英语中，术语"management"有时指人，即具有领导和控制组织的职责和权限的一个人或一组人。当"management"以这样的意义使用时，均应附有某些限定词以避免与上述"management"的定义所确定的概念相混淆。例如：不赞成使用"management shall……，"而应使用"top management（3.2.7）shall……。"

3.2.7
最高管理者　top management
在最高层指挥和控制组织（3.3.1）的一个人或一组人。

3.2.8
质量管理　quality management
在质量（3.1.1）方面指挥和控制组织（3.3.1）的协调的活动。

注：在质量方面的指挥和控制活动，通常包括制订质量方针（3.2.4）和质量目标（3.2.5），以及质量策划（3.2.9）、质量控制（3.2.10）、质量保证（3.2.11）和质量改进（3.2.12）。

3.2.9
质量策划　quality planning
质量管理（3.2.8）的一部分，致力于制订质量目标（3.2.5）并规定必要的运行过程（3.4.1）和相关资源以实现质量目标。

注：编制质量计划（3.7.5）可以是质量策划的一部分。

3.2.10
质量控制　quality control
质量管理（3.2.8）的一部分，致力于满足质量要求。

3.2.11
质量保证　quality assurance
质量管理（3.2.8）的一部分，致力于提供质量要求会得到满足的信任。

3.2.12
质量改进　quality improvement
质量管理（3.2.8）的一部分，致力于增强满足质量要求的能力。

注：要求可以是有关任何方面的，如有效性（3.2.14）、效率（3.2.15）或可追溯性（3.5.4）。

3.2.13
持续改进　continual improvement
增强满足要求（3.1.2）的能力的循环活动。

注：制定改进目标和寻求改进机会的过程（3.4.1）是一个持续过程，该过程使用审核发现（3.9.5）、审核结论（3.9.6）、数据分析、管理评审（3.8.7）或其他方法，其结果通常导致纠正措施（3.6.5）或预防措施（3.6.4）。

3.2.14
有效性　effectiveness
完成策划的活动并达到策划结果的程度。

3.2.15
效率　efficiency
达到的结果与所使用的资源之间的关系。

3.3　有关组织的术语

3.3.1
组织　organization
职责、权限和相互关系得到安排的一组人员及设施。

【示例】公司、集团、商行、企事业单位、研究机构、慈善机构、代理商、社团或上述组织的部分或组合。

注1：安排通常是有序的。

注2：组织可以是公有的或私有的。

注3：本定义适用于质量管理体系（3.2.3）标准。术语"组织"在ISO/IEC指南2中有不同的定义。

3.3.2

组织结构　organizational　structure

人员的职责、权限和相互关系的安排。

注1：安排通常是有序的。

注2：组织结构的正式表述通常在质量手册（3.7.4）或项目（3.4.3）的质量计划（3.7.5）中提供。

注3：组织结构的范围可包括有关与外部组织（3.3.1）的接口。

3.3.3

基础设施　infrastructure

<组织>组织（3.3.1）运行所必需的设施、设备和服务的体系（3.2.1）。

3.3.4

工作环境　work　environment

工作时所处的一组条件。

注：条件包括物理的、社会的、心理的和环境的因素（如温度、承认方式、人因工效和大气成分）。

3.3.5

顾客　customer

接受产品（3.4.2）的组织（3.3.1）或个人。

示例：消费者、委托人、最终使用者、零售商、受益者和采购方。

注：顾客可以是组织内部的或外部的。

3.3.6

供方　supplier

提供产品（3.4.2）的组织（3.3.1）或个人。

【示例】制造商、批发商、产品零售商或商贩、服务或信息的提供方。

注1：供方可以是组织内部的或外部的。

注2：在合同情况下供方有时称为"承包方"。

3.3.7

相关方　interested　party

与组织（3.3.1）的业绩或成就有利益关系的个人或团体。

【示例】顾客（3.3.5）、所有者、员工、供方（3.3.6）、银行、工会、合作伙伴或社会。

注：一个团体可由一个组织或其一部分或多个组织构成。

3.3.8

合同　contract

有约束力的协议。

注：在本标准中，所定义的合同的概念是通用的。在 ISO 的其他文件中，本词汇的使用可能更加具体。

3.4 有关过程和产品的术语

3.4.1
过程 process
将输入转化为输出的相互关联或相互作用的一组活动。
注1：一个过程的输入通常是其他过程的输出。
注2：组织（3.3.1）为了增值通常对过程进行策划并使其在受控条件下运行。
注3：对形成的产品（3.4.2）是否合格（3.6.1）不易或不能经济地进行验证的过程，通常称之为"特殊过程"。

3.4.2
产品 product
过程（3.4.1）的结果。
注 1：有下述四种通用的产品类别：服务（如运输），软件（如计算机程序、字典），硬件（如发动机机械零件），流程性材料（如润滑油）。

许多产品由分属于不同产品类别的成分构成，其属性是服务、软件、硬件或流程性材料取决于其主导成分。例如：产品"汽车"是由硬件（如轮胎）、流程性材料（如燃料、冷却液）、软件（如发动机控制软件、驾驶员手册）和服务（如销售人员所做的操作说明）所组成。

注 2：服务通常是无形的，并且是在供方（3.3.6）和顾客（3.3.5）接触面上至少需要完成一项活动的结果。服务的提供可涉及，例如：在顾客提供的有形产品（如需要维修的汽车）上所完成的活动，在顾客提供的无形产品（如为准备纳税申报单所需的损益表）上所完成的活动，无形产品的交付（如知识传授方面的信息提供），为顾客创造氛围（如在宾馆和饭店）。

软件由信息组成，通常是无形产品，并可以方法、报告或程序（3.4.5）的形式存在。

硬件通常是有形产品，其量具有计数的特性（3.5.1）。流程性材料通常是有形产品，其量具有连续的特性。硬件和流程性材料经常被称之为货物。

注 3：质量保证（3.2.11）主要关注预期的产品。

3.4.3
项目 project
由一组有起止日期的、协调和受控的活动组成的独特过程（3.4.1），该过程要达到符合包括时间、成本和资源约束条件在内的规定要求（3.1.2）的目标。
注 1：单个项目可作为一个较大项目结构中的组成部分。
注 2：在一些项目中，随着项目的进展，其目标才逐渐清晰，产品特性（3.5.1）逐步确定。
注 3：项目的结果可以是单一或若干个产品（3.4.2）。
注 4：根据 GB/T19016—2005 改写。

3.4.4
设计和开发 design and development
将要求（3.1.2）转换为产品（3.4.2）、过程（3.4.1）或体系（3.2.1）的规定的特性（3.5.1）或规范（3.7.3）的一组过程（3.4.1）。
注 1：术语"设计"和"开发"有时是同义的，有时用于规定整个设计和开发过程的不同阶段。
注 2：设计和开发的性质可使用限定词表示（如产品设计和开发或过程设计和开发）。

3.4.5
程序 procedure

为进行某项活动或过程（3.4.1）所规定的途径。

注1：程序可以形成文件，也可以不形成文件。

注2：当程序形成文件时，通常称为"书面程序"或"形成文件的程序"。含有程序的文件（3.7.2）可称为"程序文件"。

3.5 有关特性的术语

3.5.1

特性 characteristic

可区分的特征。

注1：特性可以是固有的或赋予的。

注2：特性可以是定性的或定量的。

注3：有各种类别的特性，如：物理的（如：机械的、电的、化学的或生物学的特性），感官的（如：嗅觉、触觉、味觉、视觉、听觉），行为的（如：礼貌、诚实、正直），时间的（如：准时性、可靠性、可用性），人因工效的（如：生理的特性或有关人身安全的特性），功能的（如：飞机的最高速度）。

3.5.2

质量特性 quality characteristic

与要求（3.1.2）有关的产品（3.4.2）、过程（3.4.1）或体系（3.2.1）的固有特性（3.5.1）。

注1："固有的"就是指本来就有的，尤其是那种永久的特性。

注2：赋予产品、过程或体系的特性（如：产品的价格、产品的所有者）不是它们的质量特性。

3.5.3

可信性 dependability

用于表述可用性及其影响因素（可靠性、维修性和保障性）的集合术语。

注：可信性仅用于非定量术语的总体表述。

[IEC 60050-191：1990]

3.5.4

可追溯性 traceability

追溯所考虑对象的历史、应用情况或所处位置的能力。

注1：当考虑产品（3.4.2）时，可追溯性可涉及原材料和零部件的来源；加工的历史；产品交付后的发送和所处位置。

注2：在计量学领域中，使用 VIM：1993，6.10 中的定义。

3.6 有关合格（符合）的术语

3.6.1

合格（符合） conformity

满足要求（3.1.2）。

注：与英文术语 "conformance" 是同义的，但不赞成使用。

3.6.2

不合格（不符合） nonconformity

未满足要求（3.1.2）。

3.6.3

缺陷 defect

未满足与预期或规定用途有关的要求（3.1.2）。

注1：区分缺陷与不合格（3.6.2）的概念是重要的，这是因为其中有法律内涵，特别是在与产品责任问题有关的方面。因此，术语"缺陷"应绝对慎用。

注2：顾客（3.3.5）希望的预期用途可能受供方（3.3.6）信息的性质影响，如所提供

的操作或维护说明。

3.6.4

预防措施　preventive　action

为消除潜在不合格（3.6.2）或其他潜在不期望情况的原因所采取的措施。

注1：一个潜在不合格可以有若干个原因。

注2：采取预防措施是为了防止发生，而采取纠正措施（3.6.5）是为了防止再发生。

3.6.5

纠正措施　corrective　action

为消除已发现的不合格（3.6.2）或其他不期望情况的原因所采取的措施。

注1：一个不合格可以有若干个原因。

注2：采取纠正措施是为了防止再发生，而采取预防措施（3.6.4）是为了防止发生。

注3：纠正（3.6.6）和纠正措施是有区别的。

3.6.6

纠正　correction

为消除已发现的不合格（3.6.2）所采取的措施。

注1：纠正可连同纠正措施（3.6.5）一起实施。

注2：返工（3.6.7）或降级（3.6.8）可作为纠正的示例。

3.6.7

返工　rework

为使不合格产品（3.4.2）符合要求（3.1.2）而对其所采取的措施。

注：返修与返工不同，返修（3.6.9）可影响或改变不合格产品的某些部分。

3.6.8

降级　regrade

为使不合格产品（3.4.2）符合不同于原有的要求（3.1.2）而对其等级（3.1.3）的变更。

3.6.9

返修　repair

为使不合格产品（3.4.2）满足预期用途而对其所采取的措施。

注1：返修包括对以前是合格的产品，为重新使用所采取的修复措施，如作为维修的一部分。

注2：返修与返工（3.6.7）不同，返修可影响或改变不合格产品的某些部分。

3.6.10

报废　scrap

为避免不合格产品（3.4.2）原有的预期用途而对其所采取的措施。

示例：回收、销毁。

注：对不合格服务的情况，通过终止服务来避免其使用。

3.6.11

让步　concession

对使用或放行不符合规定要求（3.1.2）的产品（3.4.2）的许可。

注：让步通常仅限于在商定的时间或数量内，对含有不合格特性（3.5.1）的产品的交付。

3.6.12

偏离许可　deviation　permit

产品（3.4.2）实现前，对偏离原规定要求（3.1.2）的许可。

注：偏离许可通常是在限定的产品数量或期限内并针对特定的用途。

3.6.13

放行　release

对进入一个过程（3.4.1）的下一阶段的许可。

注：在英语中，就计算机软件而论，术语"release"通常是指软件本身的版本。

3.7 有关文件的术语

3.7.1
信息 information
有意义的数据。

3.7.2
文件 document
信息（3.7.1）及其承载媒体。

【示例】记录（3.7.6）、规范（3.7.3）、程序文件、图样、报告、标准。

注1：媒体可以是纸张、磁张、计算机软盘或光盘、照片或标准样品，或它们的组合。

注2：一组文件，如若干个规范和记录，通常被称为"documentation"。

注3：某些要求（3.1.2）（如易读的要求）与所有类型的文件有关，然而对规范（如修订受控的要求）和记录（如可检索的要求）可以有不同的要求。

3.7.3
规范 specification
阐明要求（3.1.2）的文件（3.7.2）。

注：规范可能与活动有关（如程序文件、工艺规范和试验说明书）或与产品（3.4.2）有关（如产品规范、性能规范和图样）。

3.7.4
质量手册 quality manual
规定组织（3.3.1）质量管理体系（3.2.3）的文件（3.7.2）。

注：为了适应组织的规模和复杂程度，质量手册在其详略程度和编排格式方面可以不同。

3.7.5
质量计划 quality plan
对特定的项目（3.4.3）、产品（3.4.2）、过程（3.4.1）或合同，规定由谁及何时应使用哪些程序（3.4.5）和相关资源的文件（3.7.2）。

注1：这些程序通常包括所涉及的那些质量管理过程和产品实现过程。

注2：通常质量计划引用质量手册（3.7.4）的部分内容或程序文件。

注3：质量计划通常是质量策划（3.2.9）的结果之一。

3.7.6
记录 record
阐明所取得的结果或提供所完成活动的证据的文件（3.7.2）。

注1：记录可用于为可追溯性（3.5.4）提供文件，并提供验证（3.8.4）、预防措施（3.6.4）和纠正措施（3.6.5）的证据。

注2：通常记录不需要控制版本。

3.8 有关检查的术语

3.8.1
客观证据 objective evidence
支持事物存在或其真实性的数据。

注：客观证据可通过观察、测量、试验（3.8.3）或其他手段获得。

3.8.2
检验 inspection
通过观察和判断，适当时结合测量、试验或估测所进行的符合性评价。

[ISO/IEC 指南2]

3.8.3
试验 test
按照程序（3.4.5）确定一个或多个特性（3.5.1）。

3.8.4
验证 verification
通过提供客观证据（3.8.1）对规定要求（3.1.2）已得到满足的认定。
注1："已验证"一词用于表明相应的状态。
注2：认定可包括下述活动，如变换方法进行计算；将新设计规范（3.7.3）与已证实的类似设计规范进行比较；进行试验（3.8.3）和演示；文件发布前进行评审。

3.8.5
确认 validation
通过提供客观证据（3.8.1）对特定的预期用途或应用要求（3.1.2）已得到满足的认定。
注1："已确认"一词用于表明相应的状态。
注2：确认所使用的条件可以是实际的或是模拟的。

3.8.6
鉴定过程 qualification process
证实满足规定要求（3.1.2）的能力的过程（3.4.1）。
注1："已鉴定"一词用于表明相应的状态。
注2：鉴定可涉及人员、产品（3.4.2）、过程或体系（3.2.1）。
示例：审核员鉴定过程、材料鉴定过程。

3.8.7
评审 review
为确定主题事项达到规定目标的适宜性、充分性和有效性（3.2.14）所进行的活动。
注：评审也可包括确定效率（3.2.15）。
示例：管理评审、设计和开发评审、顾客要求评审和不合格评审。

3.9 有关审核的术语

3.9.1
审核 audit
为获得审核证据（3.9.4）并对其进行客观的评价，以确定满足审核准则（3.9.3）的程度所进行的系统的、独立的并形成文件的过程（3.4.1）。
注1：内部审核，有时称第一方审核，由组织（3.3.1）自己或以组织的名义进行，用于管理评审和其他内部目的，
可作为组织自我合格（3.6.1）声明的基础。在许多情况下，尤其在小型组织内，可以由与正在被审核的活动无责任关系的人员进行，以证实独立性。
注2：外部审核包括通常所说的"第二方审核"和"第三方审核"。第二方审核由组织的相关方，如顾客（3.3.5）或由其他人员以相关方的名义进行。第三方审核由外部独立的审核组织进行，如提供符合GB/T 19001或GB/T 24001要求的认证（注册）机构。
注3：当两个或两个以上的管理体系（3.2.2）被一起审核时，称为"多体系审核"。
注4：当两个或两个以上审核组织（3.3.1）合作，共同审核同一个受审核方（3.9.8）时，这种情况称为："联合审核"。

3.9.2
审核方案 audit programme
针对特定时间段所策划，并具有特定目的的一组（一次或多次）审核（3.9.1）。
注：审核方案包括策划、组织和实施审核（3.9.1）的所有必要的活动。

3.9.3
审核准则 audit criteria
一组方针、程序（3.4.5）或要求（3.1.2）。
注：审核准则被作为审核证据（3.9.4）与其进行比较的依据。

3.9.4
审核证据 audit evidence
与审核准则（3.9.3）有关的并且能够证实的记录（3.7.6）、事实陈述或其他信息（3.7.1）。
注：审核证据可以是定性的或定量的。

3.9.5
审核发现 audit finding
将收集到的审核证据（3.9.4）对照审核准则（3.9.3）进行评价的结果。
注：审核发现能表明符合（3.6.1）或不符合（3.6.2）审核准则，或指出改进的机会。

3.9.6
审核结论 audit conclusion
审核组（3.9.10）考虑了审核目标和所有审核发现（3.9.5）后得出的最终审核（3.9.1）结果。

3.9.7
审核委托方 audit client
要求审核（3.9.1）的组织（3.3.1）或人员。
注：审核委托方可以是受审核方（3.9.8）或是依据法律或合同有权要求审核的任何其他组织（3.3.1）。

3.9.8
受审核方 auditee
被审核的组织（3.3.1）。

3.9.9
审核员 auditor
经证实具有实施审核（3.9.1）的个人素质和能力（3.1.6和3.9.14）的人员。
注：GB/T 19011中描述了与审核员相关的个人素质。

3.9.10
审核组 audit team
实施审核（3.9.1）的一名或多名审核员（3.9.9），需要时，由技术专家（3.9.11）提供支持。
注1：审核组中的一名审核员被指定作为审核组长。
注2：审核组可包括实习审核员。

3.9.11
技术专家 technical expert
<审核>向审核组（3.9.10）提供特定知识或技术的人员。
注1：特定知识或技术是有关受审核的组织（3.3.1）、过程（3.4.1）或活动，以及语言或文化方面的知识或技术。
注2：在审核组（3.9.10）中，技术专家不作为审核员（3.9.9）。

3.9.12
审核计划 audit plan
对某次审核（3.9.1）活动和安排的描述。

3.9.13
审核范围 audit scope
审核（3.9.1）的内容和界限。

注：审核范围通常包括对受审核组织的实际位置、部门、活动和过程（3.4.1），以及审核所覆盖的时期的描述。

3.9.14

能力 competence

<审核>经证实的个人素质以及应用知识和技能的本领。

3.10 有关测量过程质量管理的术语

3.10.1

测量管理体系 measurement management system

为完成计量确认（3.10.3）并持续控制测量过程（3.10.2）所必需的一组相互关联和相互作用的要素。

3.10.2

测量过程 measurement process

确定量值的一组操作。

3.10.3

计量确认 metrological confirmation

为确保测量设备（3.10.4）符合预期使用要求（3.1.2）所需要的一组操作。

注1：计量确认通常包括：校准或检定[验证（3.8.4）]，各种必要的调整或维修[返修（3.6.9）]及随后的再校准，与设备预期使用的计量要求相比较以及所要求的封印和标签。

注2：只有测量设备已被证实适合于预期使用并形成文件，计量确认才算完成。

注3：预期使用要求包括：量程、分辨率和最大允许误差。

注4：计量要求通常与产品要求不同，并且不在产品要求中规定。

3.10.4

测量设备 measuring equipment

为实现测量过程（3.10.2）所必需的测量仪器、软件、测量标准、标准物质或辅助器械或它们的组合。

3.10.5

计量特性 metrological characteristic

能影响测量结果的可区分的特征。

注1：测量设备（3.10.4）通常有若干个计量特性。

注2：计量特性可作为校准的对象。

3.10.6

计量职能 metrological function

确定和实施测量管理体系（3.10.1）的具有管理和技术责任的职能。

注：词汇"确定（defining）"有"规定（specifying）"的意思。此处并非具有术语中的"确定概念"的含义（在某些语言中，仅从上、下文难以清晰区分这种差别）。

6. 附录A

（资料性附录）

定义标准中的术语所使用的方法。

A.1 引言

GB/T 19000族标准应用的普遍性要求：

——采用技术性表述，但不使用技术性语言。

——使用质量管理体系标准的所有潜在用户容易理解的、合乎逻辑并协调的术语。

概念之间不是互相独立的，分析质量管理体系领域内概念之间关系并将其列入概念体系是形成合乎逻辑的术语集的前提。本标准所定义的术语使用了这种分析。由于在编制过程中使用概念图对于辨别术语之间的关系是有帮助的，所以在 A.4 中转载了这些概念图。

A.2　术语的内容和替代规则

概念构成语言（包括在同一种语言中的差异，如美国英语和英国英语）之间转化的单元。对每一种语言，选用该语言中最恰当、简明的方法表述概念，大多数术语不应选用逐字对应的翻译方法。

只通过表述那些识别概念所必需的基本特性来形成定义。如果有关概念的信息是重要的，但相对其表述又不是基本的，则在定义后加上一个或几个注释。

当某个术语由它的定义所替代时，在语句变化很小的情况下，原文的意思不应有变化。这种替代为检查某个定义的准确性提供了一种简单的方法。然而，复杂定义（包含若干个术语）中的术语替代最好一次替换一个，至多两个；替代所有术语在句法上是难以实现的，而且无益于表达含意。

A.3　概念关系及其图示

A.3.1　总则

在术语学中，概念之间的关系建立在某类特性的分层结构上。因此，一个概念的最简单表述由命名其种类和表述其与上一层次或同层次其他概念不同的特性所构成。

本附录中表明了概念关系的三种主要形式：属种关系（A.3.2）、从属关系（A.3.3）和关联关系（A.3.4）。

A.3.2　属种关系

在层次结构中，下层概念继承了上层概念的所有特性，并包含有将其区别于上层和同层概念的那些特性的表述，如春、夏、秋与季节的关系。

通过一个没有箭头的耙形或树形图绘出属种关系（见图 A.1）。

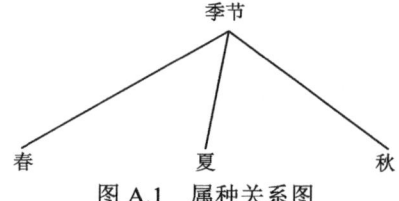

图 A.1　属种关系图

A.3.3　从属关系

在层次结构中，下层概念形成了上层概念的组成部分，如：春、夏、秋、冬可被定义为年的一部分。比较而言，定义晴天（夏天可能出现的一个特性）为一年的一部分是不恰当的。

通过一个没有箭头的耙形图绘出从属关系（见图 A.2）。单一的部分由一条线绘出，多个的部分由双线绘出。

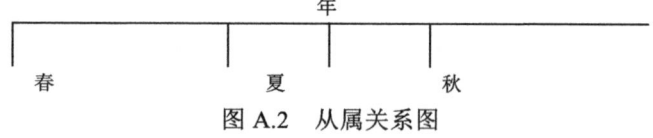

图 A.2　从属关系图

A.3.4　关联关系

在某一概念体系中，关联关系不能像属种关系和从属关系那样提供简单的表述，但是它有助于识别概念体系中一个概念与另一个概念之间关系的性质。如原因和效果、活动和场所，活动和结果、工具和功能、材料和产品。

通过一条在两端带有箭头的线绘出关联关系（见图 A.3）。

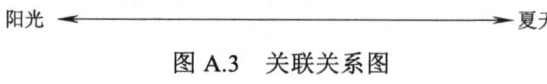

图 A.3　关联关系图

A.4 概念图

图 A.4 至图 A.13 给出的概念图是 GB/T 19000 族标准的术语依据主题分组的基础。

虽然在图中列出了术语的定义，但未列出其相关的注释，可查阅 GB/T 19000 族标准的相关注释。

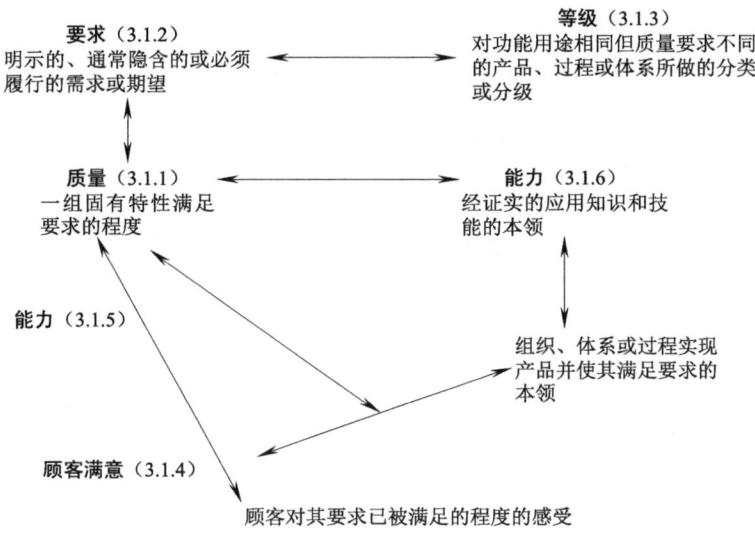

图 A.4 有关质量的概念（3.1）

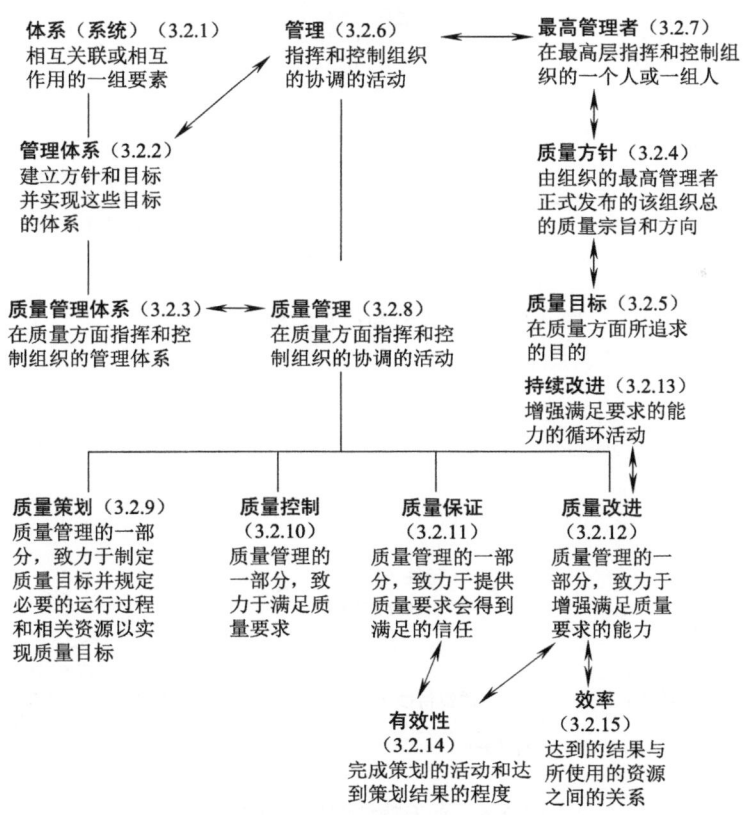

图 A.5 有关管理的概念（3.2）

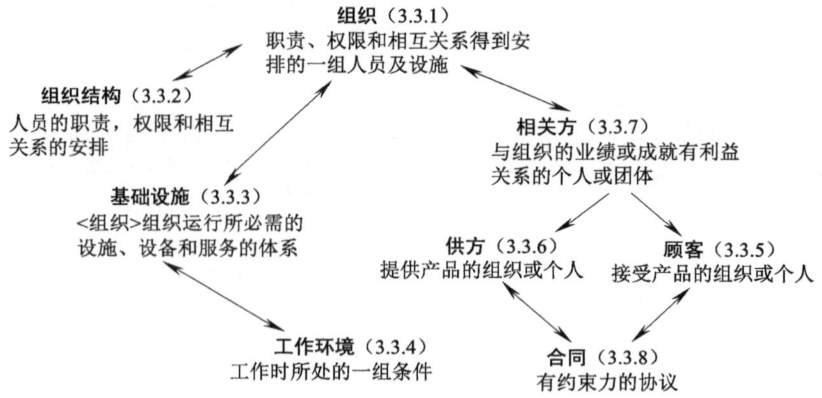

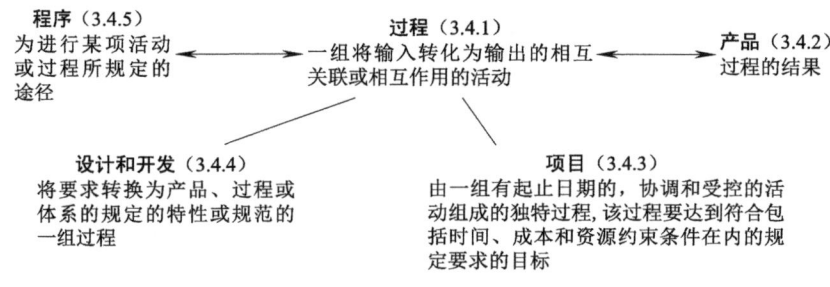

图 A.6　有关组织的概念（3.3）

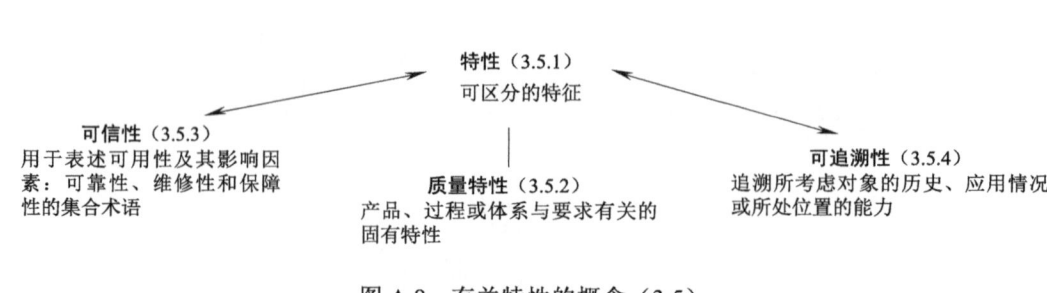

图 A.7　有关过程和产品的概念（3.4）

图 A.8　有关特性的概念（3.5）

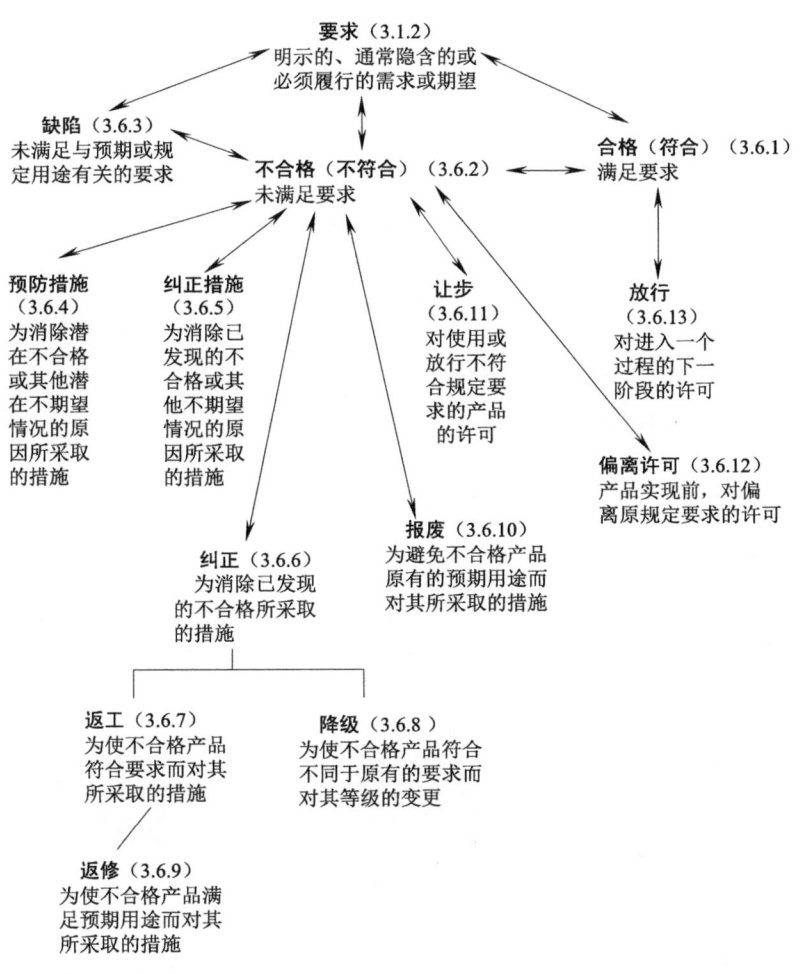

图 A.9　有关合格（符合）的概念（3.6）

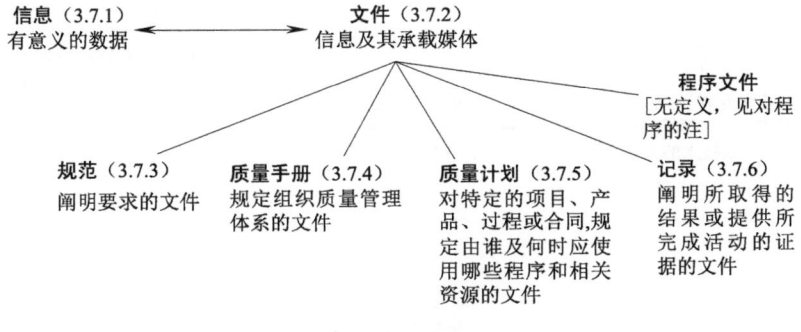

图 A.10　有关文件的概念（3.7）

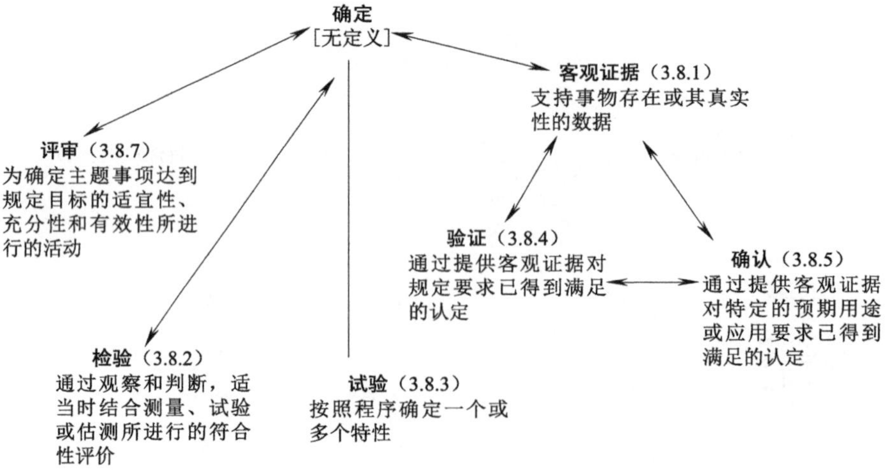

图 A.11 有关检查的概念（3.8）

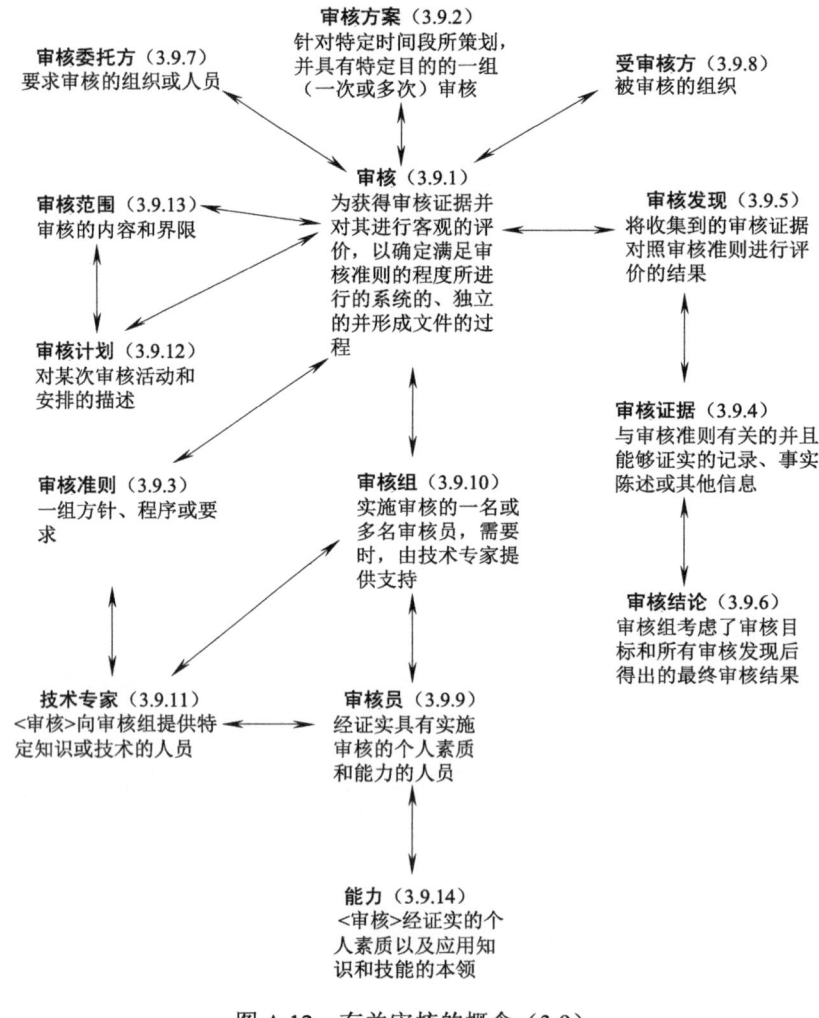

图 A.12 有关审核的概念（3.9）

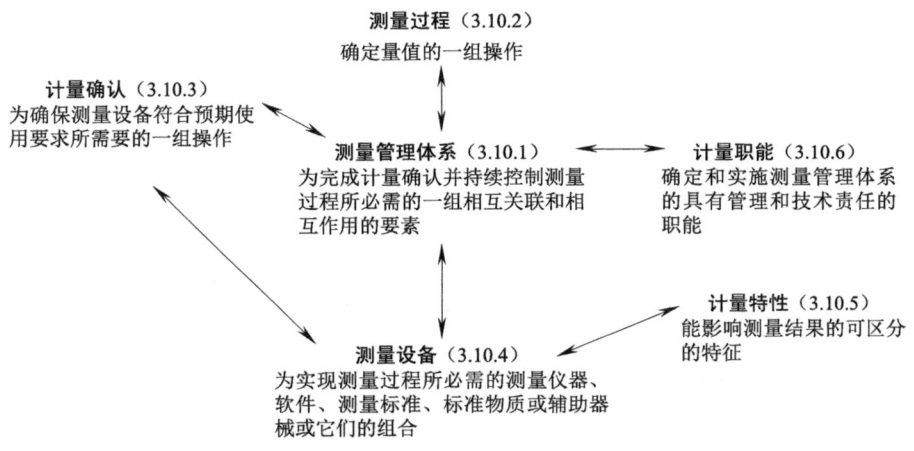

图 A.13　有关测量过程质量管理的概念（3.10）

三、质量管理的八项原则

1. 以顾客为关注焦点

组织依存于顾客，因此，组织应当理解顾客当前和未来的需求，满足顾客要求并争取满足顾客的期望。

2. 领导作用

最高领导者确立组织统一的宗旨和方向，他们应当创造并保持使员工能充分参与实现组织目标的内部环境。

3. 全员参与

各级人员都是组织之本，只有他们的充分参与，才能使他们的才干为组织带来利益。

4. 过程管理

将活动和相关的资源作为过程进行管理，可以更高效地得到期望的结果。

5. 管理的系统方法

将相互关联的过程作为系统加以识别、理解和管理，有助于组织提高实现目标的有效性和效率。

6. 持续改进

持续改进总体业绩应当是组织的一个永恒目标。"没有最好，只有更好。"

7. 基于事实的决策方法

一项活动的成功与否，基础在于决策的理智、可靠。而有效的决策是建立在对有效数据和信息进行合乎逻辑的分析和直观判断的基础上，实事求是，有据可依。

8. 与供方互利关系

组织与供方是相互依存的、互利的关系，只有双方充分意识到双方利益的一致性，降低成本，才能达到共赢的目的，增强创造价值的能力。

四、质量认证

（一）质量认证的概念

质量认证是指由可以充分信任的第三方，证实某一鉴定的产品，过程或服务符合特定或其他技术规范的活动。这里的第三方是指独立于第一方（制造厂、卖方、供方）和第二方（用户、买方、需求方）之外的一方，与第一方和第二方没有直接的经济利害关系。

（二）质量认证的分类

1. 按认证的作用分类

按认证的作用可分为安全认证和合格认证，前者是判断其是否符合规定的强制性标准的认证活动，后者是判断其是否符合国际、国家标准或行业标准要求的认证活动。

2. 按认证的对象分类

（1）产品质量认证，指依据产品标准和相应技术要求，经认证机构确认并通过颁发认证证书和认证标志来证明某一产品符合相应标准和相应技术要求的活动。

（2）质量体系认证，是指供方的质量体系进行的第三方评定和注册的活动。评定的依据是质量体系标准，评定合格的证明方式是质量体系认证证书和认证标志，目的在于通过评定和事后监督来证明供方质量体系，符合并满足需求方对该体系规定的要求，对供方的质量管理能力予以独立的证实。

（3）认证机构的认可，是由权威性组织依据程序对某一团体具有从事特定任务的能力予以正式认可。

（三）我国质量认证的主要原则

1. 以国际指南为基础同国际接轨
2. 坚持公正性
3. 认证工作统一管理
4. 资源型认证与强制性制度相结合
5. 检验机构实行国家授权与市场竞争相结合

（四）质量认证的主要类型

1. 型式检验

按规定的检验方法对产品的样品进行检验，来检验样品是否符合标准或技术规范。

2. 型式检验认证后的监督——市场抽样检验

是一种带有监督措施的型式检验。监督的办法是从市场上购买样品或从批发商、零售商的仓库中随机抽样检验，以证明认证产品的质量持续符合标准或技术规范要求。

3. 型式检验加以认证后的监督——工厂抽样检验

从工厂发货的产品中随机抽样检验，以证明认证产品的质量持续符合标准或技术规范的要求。

4. 型式检验加认证后的监督——从市场和供方双重抽样检验

是第二种、第三种型式的结合。

5. 型式检验加工厂质量体系评定再加认证后的监督——质量体系复查加上从工厂和市场抽样检验

在批准认证的条件中增加了对产品生产厂质量体系进行检查评定，在批准认证后的监督措施中也增加了对生产厂质量体系的复查。

6. 工厂质量体系评定

对生产厂按所要求的技术规范生产产品的质量体系进行检查评定，批准认证后对该体系的保证性进行监督复查，此种认证制常称为质量体系认证。

7. 批量实验

依据规定的抽样检查方案对企业生产的一批产品进行抽样实验的认证。

8. 全数检验

由经过认可的独立检验机构按照指定的标准对认证产品做100%的检验。

（五）质量认证的一般程序

1. 填报申请表

申请表按照规定的内容和格式向体系认证机构提出书面申请，并提交质量手册和其他必要的信息。体系认证机构在收到认证申请之日起60日内做出是否受理的决定，并书面通知申请者。如不受理申请应说明理由。

2. 预备性考察

受理申请后，在开始正式评定之前，派人员去供方做预备性考察，目的在于了解供方的规模和生活特点，并和供方商定认证日程。

3. 提出评定费用

由认证机构按规定核定评定费用。

4. 确定质量体系认证依据

5. 准备质量体系有关文件

围绕所选定的质量保证模式标准的各项内容，整理和完善有关质量文件和记录。对要保密的文件资料，供方事先申明，请求审核人员谅解。

6. 评定质量体系文件

由认证机构详细审阅和评定供方提供的质量体系文件，并提出不符合要求和重大遗漏的地方，以便供方在正式检查之前做修改和补充。

7. 迎检准备

包括迎检资料准备、物质准备、接待工作准备等。

8. 现场评定

认证机构的评定组按照选定的质量体系标准、质量体系的有关文件，到供方生产现场进行初步评定。将评定结果书面通知供方，并对不符合要求的责令整改，审核结束后，审核小组编写审核报告，上报认证机构。

9. 整改

10. 批准注册发证，并予以公开公布

11. 监督

质量体系认证注册有效期通常为三年，有效期内认证机构负责定期进行监督性检查，一般每年两次。如有重大问题，责令限期整改或注销注册。

12. 到期重评

质量体系认证注册有效期届满之前，供方可向认证机构提出延长有效期或重评申请。

课 后 练 习

4-1 解释质量、全面质量管理、PDCA 循环、质量认证、质量体系认证。
4-2 简述质量的几个基本术语的区别与联系。
4-3 简述全面质量管理的特点。
4-4 简述 PDCA 循环的八个基本步骤。
4-5 举例说明"两图一表"法在质量管理中的应用。
4-6 分析排列图、直方图、控制图三种质量管理常用工具的应用特点。
4-7 简述 ISO9000 族—2008 版标准构成。
4-8 简述质量管理八项原则。
4-9 简述质量认证的主要类型。
4-10 简述质量认证的一般程序。
4-11 简述 QC 小组的概念、QC 小组的活动程序。
4-12 简述 QC 小组的分类及 QC 小组的组建。
4-13 实践操作：实地考察一家大型企业的全面质量管理过程。
4-14 案例分析：

技工明星闪闪发光

向东是某电机厂电气事业部成套车间机器班的班长，1999 年他获得湘潭市首届技能竞赛钳工组第四名，2002 年被湘潭市评为"十佳青年岗位能手"并破格晋升为技师，2003 年获得湖南省"中联重科杯"职工职业技能大赛钳工组第二名，同时被授予湖南省"技术能手"称号，2006 年获得湖南省"十佳青年岗位能手"、市"十佳青年"光荣称号，2007 年获得共青团中央、全国青联授予的最高荣誉"中国青年五四奖章"。

在众多的荣誉面前，在耀眼的光环下，向东不骄不躁，没有停止前进的脚步，他仍然

默默地工作在钳工的岗位上，向新的高峰不断进取攀登。

作为电气事业部成套车间机器班的班长，向东直接负责公司新品——城市轻轨车、北京地铁等产品的开关箱零部件的加工制造。在加工过程中他将自己丰富的理论知识与实践操作相结合，攻克了一个个堡垒，解决了一个个难题。

他和他的班组在加工北京地铁八通线产品相关刀型开关的刀片、刀座时，面对以前老产品外观出现不同程度的缺陷，产品质量达不到设计要求，合格率低，材料浪费严重等问题，向东看在眼里，急在心里，决心一定要改变这一状况。他在生产过程中通过对人、机、料、法、环等要素进行分析，制订出了对策，改良了加工方法和刀具的切削方式。他自己利用休息时间先试制加工，发现瑕疵，便再改用另一种加工方法，不断地改进、完善。最后，经过他的不懈努力终于解决了这一产品的质量难题，产品的合格率由64%提高到96%以上，工作效率提高了一倍，以"北京地铁八通线刀开关箱质量"为题的QC成果获得了全国"QC"成果一等奖。

向东不仅在节约成本、提高工作效率方面狠下工夫，而且他自己还研制了工具、模板及二类辅助工具43件，提出合理化建议22条，创造经济价值十八万元，为电气事业部在节能增效方面立下了汗马功劳。

问题：
（1）作为班组长应如何促进QC小组活动的开展？
（2）总结向东和他的班组的QC小组活动程序。

第五章　班组设备管理

案例 9　2011年,张凡被湘潭电机集团公司任命为该集团公司某事业部下属车间的车间副主任,分管车间生产与调度等工作,张凡来到车间后首先把班组长和车间老员工请来开了一个座谈会,了解了车间生产的一些基本情况,接着对车间生产现场进行了考察调研,掌握了车间生产情况的第一手资料,制订了生产管理的计划。俗话说:"新官上任三把火",那第一把火该从哪儿火起呢?通过掌握的第一手资料和车间员工反映来看,该车间在生产设备管理上存在较大问题,于是张凡产生了在车间推行 TPM 活动的想法,他把这一想法首先和车间主任进行了汇报和沟通。他的这一想法与车间主任的想法不谋而合,张凡感觉到能和车间主任上下一条心,工作上一定会很默契,于是感觉工作上轻松多了。他和车间主任一道把这一想法向事业部领导做了汇报,事业部决定在全事业部实施 TPM 活动,并把该车间作为试点单位,由张凡亲手来抓。

1. 背景

该事业部有员工 600 多名。因一直关注 TPM,所以事业部领导从企业的 TPM 成果中认识到它和质量、设备以及生产流程的关系,知道 TPM 是企业整体管理水平提升的有力武器。2011 年,事业部决定全面导入和推进 TPM 活动。

2. 现场诊断

TPM 导入前对该事业部进行了基本调研,内容包括:

(1) 组织架构和权责分工。

(2) 生产工艺流程。

(3) 主要设备。

(4) 关键流程和环节。

(5) 设备运行、管理状况。

(6) 质量、成本、异常控制等原始记录。

3. 解决方案

(1) 成立 TPM 推进委员会。公司从车间、设备、质量、管理等部门抽调积极分子担任推行干事,全面代表公司推进各部门 TPM。

(2) 培训先行。对公司领导层、管理层、实施层、推行骨干等分批做了针对性的培训,使各层次人员理解 TPM 并在自己的岗位上发挥应有作用。

(3) 选择样板,由点到面。顾问和 TPM 委员经过充分的调研和讨论,最后选择液体填充和包装生产线为样板先行一步,在经过亲身实践,逐步掌握 TPM 的精髓和方法后,再向所有部门展开。

4. 项目收益

历时 6 个月的首期项目结束后,事业部对项目作了评价。

（1）随时生产出无缺陷的优质产品。
（2）生产周期压缩为一周内。
（3）生产成本稳定。
（4）客户满意度为100%。

2010年终，该事业部受到集团公司的表彰，车间主任和张凡同时被集团公司授予二等功。

提到TPM就离不开设备管理，下面就来讲讲设备管理。

第一节　设备管理概述

一、设备管理的概念

所谓设备管理，就是依据企业的生产经营目标，通过一系列的技术、经济和组织措施，对设备寿命周期内的所有设备物质运动形态和价值运动形态进行综合管理工作。所谓设备寿命周期，指的是设备从规划、购置、安装、调试、使用、维修直至报废全过程所经历的全部时间。

在生产的主体由人力渐渐向设备转移的今天，设备管理的好坏对企业的影响和意义是极大的。设备管理直接关系到企业产品的产量和质量，直接影响着产品制造成本，影响着企业生产资金的合理使用，关系到安全生产和环境保护等。在现代化的企业里，企业的计划、交货期、生产监控等各方面的工作无不与设备管理密切相关。

二、设备管理的形成与发展

随着工业革命的兴起和发展，生产由手工向机器转化，机器设备逐步加入到工业生产中来，并且发挥着越来越重要的作用。然而并不是随着设备的产生就有了设备管理的。在工业革命初期，加工规模小，设备简陋，设备的维修一般由操作工负责，并无专门的设备管理。随着工厂生产规模的扩大，设备在技术复杂程度、数量和种类方面的增加和提高，对设备维修的要求也逐步提高，设备维修逐步发展成为一个独立的工种。当以泰勒为代表的科学管理取代传统的经验管理之后，设备管理最终独立出来成为一个专门职能。设备管理从产生发展至今已近百年，与企业管理其他职能一样，它也是逐步发展和完善的，这期间，设备管理经历了三个不同的发展时期：

（1）事后修理时期　在这一时期，设备管理最显著的特点即是坏了再修、不坏不修，以事后修理模式为主。这种设备管理制度在西方发达工业国家一直持续到21世纪二三十年代。

（2）预防维修时期　随着机器设备的日益复杂，修理所占用的时间已成为影响生产的一个重要因素。为了尽量减少设备修理对生产的影响，20世纪二三十年代，美国和苏联等国提出了预防维修的概念，开始由事后维修向定期预防维修转变，强调采用适当的方法和组织措施，尽可能早地发现设备的隐患，预防和修理相结合，保证设备的正常运行。当时美国提出了预防维修制度，苏联提出了计划预修制度。

（3）设备综合管理时期　这一时期开始于20世纪70年代。人们习惯上把设备管理发展的前两个时期称为传统的设备管理时期。这一时期所采用的传统设备管理模式是以维护修理为其中心点的，存在着固有的局限性。

1）传统设备管理是一种阶段性的管理。它把设备的设计制造与使用截然分开，只限于对设备的使用进行管理，因而不能用系统的观点去解决设备使用中的问题。

2）传统设备管理是一种片面的管理。它往往把注意力更多地集中于设备管理中的技术方面，而忽略了设备管理中的经济因素。在现代的企业管理中，有时经济的因素要比技术方面的因素重要得多。

3）传统设备管理是一种封闭式的管理。它只限于设备使用企业内部的管理，而忽视同设备的设计、制造和销售等外部单位的联系。企业是一个开放性系统，作为企业管理一部分的设备管理自然也要具备与外界交换和反馈信息的功能。

正是由于传统设备管理存在上述缺点，为了与现代生产相适应，设备管理研究人员开始研究和发展新的设备管理模式。

三、现代设备的特点

随着科学技术的进步以及人们使用要求的提高，设备在自身的性能方面得到了很大发展，形成了许多与现代工业相适应的特点，了解这些特点，无疑有助于设备的管理。现代设备普遍具有的一些特点是：

（1）高速化　随着市场竞争的加剧，生产周期的缩短，对设备加工速度的要求也越来越高。

（2）连续化　为了适应生产过程连续性的要求，减少设备加工中不必要的中断，设备连续加工能力成为现代设备的一个重要特点。

（3）自动化　随着设备制造技术的提高，自动控制设备大量地应用于企业中，以部件代替以至全部代替手工操作。

（4）电子化　目前在机器设备中大量采用电子技术，企业的设备正逐步走向数控化。

（5）多能化　单一功能的设备已不能适应现代生产发展的需要，一机多能、提高设备利用率已成为一个方向，加工中心、FMC（柔性制造单元）、FMS（柔性制造系统）的出现即是十分显著的例证。

（6）精密化　随着对产品性能和质量要求的提高，对某些设备的制造与加工精度亦提出了更高要求。

（7）两极化　指某些设备出现大型复杂化趋势，而另一些设备则朝着小型简易型发展。

正是由于现代设备具有的这些特点，因而对现代企业的设备管理提出了与之相适的要求。只有进行科学合理的现代化管理，才能使现代设备的优越性充分发挥出来。

四、设备管理的主要内容

设备管理分为前期管理和后期管理两部分，主要内容有技术、经济和组织三个方面，三者是不可分割的有机整体。

1. 设备前期管理的主要内容

（1）依据企业经营目标及生产需要制订企业设备规划。

（2）选择和购置所需设备，必要时组织设计和制造。
（3）组织安装和调试即将投入运行的设备。

2. 设备后期管理的主要内容

（1）对投入运行的设备正确、合理地使用。
（2）精心维护保养和及时检修设备，保证设备正常运行。
（3）适时改造和更新设备。

五、设备综合管理

（一）设备综合管理的形成

1971年，在英国工商部的指导下，英国设备综合工程中心的丹尼斯·帕克斯（Dennis Parkes）在国际设备工程年会上发表了一篇设备综合工程学研究报告，运用系统论、控制论、信息论的基本原理，提出了一种新的设备管理理论——设备综合工程学（Terotechnology）。概括来说，设备综合工程学主要内容如下：

（1）设备综合工程学的研究目标是设备的寿命周期费用的最经济。
（2）综合了与设备相关的工程技术、管理、财务等各方面的内容，是综合的管理科学。
（3）提出了进行设备可靠性、维修性设计的理论和方法。
（4）全面考虑设备一生的机能，是全过程的管理科学。
（5）强调关于设计、使用效果及费用信息反馈在设备管理中的重要性，要求建立相应的信息交流和反馈系统。

丹尼斯·帕克斯的这篇报告最终引发了设备管理领域的重大改革，使设备管理进入了一个新的时期——设备综合管理时期。他所提出的设备综合工程学也成为设备综合管理的主要代表理论。同一时期，日本在吸收欧美最新研究成果的基础上，结合自己丰富的管理经验，也创建了富有特色的全员生产维护制度 TPM（Total Productive Maintenance）。其主要内容是：

（1）目标是使设备的总效率最高。
（2）建立包括设备整个寿命周期的生产维护系统（即管理设备的一生）。
（3）包括与设备有关的所有部门，如设备规划、使用、维修部门等等。
（4）从最高管理部门到基层工人全体人员都参加。
（5）加强思想教育，开展小组自主活动，推进生产维护。

可以看出，TPM 与设备综合工程学在本质上是一致的，只不过 TPM 更具操作性，设备综合工程学更具理论性。

（二）设备综合管理的特点

由于"设备综合工程学"和"全员生产维护制度"的产生，从而使设备管理进入了综合管理的新阶段。不难看出，设备综合管理是以提高设备综合效益和实现设备寿命周期费用最小为目标的一种新型设备管理模式。概括地说，它具有以下有别于传统设备管理模式的特点：

（1）设备综合管理是一种全过程的系统管理。它强调对设备的一生（从设计、制造、使用到报废）进行管理，认为设备的前期管理（指设备投入生产前的规划、设计、制造（或购置）、安装、调试等过程的管理）与后期管理（指设备投入生产后的使用、维修、改造直至更新、报废的管理）密不可分，二者同等重要，决不可偏废任何一方。

（2）设备综合管理是一种全方位的综合管理。它强调设备管理工作有技术、经济、组织三个方面的内容，三者有机联系、相互影响。在设备管理工作中要充分考虑三者的平衡。

（3）设备综合管理是一种全员参与的群众性管理。它强调设备管理不只是设备使用和管理部门的事情，企业中的所有与设备有关的部门和人员都应参与其中。

（三）我国设备综合管理的发展

目前，设备综合管理的理论与实践工作在欧美和日本得到了很大的发展，为企业带来了可观的综合效益，但在我国却还处于刚刚起步的阶段。

我国的设备管理工作是从第一个五年计划时期发展起来的。借鉴苏联的计划预修制，结合我国实际，设备管理工作几十年来有了较大的发展，打下了一定的基础。然而，由于多年来重基建、轻生产，重维修、轻更新等思想的影响，国家大部分设备均用于扩大再生产，而企业维持简单再生产所需设备得不到应有的补充，机械工业企业设备役龄较长，折旧率低，普遍存在精度差、效率低、老化严重等问题，加之多年推行的设备管理体制存在的固有缺陷，对企业的生产及发展都带来了许多问题。近年来，许多有识之士已着手进行设备管理的改革，使我国企业的设备管理由传统模式向设备综合管理过渡。1987年，国家经委在《工业交通企业设备管理条例》中就已经把设备综合管理列为设备管理现代化的重要内容，要求在企业中积极推进现代设备管理工作。可以预计，随着科学技术水平及企业管理水平的提高，我国设备管理工作也必将进入一个新的发展阶段。

六、设备管理在企业管理中的地位和作用

（1）随着科技不断进步和生产的不断发展，利用设备体系进行生产活动，生产过程大型化、高参数化、机械化、自动化、计算机化是现代企业的重要特征，先进的生产设备多数是机电一体化，集光电技术、气动技术、计算机技术和激光技术为一体而制成的。

（2）由于生产过程设备的技术性能和自动化程度越来越高，企业生产已逐步转向由人操纵自动化控制设备、由控制设备操纵机器设备直接来完成，逐步完成操作的技术含量逐渐下降而维修的技术含量却逐步提升的转化。

（3）随着科技发展，自动化程度日益提高，现代化企业生产主体已日渐由生产操作人员方面转向设备管理方面。因此，设备管理已成为企业管理的重要部分，管理也是生产力。

（4）设备在企业中的地位和作用，一方面是由设备本身决定的，另一方面又是由设备管理决定的。没有科学的设备管理，再好的设备也不能发挥好的作用。而前期不太好的设备交由生产企业使用后，经过科学的管理，逐步实现设备完善化，对设备精心维护，逐步进行技术改造，进行设备更新，也完全可以使设备安全、稳定、经济地运行，达到高的综合效率。因此，加强科学的设备管理是确保设备正常运行的重要保证，是提高设备质量的重要保证，是提高经济效益的保证，也就是管理出效率、管理出效益之所在。

七、设备的分类

可以从设备在生产中的作用这一角度把企业生产中所用设备分为以下几类：

（1）生产工艺设备　即用于改变劳动对象形状或性能、发生直接生产行为的设备，如金属切削机床、铸造、锻压与焊接等设备，是企业设备中的主要部分。

（2）辅助生产设备　指为生产服务的各种设备，如机械制造企业中的锅炉、动力运输设备。

（3）试验研究设备　如计量、测试设备等。

（4）管理用设备　指企业生产管理机构中用于生产经营管理的各种计算机、复印机、传真机和其他装置。

（5）公用福利设备　主要指企业内医疗卫生、通讯、炊事机械等设备。

当然，还有从其他角度对设备进行分类的，例如我国机械制造企业通常按设备工艺性质将其分为两大类十大项。两大类为机械设备和动力设备。机械设备又分为金属切削机床、锻压设备、起重运输设备、木工铸造设备、专业生产用设备及其他机械设备六大项；动力设备分为动能发生设备、电器设备、工业炉窑及其他动力设备四大项。每大项还可细分。

对设备进行合理的分类，有助于编制相关的设备台账，便于设备管理工作的开展。

八、设备的合理使用

设备只有在使用中才能发挥其作为生产力要素的作用，而对设备的使用合理与否又直接影响着设备的使用寿命、精度和性能，从而影响其生产的产品的数量、质量和企业的经济效益。因此，对设备的合理正确的使用，就成了实现设备综合管理的极其重要的一个方面。

目前，许多企业创造了许多有效的合理使用设备的方法和制度，综合起来可以看出，合理正确使用设备应从三个方面着手，一是提高设备的利用程度，二是保证设备的工作精度，三是建立健全的规章制度。

（一）提高设备的利用程度

设备管理的根本目标在于使设备在其寿命周期内发挥其最大的效益，因此，如何充分利用设备、提高设备的利用程度就成了设备管理中的重要问题。一般来说，提高设备的利用程度主要有三方面的含义。

1. 提高设备的利用广度

所谓提高设备的利用广度，就是要充分利用设备可能的工作时间，不能让设备长期闲置。设备长期闲置不用，不仅导致设备的经济磨损（若再保管不善，还会造成物理磨损），造成设备价值的不断降低，给企业造成直接的经济损失，而且设备的闲置还会延长设备的使用期限，影响设备更新的速度，阻碍企业劳动生产率的提高。

一般而言，要提高设备的利用广度，应从提高企业的管理水平入手。首先，在选择和购置设备时，要严格按生产能力发展的需要购入（或选择）设备，不要盲目购置和引进，从而在保证各生产环节之间设备能力平衡的同时，能使设备在其使用寿命之内有合理的负荷；其次，在设备的使用过程中，要做好计划管理工作，保证设备有足够的任务，减少各种原因造成的设备的停工。在保证设备有必要的休息和维修时间的条件下，能开两班工作的就不要开一班，能开三班的就不要开两班。

2. 提高设备的利用强度

为了充分利用设备能力，只注意设备的利用广度还是远远不够的，要让设备在使用寿命周期内生产出尽可能多的合格产品，因此，还存在着一个利用强度的问题，亦即要使设备在单位工作时间内生产出尽可能多的合格产品，这就是提高所谓的机器生产率的问题。机器生产率与设备的机动工时和辅助工时有关，要想提高机器生产率，就要从降低这两者入手。

3. 提高设备利用的合理性

要使设备做到物尽其用，首先要使设备用得其所。一些企业的设备常常存在着大量不合理利用的现象，比如大设备干小活，精设备干粗活，长设备干短活，月初空闲月末突击，这种对设备的不合理利用使设备的效能不能充分发挥，造成了设备能力的浪费。

（二）保证设备的工作精度

设备的能力表现在两个方面：一是表现为数量上的机器生产率，一是表现为质量上的加工精密度。这两者有所区别，前者影响加工对象的数量，后者影响加工对象的质量。同时，这两者又有联系，光求数量不求质量，或过分追求质量而不计数量，都是不足取的。

（三）建立健全合理使用设备的规章制度

设备的合理使用是设备管理工作的重要内容，也是与企业员工关系密切的一项工作。要实现设备的合理使用，除了前述的提高设备的利用程度，保证设备的工作精度以外，建立健全相应的规章制度并使之得到遵守执行，也是一个极其重要的方面，往往也是难度最大的一个方面。在企业中应对设备的操作工人进行思想教育，使他们认识到合理正确使用设备的重要性，并要求他们认真执行正确使用设备的各项基本要求、规章和相应的设备操作规程。经过多年探索，我国的工业企业总结了一系列卓有成效的合理使用设备的规章制度，如凭证操作、定人定机、交接班制、"四项要求"（整齐、清洁、润滑、安全）、五项纪律、"三好"（管好设备、用好设备、修好设备）、"四会"（会使用、会检查、会维护、会排除故障）等等，如能结合企业实际认真执行好相应的规章制度，无疑会对设备的合理使用，进而对设备的综合管理产生巨大的作用。

九、班组设备管理的主要内容

班组设备管理主要是使用、点检、维护保养。班组长设备管理工作是设备管理组织形式的主要组成内容，是组织班内每个操作工搞好设备维护保养、合理操作、正确使用的有效保证。主要内容是：
（1）制订设备管理工作目标。
（2）建立完整的班组设备管理内容（包括班组台账、原始凭证、信息传递等）。

（3）组织并指导员工做好班组内的设备维护保养、日常点检、清扫、加油和紧固等工作。

（4）做好检查工作，认真填写班组设备巡检记录。

（5）对设备运行中的故障进行处理。

（6）建立岗位经济责任制的考核与评比制度，并严格组织实施，逐步提高班组设备管理水平。

（7）根据设备能力和完好状态安排生产，调整任务和负荷。

（8）按照操作规程对员工的操作行为进行检查和监督。

（9）创造良好的工作环境，对设备的隐患和发展指派有关人员进行监管，并准备随时做出决断。

（10）进行爱护和正确使用机器设备的教育培训，严格执行有关设备的管理制度，让员工养成良好的维护使用设备的习惯，并落实到每个员工的工作中去。

第二节　班组设备管理的规程

班组设备管理规程包括设备操作规程、设备使用规程、设备维护规程等。作为班组长应首先了解并熟悉这些规程，对班组员工的作业情况按规程进行检查和督导。

一、设备操作规程

设备操作规程是指对操作工人正确操作设备的有关规定和程序。各类设备的结构不同，操作设备的要求也会有所不同，编制设备操作规程时，应该以制造厂提供的设备说明书的内容要求为主要依据。

二、设备使用规程

设备使用规程是对操作工人使用设备的有关要求和规定。例如，操作工人必须经过设备操作培训，并经考核合格后发给操作证，凭证操作；不准超负荷使用设备；严格遵守设备的交接班制度等（如表5-1所示）。

表 5-1　设备交接班记录

清扫润滑情况	机床各部位	冷却液	油毡	现场是否清洁	是否缺油	油孔是否堵塞
使用情况	传动结构是否正常		零部件有无损坏		附件是否齐全	电器运行是否正常
生产上需要交付事宜						
其他						
交接班时间	年　月　日　班		交班人		接班人	

三、设备维护规程

设备的维护规程是指员工为保证设备的正常运转而必须采取的措施和注意事项。例如，操作工人上班时要对设备进行检查和加油，下班时进行设备清扫，按润滑图表要求进行润滑等；维护工人要执行设备的巡回检查、定期维护和调整等。

数控车床操作维护规程

1. 操作者必须熟悉机床使用说明书和机床的一般性能、结构，严禁超性能使用。
2. 开机前应按设备点检卡规定检查机床各部分是否完整、正常，机床的安全防护装置是否牢靠。
3. 按润滑图表规定加油，检查油标、油量、油质及油路是否正常，保持润滑系统清洁，油箱、油眼不得敞开。
4. 操作者必须严格按照数控车床操作步骤操作机床，未经操作者同意，其他人员不得私自开动。
5. 按动各按键时用力应适度，不得用力拍打键盘、按键和显示屏。
6. 严禁敲打中心架、顶尖、刀架及导轨。
7. 机床发生故障或不正常现象时，应立即停车检查并排除故障。
8. 操作者离开机床、变换速度、更换刀具、测量尺寸或调整工件时，都应停车。
9. 工作完毕后，应使机床各部处于原始状态，并切断电源。
10. 妥善保管机床附件，保持机床整洁、完好。
11. 做好机床的清扫工作，保持清洁，认真执行交接班手续，填好交接班记录。

设备维护管理制度

1. 熟悉掌握各设备的操作规程，保证设备正常运转。
2. 做好各设备运转时的日常检查工作，发现问题及时处理。
3. 严禁各设备超负荷运转，严格按照各设备技术要求进行操作。
4. 加强设备的日常维护和保养制度，设备调试运转确认正常以后，方能投入使用。
5. 建立健全各种设备台账、设备卡片，并将设备的维护保养落实到人。
6. 保持设备的清洁卫生，对易产生热量和安装在潮湿处的设备，运转时要及时检查，发现异常情况立即停止使用。
7. 停用设备及闲置设备要做到归库管理，保持整洁。
8. 对于特殊设备，操作人员必须持证上岗，并做好专业理论教育及培训考核工作，严禁违章操作。
9. 做好设备维护保养检修记录，责任落实到个人，检修过的设备在下次使用期间发现问题影响生产，由检修人承担责任。
10. 由于操作失误发生设备事故及损坏设备，操作人员应按设备维修费用的80%进行赔偿，并责令其下岗。

机械设备维护保养制度

1. 保养的原则和要求

1.1 为保证机械设备经常处于良好的技术状态，随时可以投入运行，减少故障停机日，提高机械完好率、利用率，减少机械磨损，延长机械使用寿命，降低机械运行和维修成本，确保安全生产，必须强化对机械设备的维护保养工作。

1.2 机械保养必须贯彻"养修并重，预防为主"的原则，做到定期保养、强制进行，正确处理使用、保养和修理的关系，不允许只用不养、只修不养。

1.3 各班组必须按机械保养规程、保养类别做好各类机械的保养工作，不得无故拖延，特殊情况需经分管专工批准后方可延期保养，但一般不得超过规定保养间隔期的一半。

1.4 保养机械要保证质量，按规定项目和要求逐项进行，不得漏保或不保。保养项目、保养质量和保养中发现的问题应做好记录，报本部门专工。

1.5 保养人员和保养部门应做到"三检一交（自检、互检、专职检查和一次交接合格）"，不断总结保养经验，提高保养质量。

1.6 资产管理部定期监督、检查各单位机械保养情况，定期或不定期抽查保养质量，并进行奖优罚劣。

2. 保养作业的实施和监督

2.1 机械保养坚持推广以"清洁、润滑、调整、紧固、防腐"为主要内容的"十字"作业法，实行例行保养和定期保养制，严格按使用说明书规定的周期及检查保养项目进行。

2.2 例行保养是在机械运行的前后及过程中进行的清洁和检查，主要检查要害、易损零部件（如机械安全装置）的情况，冷却液、润滑剂、燃油量、仪表指示等。例行保养由操作人员自行完成，并认真填写"机械例行保养记录"。

2.3 一级保养：普遍进行清洁、紧固和润滑作业，并部分地进行调整作业，维护机械完好技术状况。使用单位资产管理人员根据保养计划开具《机械设备保养、润滑通知单》并下达到操作班组，由操作者本人完成，操作班班长检查、监督。

2.4 二级保养：包括一级保养的所有内容，以检查、调整为中心，保持机械各总成、机构、零件具有良好的工作性能。由使用单位资产管理人员开具"机械设备保养、润滑通知单"并下达到操作班组，主要由操作者本人完成，操作者本人完成有困难时，可委托修理部门进行，由使用单位资产管理员、操作班班长检查、监督。

2.5 其他保养。

2.5.1 换季保养：主要内容是更换适用季节的润滑油、燃油，采取防冻措施，增加防冻设施等。由使用部门组织安排，操作班长检查、监督。

2.5.2 走合期保养：新机及大修竣工机械走合期结束后必须进行走合期保养，主要内容是清洗、紧固、调整及更换润滑油，由使用部门完成，资产管理员检查，资产管理部监督。

2.5.3 转移保养：机械转移工地前应进行转移保养，作业内容可根据机械的技术状况进行保养，必要时可进行防腐。转移保养由机械移出单位组织安排实施，项目部、资产管理员检查，资产管理部监督。

2.5.4 停放保养：停用及封存机械应进行保养，主要是清洁、防腐、防潮等。库存机械由资产管理部委托保养，其余机械由使用部门保养。

2.6 保养计划完成后要经过认真检查和验收，并编写有关资料，做到记录齐全、真实。

第三节 班组设备日常维护与保养

班组设备维护管理的基本任务是合理使用设备、精心保养设备、及时维修设备，做好必要的原始记录，使设备经常处于良好的技术状态。

一、班组设备使用、维护的管理要求

（一）班组设备使用的管理要求

正确合理地使用设备，发挥设备的工作效率，延长设备的使用寿命，必须认真抓好下面几个环节：
（1）经常对操作人员进行爱护设备的教育。
（2）合理地安排设备的生产任务。
（3）配备好合格的操作人员。
（4）制订一套合理的、切实可行的规章制度。
（5）为设备提供良好的工作环境。

（二）班组设备维护的管理要求

设备维护保养是延长设备使用寿命的重要手段之一，是否经常地精心保养设备，应该列为考核操作者技术素质的内容。班组设备维护管理的基本要求是"三好"、"四会"。

1. "三好"的具体要求

（1）管好
1）操作工人自己使用的设备及其附件要保管好。
2）未经领导批准不能任意改动设备结构。
3）非本设备操作人员不准擅自使用。
4）操作者不能擅离工作岗位。
（2）用好
1）严格遵守设备的操作规程，不超负荷使用。
2）不精机粗用、大机小用。
3）不带病运转。
4）不在机身导轨面上放置工件、计量器具和工具等。
（3）修好
1）保证设备按期修理，认真做好一级保养。
2）修理前主动反映设备情况。
3）修好后认真进行试车验收。

2. "四会"的具体要求

（1）会使用
1）熟悉设备结构。

2）掌握操作规程，正确合理地使用设备。
3）熟悉加工工艺。
（2）会保养
1）保证设备内外清洁。
2）熟悉掌握一级保养内容和要求。
3）按润滑点正确加油，保证滑导面无锈蚀和碰伤。
（3）会检查
1）设备开动前，会检查操作机构、安全限位是否灵敏可靠，各滑导面润滑是否良好。
2）设备开动后，会检查声音有无异常，并能发现故障隐患。
3）设备停工时，会检查与加工工艺有关的精度，并能做简单的调整。
（4）会排除故障
1）通过设备的声响、温度、运行情况等现象，能及时发现设备的异常状态，并能判断出异常状态的部位及原因。
2）根据自己确切掌握的技能，采取适当的处理措施；自己不能解决的，能迅速判断出来并及时通知检修人员协同处理，排除故障。

二、班组设备管理的主要指标

考核班组在设备管理方面的技术经济指标有设备完好率、设备维护率、设备停机时间、设备事故、设备消耗（备件消耗和油料消耗）等项。

1. 设备完好率

设备完好率是对设备技术状况的考核指标。它是按照设备的完好程度计算和评定的，评定的标准分为三级。

设备完好率计算公式为

设备完好率=（一级设备台数+二级设备台数）/班组负责的设备总台数×100%

一级设备是完好无损的设备。要求结构完整、零件齐全、性能全优、润滑良好、仪表准确，操作运行可靠，达到铭牌出力。二级设备是能达到铭牌出力，可以安全运行，零部件基本完整，无较大缺陷的设备。三级设备是严重带"病"运行的设备。

2. 设备维护率

设备维护率是对设备维护的考核指标，设备的维护状况分为甲、乙、丙三个等级。甲级维护要求操作人员和维护人员做到精心操作、精心维护，严格执行规程，认真填好记录。乙级维护是操作维护水平都较一般的设备。丙级维护是缺少科学的管理和维护，使之处于不能保证安全运行状态的设备。班组长应该努力提高甲级维护率。

甲级维护率的计算公式为

甲级维护率=甲级维护台数/班组负责的设备总台数×100%

3. 设备停机时间

设备的停机时间反映了设备在时间上的失效程度。在生产过程中，除限定的交接班时间、生产准备时间和定检时间外，其余的停机时间都是由于非正常原因造成的。在非正常停机时间内，有生产方面的原因（如待热、待料和外供能源中断等），也有设备方面的原因。由于设备问题发生的停机时间，通常叫事故、故障停机时间。事故、故障停机时间的长短，在一定意义上表明了班组设备管理的好坏。

4. 设备事故

设备事故分为重大事故、一般事故和小事故三个级别，是由达到事故标准规定的突然停机或较大零部件的突然损坏构成的。对待设备事故的方针是：杜绝重大设备事故，减少设备的一般事故和小事故。设备事故发生后，除按"三不放过"的原则处理外，在经济上还要对直接责任者和事故班组进行惩罚。由于设备事故常常影响正常的生产进度，甚至对工作人员造成伤害，班组长要经常做好预防设备事故的教育和管理工作，确保设备安全运行。

5. 设备消耗

设备维持费用的多少直接影响着产品成本的高低。每个月消耗的备件和燃料、动力是设备维持费用的主要部分。因此，控制非正常原因备件消耗量和保证良好润滑条件下的油料、电力消耗量，是班组长组织开展班组核算的一项重要内容。这两项指标是由上级下达到班组的，对其实耗量要按月统计和考核。

三、班组设备日常维护与保养

（一）设备日常保养的"十字作业"法

设备的日常保养也称例行保养。日常保养可归纳为"清洁、润滑、调整、紧固、防腐"十个字，即通常所说的"十字作业"法。

1. 清洁

设备的内外要清洁，各润滑面如导轨、丝杆、光杆等处无油污、无碰伤，各部位不漏油、漏水、漏汽（气），切屑、垃圾打扫干净。

2. 润滑

设备的润滑面、润滑点按时加油、换油，油质符合要求，油壶、油杯、油枪齐全，油毡、油线清洁，油窗、油标醒目，油路畅通。

3. 调整

设备各运动部位、配合部位经常调整，使设备各零件、部位之间配合合理、不松不旷，符合设备原来规定的配合精度和安装标准。

4. 紧固

设备中需要紧固连接的部位经常进行检查，发现松动及时扭紧，确保设备安全运行。

5. 防腐

设备外部及内部与各种化学介质接触的部位，应经常进行防腐处理，如除锈、喷漆等，以提高设备的抗腐蚀能力，提高设备的使用寿命。

（二）班组设备的日常三级保养

班组设备与工具管理，包括班组设备的日常三级保养和班组日常工具管理以及 TPM。班组设备的日常保养分为三级，即操作人员、班组长和设备管理部门，负责对设备的保养。下面分别加以介绍。

1. 一级保养由操作人员负责

（1）在工作前应检查
1）将尘埃、污物擦拭干净，滑动部分应清洁润滑。
2）不必要的物品不放置在设备的传动部位或管线上。
3）润滑是否足够。
4）各部位螺钉是否松动。
5）空转试车正常与否，传动部分有无异状或异声。

（2）在工作中应注意
1）不得做超越设备性能范围的工作。
2）因故离开机器时应请人照看或停机。
3）注意运转情况，有否异常声音、振动、松动等情况。
4）轴承或滑动部位有无发烫现象。
5）油路系统畅通与否。
6）注意加工物的优劣，以决定是否停机。
7）发现不良情况应立即报告。

（3）在工作后应注意
1）取下工作物。
2）清扫铁屑、污物，擦拭设备，清扫周围环境。
3）检视设备各部位是否正常。
4）工具、仪器及其附件等应保持清洁并置于固定位置。
5）滑动面擦拭干净后，添注机油防锈。

2. 二级保养由班组长负责

（1）督促一级保养人员并予以指导。
（2）特殊部位的润滑及定期换油。
（3）突发故障的排除及精度的调整。
（4）一级保养人员异常报告的处理。
（5）机件损坏时，依情况需要自行处理或报告上级主管处理。
（6）每日上午九时以前检查一级保养人员的绩效，并做记录。
（7）新设备的安装与试用。

3. 三级保养由设备管理部门负责

（1）设备的整修，性能校正与改善。
（2）按定期保养日程做定期保养，实施精度校正。
（3）协助二级保养人员处理其无法处理的问题。
（4）委托外部专家修理、保养。

（三）设备的日常点检

（1）设备的日常点检，是按照规定的检查点和检查标准，对设备有无异常状态和对设备外观进行检查，早期发现故障。

（2）点检由设备的操作者负责。维修人员巡回检查中发现的问题应及时解决。

（3）日常点检要使用点检卡。点检卡由设备动力部门统一制订。检查项目一般是针对设备影响产品产量、质量和关系到设备正常运行的主要部位。

（4）在点检中发现问题，需视其严重程度，采取不同的途径解决。一般简单调整、修理可以解决的，由操作工自行解决。难度较大的故障隐患，通过维修工的巡回检查向生产班组及时反映情况，沟通生产与维修的联系，由专业维修工及时排除故障。

"势利"的机修工

某工厂老板最怕的人不是他老婆，而是一个机修工。工厂有一台设备，价值400多万元，是从德国购进的。当年就是派这个机修工到德国学习的，这意味着全厂就这一个人会操作和维修这台设备。这个机修工学成归来后工作非常认真、肯干、务实。春节即将来临，员工们也要放假了，但是这个机修工不能回家，他一回家工厂就要停产。春节过后上班了，机修工对老板说他身体不舒服，要请假一天。结果那天全厂停产。老板把他找回来后，他对老板说，宿舍小偷多，他不住宿舍了，可是从他住的地方到工厂每天大概要到上午9点才能赶到上班，看能不能给他安排司机来接。结果老板每天亲自去接这个机修工。一个月后，这个机修工要求涨工资，要5万年薪，老板答应了。一个月后，他又要求涨到6万。

分析：人的欲望是无法满足的。其实解决这样的问题，就是要瓦解他的能力。这台设备只有他一个人会操作，怎么办？那就让更多的人会操作，他就牛不起来了。立即电传德国总厂派专家过来，对设备进行售后服务，进行维修，并且招聘一个会培训的翻译，再招聘三四个听话的员工。至于那个牛员工呢，让他去旅游休息一个月时间。等他回来以后，大家都开始上岗了。所以在企业中，对那些高端的设备，它的技术千万不能掌握在一个人手里，不然的话会对企业形成致命的伤害。所以要利用多种方式，由维修部门负责对设备进行维修。

第四节 全面生产维护（TPM）

一、全面生产维护（TPM: Total Productive Maintenance）的概述

20世纪50年代初期，美国企业进入发展时期，工厂急于在短期内完成大量订货，使设备负荷过重，结果设备事故较前增加1/3。在生产线上，一旦设备发生了故障，为了能快速排除故障，需要配备许多高度熟练的维修工人。另一方面，由于生产过程的机械化和

自动化程度的提高，使得高报酬的修理工人比例大大增加。更重要的是由于设备的故障造成的停机损失，以及因设备故障产生的废品损失，还有因紧急排故支付的突击加班费用等，使得美国企业家不得不考虑完善设备修理和维护的体制，从而产生了设备的预防维护（Preventive Maintenance）。之后，美国通用电气公司和杜邦公司又针对预防维护还存在的既有过剩维护和维护不足等问题，改革了预防维护，发展成为生产维护（Productive Maintenance）。所谓生产维护主要有以下内容：日常保养、事后维护（Breakdown Maintenance）、预防维护（Preventive Maintenance）、改善维护（Corrective Maintenance）、维护预防（Maintenance Prevention）。随着企业经营环境的日益严峻，这就要求彻底地去除浪费。它绝对不允许发生诸如巨额投资的设备因故障而停机，或者生产不出合格产品这种事情。同时，随着设备自动化程度的不断提高，对生产现场的操作人员和维修人员所要求的工作内容和技能水平也发生了变化，于是就得重新评价操作人员和维修人员的职责，提高其技术水平。在此背景下，这种由美国产生的 PM 引入到日本后，就发展成为由一切部门全体人员参加的 TPM。由于 QC 等小组活动的广泛开展，使得大家都形成了"由自己对自己的工作自主地进行管理"的观点。将这一观点再深化一步，那就是"自己保管自己的设备"，这就是自主保养，它是 TPM 的重要特点之一。和任何事情一样，TPM 也经历了一个不断发展的过程。开始的时候，所谓的"一切部门"指的是设备的计划部门、使用部门、保养部门等。但随着 TPM 的发展，要追求生产系统效率化的极限，维护保养的对象从设备扩展为整个生命周期的生产经营体，在这种情况下，仅仅靠生产部门是远远不够的，于是就发展成了全公司的开发、经营、管理等一切部门开展的 TPM。作为企业管理者，总希望在自己的生产现场实现零故障、零事故、零缺陷，而要实现这样的管理目标，目前在企业推行 TPM 设备管理制度是最佳选择。作为班组长，应该熟悉 TPM 的基本理论和推行 TPM 的方法，这样才能有效地带领和指导班组成员开展 TPM 活动。

（一）设备维护体制简介

（1）事后维护——BM（Breakdown Maintenance） 这是最早期的维修方式，即出了故障再修，不坏不修。

（2）预防维护——PM（Preventive Maintenance） 这是以检查为基础的维护，利用状态监测和故障诊断技术对设备进行预测，有针对性地对故障隐患加以排除，从而避免和减少停机损失。分定期维护和预知维护两种方式。

（3）改善维护——CM（Corrective Maintenance） 改善维护是不断地利用先进的工艺方法和技术，改正设备的某些缺陷和先天不足，提高设备的先进性、可靠性及可维护性，提高设备的利用率。

（4）维护预防——MP（Maintenance Prevention） 维护预防实际就是可维护性设计，提倡在设计阶段就认真考虑设备的可靠性和可维护性问题。从设计、生产上提高设备素质，从根本上防止故障和事故的发生，减少和避免维护。

（5）生产维护——PM（Productive Maintenance） 是一种以生产为中心，为生产服务的维护体制。它包含了以上四种维修方式的具体内容，对不重要的设备仍然实行事后维护，对重要设备则实行预防维护，同时在修理中对设备进行改善维修，设备选型或自行开发设备时则注重设备的可维护性（维护预防）。

（二）什么叫 TPM（Total Productive Maintenance）

1. 什么是 TPM

TPM 的意思就是"全面生产维护"，这是日本人在 20 世纪 70 年代提出的，是一种全员参与的生产维护方式，其主要点就在"生产维护"及"全员参与"上。通过建立一个全系统员工参与的生产维修活动，使设备性能达到最优。TPM 的提出是建立在美国的生产维修体制的基础上，同时也吸收了英国设备综合工程学、中国鞍钢宪法中群众参与管理的思想。在日本以外的国家，由于国情不同，对 TPM 的理解是：利用包括操作者在内的生产维护活动，提高设备的全面性能。TPM 即"全面生产维护"，T：全员、全系统、全效率，PM：生产维护（包括预防维护、改善维护、事后维护、维护预防）。是指以达到最高的设备综合效率为目标，确立以设备为对象的生产维护系统，涉及设备的计划、使用、维护等所有部门，从企业最高领导到企业的一线员工全员参与，依靠开展小组自主活动来推行生产维护。企业 TPM 的定义有以下五个方面：

（1）追求生产系统的效率化的极限（综合效率化），以提高企业的素质为目标。

（2）延长生产系统的生命周期，预防"灾害损耗、不良损耗、故障损耗"等一切损耗，并在现场落实具体措施。

（3）涉及以生产部门为首的开发、经营、管理等一切部门。

（4）从总经理到第一线工作人员全体人员参加。

（5）通过重复的小集团活动达到零损耗。

TPM 的中心思想是"三全"，即全效益、全系统、全员参与。全效益是指追求经济效益，指以最有效的方式利用人力、物力和财力等各种资源；全系统是指建立对设备一生管理的全系统，维修方式系统化；全员参与是指包括操作人员和小组活动，强调操作人员自主维护。

TPM 的主要内容有日常点检、定期检查、计划修理、改善修理、故障修理、维护记录分析。

2. TPEM

Total Productive Equipment Management 就是全面生产设备管理。这是一种新的维护思想，是由国际 TPM 协会发展出来的。它是根据非日本文化的特点制订的。使得在一个工厂里维护 TPM 活动更容易成功一些，和日本的 TPM 不同的是它的柔性更大一些，也就是说，你可以根据工厂设备的实际需求来决定开展 TPM 的内容，也可以说是一种动态的方法。

3. TPM 的作用

（1）减少设备故障损失，提高可预知运行时间。

（2）延长设备使用寿命。

（3）减少生产转换时间，提高生产柔性。

（4）减少设备引起的质量问题。

二、TPM 的特点与目标

1. TPM 的特点

（1）以最大限度提高生产效率为目标。

(2) 以"6S 活动"为基础。
(3) 以从总经理到一线员工的全员为主体。
(4) 以相互连接的小组活动为形式。
(5) 以设备及物流为切入点进行思考。
(6) 创造整合有机的生产体系。

2. TPM 的目标

TPM 的目标是"通过改善人和设备的素质，来改善企业的素质"。所谓人的素质就是要使全体员工都具有敬业的思想，有不断改善的意识，同时具备岗位所要求的知识和技能。具体来说，除了干劲和意识，作为操作人员应具备自主保养的能力；作为维修人员应具备保养机电一体化设备的能力；作为生产技术人员应具备设计出不需保养的设备的能力。所谓设备的素质主要体现在两个方面，一是改善现有设备，提高综合效率，即以低的投入（人、设备、原材料）达到高的产出（产量、质量、成本、交货期、安全卫生、作业积极性）。随着自动化的不断推进，生产的主体逐渐从人的操作技能转向设备，因此，消除影响设备效率的各种损耗，使设备更有效率地工作，便成了 TPM 的目标。二是实现新设备的 LCC（Life Cycle Cost）设计和垂直提高，即设备的设计要在考虑设备的整个使用周期所需费用的基础上进行。垂直提高就是指新设备从运转一开始就立即进入稳定的工作状态。

TPM 的目标可以概括为四个"零"，即停机为零、废品为零、事故为零、速度损失为零。停机为零是指计划外的设备停机时间为零。计划外的停机对生产造成冲击相当大，使整个生产品配发生困难，造成资源闲置等浪费。计划时间要有一个合理值，不能仅为了满足非计划停机为零而使计划停机时间值达到很高。废品为零是指由设备原因造成的废品为零。"完美的质量需要完善的机器"，机器是保证产品质量的关键，而人是保证机器好坏的关键。事故为零是指设备运行过程中事故为零。设备事故的危害非常大，影响生产不说，可能会造成人身伤害，严重的可能会"机毁人亡"。速度损失为零是指设备速度降低造成的产量损失为零。由于设备保养不好，设备精度降低而不能按高速度使用设备，等于降低了设备性能。

三、推行 TPM 的三个要素

（1）高的工作技能　不管是操作工还是设备工程师，都要努力提高工作技能，没有好的工作技能，全员参与将是一句空话。

（2）好的精神面貌　精神面貌好，才能形成好的团队，共同促进，共同提高。

（3）好的操作环境　通过开展6S 等活动，使操作环境良好，一方面可以提高工作兴趣及效率，另一方面可以避免一些不必要设备事故。现场整洁，物料、工具等分门别类摆放，也可使设置调整时间缩短。

四、开展 TPM 的 8 大支柱

1. 个别改善

为追求设备效率化的极限，最大限度地发挥出设备的性能和机能，就要消除影响设备效率化的损耗，通常把消除引起设备综合效率下降的七大损耗的具体活动叫个别改善。

2. 自主保养体制的形成

"自己的设备自己保养"，所以自主保养活动是以运转部门为中心，以七个步骤展开。自主保养的中心是防止设备的劣化，只有运转部门承担了"防止劣化的活动"，保养部门才能发挥出其所承担的专职保养手段的真正威力，使设备得到真正有效的保养。

3. 保养部门计划保养体制的形成

在运转部门自主保养的基础上，设备的保养部门就能够有计划地对设备的劣化进行复原以及对设备进行改善保养。

4. 运转保养的技能教育训练

不论是运转还是保养部门，仅有良好的愿望还难以把事情做好，因此必须加强技能的训练和提高。这里有一点需要说明的是，培训和教育训练不仅是培训部门的事，也是每个部门的职责，并且应成为每个职工的自觉行动。随着社会的发展和进步，工作和学习已经不可分割地联系在了一起，学习和培训是工作的新的形式，要把学习融入工作当中去，在工作中学习，在学习中工作。

5. 初期管理体制的形成

为了适应生产的发展，必定有新设备的不断投入，因此要形成一种机制，能按照少维修、免维修的思想设计出符合生产要求的设备，按照性能、价格、工艺等要求对设备进行最优化规划、布置，并使设备的操作和维修人员具有和新设备相适应的能力。总之，要使新设备一投入使用就达到最佳状态。

6. 全面保养体制的形成

为了保持产品的所有品质特性处于最佳状态，要对与质量有关的人员、设备、材料、方法、信息等要因进行管理，对废品、次品和质量缺陷的发生防患于未然，从结果管理变为要因管理，使产品的生产处于良好的受控状态。

7. 间接部门效率化体制的形成

管理间接部门的效率化主要体现在两个方面，一是要有力地支持生产部门开展 TPM 及其他的生产活动，再就是应不断有效地提高本部门的工作效率和工作成果。

8. 环境等管理体制的形成

"安全第一"是一贯的认识，但仅有意识是不够的，必须要有一套有效的管理体制才能确保。对卫生、环境也一样，要在不断提高意识的同时，建立起一种机制来确保卫生、环境的不断改善。在目前来说，建立和实施 ISO14000 环境管理体系不失为一个良策，一方面保护环境是企业对社会应尽的责任，同时也可以提高企业形象。

五、TPM 开展的步骤

开展 TPM 过程可分为三个阶段、10 个具体步骤。

（一）准备阶段

此阶段主要是制订 TPM 计划，创造一个适宜的环境和氛围。可进行如下 4 个步骤的工作。

（1）TPM 引进宣传和人员培训　主要是向企业员工宣传 TPM 的好处，可以创造的效益，教育员工要树立团结概念，打破"操作工只管操作，维修工只管维修"的思维习惯。

（2）建立组织机构推动 TPM　成立推进委员会，范围可从公司级到工段级、层层指定负责人，赋予权利、责任，企业、部门的推进委员会最好是专职的脱产机构，同时还可成立各种专业的项目组，对 TPM 的推行进行指导、培训、解决现场推进困难问题。

（3）建立基本的 TPM 策略和目标　TPM 的目标主要表现在三个方面：目的是什么（What）、量达到多少（How Much）、时间表（When），也就是什么时间在那些指标上达到什么水平。考虑问题顺序可按照如下方式进行：外部要求→内部问题→基本策略→目标范围→总目标。

（4）建立 TPM 推进总计划　制订一个全局的计划，提出口号，使 TPM 能有效地推行下去。逐步向四个"零"的总目标迈进。计划的主要内容体现在五个方面：改进设备综合效率；建立操作工人的自主维修程序；质量保证；维修部门的工作计划表；教育及培训，提高认识和技能。

（二）引进实施阶段

此阶段主要是制订目标，落实各项措施，步步深入开展工作。

1. 制订提高设备综合效率的措施

成立各专业项目小组，小组成员包括设备工程师、操作员及维修人员等。项目小组有计划地选择不同种类的关键设备，抓住典型总结经验，起到以点带面的作用。项目小组要帮助基层操作小组确定设备点检和清理润滑部位，解决维修难点，提高操作工人的自主维修信心。

2. 建立自主维修程序

首先要克服传统的"我操作，你维修"的分工概念，要帮助操作工人树立起"操作工人能自主维修，每个人对设备负责"的信心和思想。推行 6S 活动，并在 6S 的基础上推行自主维修"七步法"。

（1）初始清洁　清理灰尘，搞好润滑，紧固螺钉。

（2）制定对策　防止灰尘、油泥污染，改进难以清理部位的状况，减少清洁困难。

（3）建立清洁润滑标准　逐台设备，逐点建立合理的清洁润滑标准。

（4）检查　按照检查手册检查设备状况，由小组长引导小组成员进行各检查项目。

（5）自检　建立自检标准，按照自检表进行检查，并参考维修部门的检查表改进小组的自检标准。建立自检标准要与维修部门确定不同检查范畴的界限，避免重叠和责任不明。

（6）整理和整顿　制订各个工作场所的标准，如清洁润滑标准，现场清洁标准，数据记录标准，工具、部件保养标准等等。

（7）自动、自主维修　工人可以自觉、熟练地进行自主维修，可提高自信心，并有成就感。

3. 做好维修计划

维修计划指的是维修部门的日常维修计划，这要和小组的自主维修活动结合进行，并根据小组的开展情况对维修计划进行研究及调整。最好是生产部经理与设备科长召开每日例会，随时解决生产中出现的问题，随时安排及调整维修计划。

4. 提高操作和维修技能的培训

培训是一种多倍回报的投资，不但要对操作人员的维修技能进行培训，而且也要进行操作技能的培训。培训要对症下药、因材施教，有层次地进行培训。工段长学习和培训管理技能、基本的设计修改技术，有经验的工人学习和培训维修应用技术，高级操作工学习基本维修技能、故障诊断与修理，新工人学习基本操作技能。

5. 建立设备初期的管理程序

设备负荷运行中出现的不少问题往往在设备设计、研造、制造、安装、试运行阶段就已隐藏了。因此，设备前期管理要考虑维修预防和无维修设计，在设备选型（或设计研制）、安装、调试及试运行阶段，要根据试验结果和出现的问题改进设备，具体目标是：

（1）在设备投资规划的限度内争取达到最高水平。
（2）减少从设计到稳定运行的周期。
（3）工作负荷小。
（4）保证设计在可靠性、可维修性、经济运行和安全性方面都达到最高水平。

（三）巩固阶段

此阶段主要是检查评估 TPM 的结果。改进不足，并制订下一步更高的目标，为企业创造更大的效益。

六、TPM 中的小组自主活动

TPM 的最大特点就是重复的小组活动。所谓重复的小组就是最基层的小组作为一个活动小组，每个小组的组长又是上一级（工段）小组的成员，工段长就成了这上一级小组的组长，同样，各工段长又是更上一级小组的成员，车间主任这时就成了这一小组的组长。这样一级一级往上直至总经理。通过重复的小组活动可淡化领导与被领导的关系，活跃气氛，增加团队协作精神，加强各小组、工段等之间的交流与合作，同心同德共同实现公司的目标。小组活动的目的是将企业所期待的成果与工作人员各自的欲望、追求进行巧妙的调和，并通过具体的行动来实现这种调和，使公司和个人都得到提高，达到目的。对公司而言，有助于提高公司的业绩，对每个成员而言，会产生一种达到目的的满足感，自己的追求得以实现的自豪感。小组活动成功的关键在于要具备"工作干劲、工作方法和工作场所"这三个条件。小组活动的一个重要前提是其成员能对自己的工作进行自主的管理，也即具有工作干劲和工作方法，能成熟地自主管理且能严于律己。而作为小组领导就是要培养出这样的一批人员。为此，要对职工在思想、技术以及方法等方面进行不断的引导和教育。工作场所是工作人员工作的环境问题，它包括心理环境和物理环境两个方面。心理环境就是要形成同事之间、上下级之间十分融洽的环境，团结友爱，相互信赖。物理环境就是要形成便于活动的工作场所，包括 6S 活动的开展，车间的环境，各种标准、资料的准备和有效使用，各班次之间的交接，以及其他的管理体系的完善等等。这里需要一提的是，作为一个小组领导，要有良好的素质，应能经常听取别人的意见，不以领导者自居，不将自己的观点强加于人，要能不断学习，不断吸收新的知识和技能，有向新的工作挑战的勇气，不居功自傲，并保持一个领导者的自信心，这样才能有效地对组员施加影响，发挥团队的作用，共同把工作搞得更好。

TPM 小组自主活动最好纳入到组织系统框架中，其主要活动内容及目标是四"无"，即无废品、无故障、无事故、无工作差错，主要特征就是全员参与，把以前由少数人做的事情变成全体人员的自觉行动。

1. 小组的组成及活动方式

小组是车间属下的基层组织，一般为 3～10 人，组长由民主选举产生，每周要开一次例会，时间约 0.5～1 小时，企业每年要召开 TPM 大会两次，对优秀小组进行奖励。

2. 小组活动的主要内容

（1）根据企业 TPM 总计划，制订本小组的努力目标。

（2）提出减少故障停机的建议和措施，提出个人完成的目标。

（3）认真填写设备状态记录，对实际情况进行分析研究。

（4）定期开会，评价目标完成情况。

（5）评定成果并制订新目标。

小组活动在各个阶段是有所侧重的，TPM 实施初期，以清洁、培训为主。中期以维修操作为主，后期以小组会议、检查和自主维修为主。

3. 小组活动的行为科学思想

小组活动的目标和要公司的目标一致，就要把完成公司的目标变成每一个员工的需要。此点能否做好，主要看管理思想。"权威性"的管理模式只注重生产变量，习惯以"规则"、"命令"管理企业，员工对上级有惧怕心理，这种管理只能在短期内提高生产率。"参与型"管理比较注意人的利益、成就感、上进心。生产率的提高是长期的，好的管理应该是将"权威型"与"参与型"结合起来，但要以"参与型"为主。

4. 小组活动的评价（主要看四个方面的情况）

（1）自我发展阶段：自觉要求掌握技术，有自信心。

（2）改进提高阶段：不断改进工作及技术，有成就感。

（3）解决问题阶段：目标与企业目标互补，自觉解决问题。

（4）自主管理阶段：设定小组更高目标，独立自主工作。

七、TPM 中的设备点检制

1. 点检制的定义

点检制是以点检为中心的设备维修管理体制，点检制的医学内涵就像人要做身体检查一样，利用一些检查手段对设备进行早期检查、诊断和维修。每个企业可根据自己的实际情况制订自己的点检制度。

2. "三位一体"点检制及五层防护线

（1）"三位一体" 指岗位操作员的日常点检、专业点检员的定期点检、专业技术人员的精密点检三者结合起来的点检制度。

（2）五层防护线 第一层防护线是岗位操作员的日常点检；第二层防护线是专业点检

员的定期点检；第三层防护线是专业技术人员的精密点检；第四层防护线是对出现问题进一步通过技术诊断等找出原因及对策；第五层防护线是每半年或一年的精密检测。

点检制五层防护线的关系如表 5-2 所示。

表 5-2　点检制的五层防护线的关系

层　次	负责人员	分　工	点检人员	点检手段
精度/性能测试检查	设备操作人员	定期检查	点检员 技术员	机电液润水一般知识 精密仪器+理论分析+经验
技术诊断与倾向管理	设备操作人员	按项进行	点检员	机电液润水一般知识 仪器+经验
专业精密点检	技术人员	白班按计划	点检员	各专业各自的专业知识 精密仪器+理论分析+经验
专业定期点检	设备操作人员		点检员	机电液润水一般知识 工具仪器+经验
日常点检	岗位生产人员	三班24h	操作人员 值班人员	生产工艺设备结构知识 自感+经验

3. 点检制的特点（八"定"）

（1）定人　设立操作者兼职和专职的点检员。

（2）定点　明确设备故障点，明确点检部位、项目和内容。

（3）定量　对劣化侧向的定量化测定。

（4）定周期　不同设备、不同设备故障点给出不同点检周期。

（5）定标准　给出每个点检部位是否正常的依据。

（6）定计划　做出作业卡，指导点检员沿规定的路线作业。

（7）定记录　定出固定的记录格式。

（8）定流程　定出点检作业和点检结果的处理程序。

4. 点检制的要求

（1）定点记录　定点记录就是逐点记录积累，摸索经验。

（2）定标处理　定标处理就是按照标准检查，达不到标准的点做出标记，加强维护。

（3）定期分析　定期分析就是每个月将点检记录分析一次，以调整定检的内容。

（4）定项设计　定项设计就是查出问题，定项定人进行改进。

（5）定人改进　定人改进就是设计、改进由专人负责到底。

（6）系统总结　系统总结就是半年小结一次，一年全面总结一次，提出书面报告，确定今后的工作方向。

5. 点检的分类

（1）按点检目的分类有倾向点检、劣化点检。

（2）按是否解决分类有解体点检和非解体点检。

（3）按周期和业务范围分类有日常点检、定期点检、精密点检。

6. 设备点检作业

设备的点检就是对设备的有针对性的检查。一些主要设备在出厂时，制造厂商会提供该设备的点检卡或点检规程，其内容包括检查内容、检查方法、检查周期以及检查标准等。

设备点检时可按制造厂商指定的点检地点和点检方式进行工作，也可根据各自的经验补充增加一些点检。设备点检时可以停机检查，也可以随机检查。检查时可以通过听、看、摸、闻等方式，也可以利用仪器、仪表进行诊断。

（1）日常点检　设备的日常点检由操作人员随机检查，即以操作人员为主，每日每班靠听、看、触、闻和简单测试仪器，对设备规定部位在运行前、运行中、运行后进行技术状态检查，以及时发现故障征兆和事故隐患。日常点检侧重于发现异常，应在交接班或中间停歇时间内进行，所以检查项目简单易行，一般需时 20min 左右。日常点检的内容主要包括：运行状态及参数；安全保护装置；易磨损的零部件；在运行中经常要求调整的部位；易污染堵塞、需要经常清洗更换的部件；在运行中出现不正常现象的部位。

（2）定期点检　设备的定期点检一般以专业维修人员为主，操作人员协助进行。定期点检应该使用先进的仪器和手段，可以得出正确可靠的点检结果。定期点检侧重于检测设备或零部件的劣化趋势，其检查的目的比日常点检深入细致，但不进行解体检查，一般需时 40min。

定期点检的内容主要有：记录设备的磨损情况，发现其他异常情况；更换零部件；确定修理的部位、部件及修理时间；安排检修计划。

设备检查内容和标准是指导检查作业的技术文件，应按照不同的设备类别，在保证满足生产产量、质量、安全要求和延长使用寿命的前提下确定检查项目、方法、工具、标准和时间等。合理地确定检查内容和检查点是提高检查效果的关键，所以，检查标准的制订必须从实际出发，注意区分不同的检查对象，不断总结实施中的问题与经验，进行补充、修订与完善。此外还需注意：避免提出难度大、需要时间长的项目；需要增减项目时，要有分析和依据；确定检查周期要考虑工作效率；判断标准要明确易懂，切忌含糊不清；记录要求简单，尽可能用符号表示检查结果。

设备的检查标准，应根据各类设备的特点和具体要求而定。下面列举金属切削机床和起重设备的检查标准供参考，见表 5-3、表 5-4。各企业可根据自己情况及设备的特点有所侧重，如对动力设备（包括受压容器）则应重点检查其负载、出力和安全装置的可靠程度以及腐蚀、泄漏情况，以确保设备的安全运行。

表 5-3　金属切削机床定期检查内容及判定方法

检查部位	检查重点	检查内容	判定方法
吊钩	裂纹、磨损	吊钩有无裂纹、破口，吊颈有无永久变形，挂绳处、吊钩衬套及心轴的磨损情况	以目视检查和用必要的量具测定，不准有裂纹，各磨损处不得超过规定技术标准
钢丝绳	磨损、断丝	钢丝绳有无磨损、腐蚀、断丝、断股、拧扭和烧坏、变形情况	目视检查，断丝、断股、拧结不得超过规定技术标准
滑轮卷筒	磨损、裂纹、润滑	滑轮、卷筒及其沟槽边沿有无磨损、损伤、裂纹，轴承有无磨损及润滑情况	目视检查滑轮，卷筒损伤情况不准超过技术标准，轴承应固定牢靠，润滑良好
减速机	噪声、振动、磨损	运转中的齿轮噪声、振动、齿轮啮合及损伤情况	噪声、振动、啮合误差、磨损等不得超过规定标准
操作系统	操作系统	传动有无异常窜动、冲击、振动、噪声，运行部位操作是否灵敏可靠，各档变速情况	操作灵敏可靠，变速齐全，运行平稳，无异常噪声、振动、冲击现象
制动装置	安全可靠	制动装置是否安全可靠，闸瓦衬垫有无磨损烧伤，心轴是否磨损	制动装置性能良好、安全可靠，闸瓦衬垫磨损不得超过规定，并正确与闸轮贴合，张开时闸轮两侧空隙相等

检查部位	检查重点	检查内容	判定方法
行车走轮	裂纹、磨损	走轮及其轮缘有无磨损、裂纹,是否与导轨接触良好,有无啃轨现象	以目视检查,轮面应无压痕、凹陷、严重磨损,与导轨接触良好,轮缘无裂纹及磨损,无啃轨现象
梁架结构及轨道	焊缝裂纹、挠度	主梁下挠度;焊缝有无裂纹,金属构件有无腐蚀锈损	各金属构件无锈损腐蚀,焊缝无裂纹,主梁下挠度不超过规定技术标准,轨道紧固
电气装置	装置齐全、可靠	电气装置、控制系统是否完整,绝缘是否良好,动作是否可靠,运行时有无异声、振动及不正常发热	电气装置及控制系统齐全可靠,电气回路和操纵回路绝缘电阻≥0.4MΩ,有保护接地或接零装置
安全装置	完整、可靠	安全防护装置是否齐全、性能可靠	安全、限位装置齐全可靠,两端的缓冲装置、挡架完好牢靠,警铃、信号齐全
润滑系统	油量、油质、泄漏	润滑装置是否齐全,各部油质是否良好,有无泄漏	润滑装置齐全,油质良好,油量充足,基本无漏油现象

表5-4 起重设备定期检查内容及判定方法

检查部位	检查重点	检查内容	判定方法
吊钩	裂纹、磨损	吊钩有无裂纹、破口,吊颈有无永久变形,挂绳处、吊钩衬套及心轴的磨损	以目视检查和用必要的量具测定,不准有裂纹,各磨损处不得超过规定技术标准
钢丝绳	磨损、断丝	钢丝绳有无磨损、腐蚀、断丝、断股、拧扭和烧坏、变形情况	目视检查,断丝、断股、拧结不得超过规定技术标准
滑轮卷筒	磨损、裂纹、润滑	滑轮、卷筒及其沟槽边沿有无磨损、损伤、裂纹;轴承有无磨损及润滑情况	目视检查滑轮,卷筒损伤情况不准超过规定技术标准,轴承应固定牢靠,润滑良好
减速机	噪声、振动、磨损	运转中的齿轮噪声、振动、齿轮啮合及损伤情况	噪声、振动、啮合误差、磨损等不得超过规定标准
操作系统	操作系统	传动有无异常窜动、冲击、振动、噪声,运行部位操作是否灵敏可靠,各档变速情况	操作灵敏可靠,变速齐全,运行平稳,无异常噪声、振动、冲击现象
制动装置	安全可靠	制动装置是否安全可靠,闸瓦衬垫有无磨损烧伤,心轴是否磨损	制动装置性能良好,安全可靠,闸瓦衬垫磨损不超过规定,并正确与闸轮贴合,张开时闸轮两侧空隙相等
行车走轮	裂纹、磨损	走轮及其轮缘有无磨损、裂纹,是否与导轨接触良好,有无啃轨现象	以目视检查,轮面应无压痕、凹陷、严重磨损,与导轨接触良好,轮缘无裂纹及磨损,无啃轨现象
梁架结构及轨道	焊缝裂纹、挠度	主梁下挠度,焊缝有无裂纹,金属构件有无腐蚀锈损	各金属构件无锈损腐蚀,焊缝无裂纹,主梁下挠度不得超过规定技术标准,轨道紧固
电气装置	装置齐全、可靠	电气装置、控制系统是否完整,绝缘是否良好,动作是否可靠,运行时有无异声、振动及不正常发热	电气装置及控制系统齐全可靠,电气回路和操纵回路绝缘电阻≥0.4MΩ,有保护接地或接零装置
安全装置	完整、可靠	安全防护装置是否齐全,性能是否可靠	安全、限位装置齐全可靠,两端的缓冲装置、挡架完好牢靠,警铃、信号齐全
润滑系统	油量、油质、泄漏	润滑装置是否齐全,各部油质是否良好,有无泄漏	润滑装置齐全,油质良好,油量充足,基本无漏油现象

设备检查必须按照规定的检查项目和间隔期进行,并认真填写检查卡片,作为预防维修的依据。所以,必须制订切实有效的检查标准,制订日常检查与定期检查卡作为设备检查的依据。

（3）精密点检　精密点检即由专业技术部门采用专门的仪器设备，定期或不定期的在对设备部分或全部解体情况下所进行的鉴定检查。精密点检包括随机的指令性检查、处理事故的鉴定检查、行政监督或工况试验的解体检查、设备维修或大修的拆洗鉴定和验收测试、维修过程中的各种台架的检查等。精密点检侧重于精确测量设备和零部件的劣化程度，检查项目包括测定设备所有零部件的技术参数，其检查的具体项目和所需时间需根据检点类别的不同分别确定。

点检种类见表5-5。

表5-5　点检种类

种类	对象	周期	目的	检查内容	点检手段	所需时间	实施部门	执行人
日常点检	所有设备	每日	保证设备每日正常运转，不发生故障	异音、湿度、加油、清扫、调整（开机检查）	五官点检	20min	使用部门	操作人员
定期点检	重点设备和预防保全对象	定期一个月以上	保证设备达到规定的性能	测定设备劣化程度，确定设备的性能（停机检查）	五官点检和器具点检	40min	维修部门	点检人员
精密点检	不定	不定期	保证设备达到规定的性能和精度	对问题做深入的调查、测定、分析	特殊仪器点检	2h不等	维修部门	专业技术人员

某轮毂制造有限公司推行TPM活动

1. TPM推进背景

（1）某轮毂制造有限公司是一家汽车铝合金轮毂制造企业，占地面积12万m^2，职工总人数2527人。公司肩负着"必须成为一个世界级的企业"的重任和目标，提出了"市场国际化战略""技术创新""高质量低成本"的企业发展战略。公司目前不仅拥有低压铸造技术，还引进了国际先进的锻造、旋压铝合金轮毂技术和生产线，并且正在自主开发铸旋合金轮毂技术。过去每三年以增长50万件产能的速率上一个台阶，该公司已发展为由六个轮毂厂组成的集团公司，集团的产能达3000万件。随着汽车行业成为国民经济的增长热点，公司轮毂销售不断扩大，已覆盖国内汽车销售市场的60%，占据了国内所有高档车市场如上海大众、广州本田、一汽大众、天津夏利、天津丰田等厂家的供货。德国宝马公司确认该公司为沈阳宝马的独家配套商，蓝鸟、皇冠等七种车型确定了该公司的独家供货资格。2001年实现了给德国奥迪等汽车厂供货，2003年实现了通用、福特、戴姆勒-克莱斯勒北美大汽车厂的供货，形成了为以北美、欧洲、日本为主的世界前12大汽车厂供货的OEM体系，综合实力在国际同行中列第五位。2005年12月13日，通过了美国福特公司Q1质量体系能力评审，福特公司为公司颁发了旗帜和奖牌。在亚洲，该公司是第一家获得美国福特公司铝合金轮毂Q1的认证企业。2006年8月17日，该公司荣获国务院商务部颁发的"国家汽车及零部件出口基地企业"证书。

进入"十一五"时，集团公司确立了"十一五"发展战略目标，力争2008年销售收入达31.9亿元，到"十一五"末销售收入达42.4亿元。力争到2008年使公司产品成为国际知名品牌，生产销售能力达到国际同行业前三名。

民族要复兴，中国要发展，中国是世界级的工厂，中国需要有世界级的企业，公司为了尽快实现品牌的国际化战略目标，达到世界级一流水平，满足100%交付能力，就必须在公司范围内开展TPM（全面规范化生产维护）工作，逐步实现TPM的5阶6维评价。

（2）夯实基础管理工作，必须开展推进TPM。

1）公司的生产特点：

①生产活动是在高效率的条件下进行的，设备在四班三运转满负荷下进行生产。

②工人的薪酬采用计件考核，极容易产生抢产拼设备。

③建厂初期购置的占公司70%的设备已运行了15年的时间。

④公司所处地区机械制造业基础比较落后，招来的工人普遍技术水平不高。

⑤目前的生产特点是靠大量人力，不是全自动设备，而生产的是世界先进的轮子。另外，要适应"经济规模"的生产要求，安全、经济地保证设备正常运行，满足100%交付能力。

⑥轮毂是保证汽车安全的零部件，一旦出问题就是人命关天的事，其连锁反应就是丢掉整个市场。必须在生产的各个环节做到"人人""事事""处处""时时""件件"规范；在设备配备和生产出现不协调的情况下，充分利用现有设备潜力，探索一条有效途径、寻找一种全新方法。

2）1997年3月，公司派人参加了中设协的深圳设备管理学习班。在专家指导下，公司对设备管理选择推行"全员生产维修保养制（TPM）"。

2000年开始学习并推行TPM"全面规范化生产维护"的管理方法，这是规范化的TPM，是以设备综合效率为目标，以设备时间、空间全系统为载体，全员参与的全面生产维护，是中国的TPM必经之路。

这个阶段的工作为保证生产、为企业生存与发展起到了一定的积极推动作用。

但是应该承认，公司推行TPM既不系统，又不规范。公司想以"主动"方式解决的包括设备管理与维修各项工作中的态度、方式问题，没有从根本上得以解决，现场管理还存在不少问题，与世界级的企业管理水平还有很大差距。必须要解决先进的发展方向和现场管理之间差距的矛盾。TPM提供了先进科学的理念、方法、工具。公司要用TPM夯实基础管理工作。

3）推进TPM，实现MQHSE五标一体。

该公司1995年11月通过了ISO-9000，1998年4月通过了QS-9000，1999年9月通过了VDA6.1，2003年7月通过了TS16949质量体系认证，2004年7月通过了14001体系认证。2006年1月通过了"清洁生产"认证，2006年8月进行了TS16949质量体系换证复审。这些体系无疑推动了设备管理和各项工作的开展。但也应该看到，这些体系既有各自的独立性，同时也具备根本共性的要素，彼此覆盖和交叉，存在于现场工作中，存在于基础管理工作中，如果处理不好各体系之间的关系，极容易做一些重复性的无效工作。因此，要通过推进TPM，把现场工作、基础管理工作做好，以不变应万变，实现MQHSE（维护、质量、健康、安全、环境）五标一体。

2. TPM推进成效

2006年3月13日，该公司领导正式批准了"TPM（全面规范化生产维护）入阶评审实施计划"，4月18日与中国设备管理协会全面生产维护委员会签订了"关于指导TPM体系一阶段推进的合作及入阶评价协议"。TPM（全面规范化生产维护）工作正式开展推进。

为保证这次工作的顺利进行，公司专门成立了以总经理为主任委员的全面生产维护委员会和以副总经理为组长的推进领导小组。并于4月13日召开了公司推行全面规范化生产维护工作动员大会。会上宣读了该公司"关于推进全面规范化生产维护（TPM）工作和建立领导机构的决定"。为了以点带面推进工作，确立设备管理维修部维修车间和喷涂车间为样板车间，4月28日召开这两个单位的TPM推进动员大会。

同时，公司聘请了由中国设备管理协会全面生产维护委员会的领导和专家组成的专家组，于4月13～16日、5月22～24日、7月3～5日对公司进行调研、培训和检查指导工作。

公司为了规范化地开展工作，成立了专项领导小组，建立和完善了单位TPM领导小组、班组TPM活动小组，编制了"全面规范化生产维护（TPM）入阶评审计划实施进度表"，系统、科学、有序地推进TPM工作。半年来，各车间和部门在公司推进领导小组的指导下，制订推进计划，编写培训教材，对员工进行培训和考试。积极主动地开展6S、清除6源、可视化和定置化工作，自查、联查整改项目共计194项。通过几个月的整改工作，整改合格率达92%，工作取得了一定的成效，明显改善了生产现场和办公环境，提高了生产效率，并且使企业形象得到良好的提升。当年上半年，公司生产轮毂400万件，销售收入12亿，综合成品率95%，设备总效率79.58%，设备可利用率99.42%。

7月25～27日，由中国设备管理协会全面生产维护委员会组织的TPM评价师对公司进行了TPM入阶评价。入阶评价结论是入阶等级二级，评价总分为751.8分。9月1日在公司举行了"TPM二阶证书颁发仪式"，中国设备管理协会全面生产维护委员会向公司颁发了二阶入阶评价证书。该公司成为中国，也是世界上第一个进行5阶6维评价的企业。

3. TPM推进的工作目标

公司深深知道，目前开展的TPM推进和入阶评价工作只能是刚刚开始步入TPM体系，还有许多工作需要脚踏实地地去做，还有相当一段路要走。下一步要做的工作是：

对于评价提出的六点意见，特别是那些属于体系、机制、策略的问题，公司领导和公司全面生产维护委员会领导机构将认真仔细研究，做出决策。公司要建立自己做的企业文化，因为它胜过一万句叮嘱，它可以起到规程、规范没能涉及而起不到的作用。

从现场评价诊断报告中公司的六维得分比率来看，1.1领导重视和积极作用（89%）、2.1规范环境（87%）、5.3员工素养水平（87%）得分较高，但仍然要改善。而4.3知识资产管理（50%）、6.1指标系统合理性（60%）、4.1信息管理领域和覆盖程度（69%）得分较低，还有一些中等分数的项目都是要继续改进和提高的。

对于现场诊断报告提出的44项观测项、标准要求、问题描述、改善建议，他们要以学习、整改为指导思想，把专家意见认真整理。然后召开整改会议，分部门、车间进行整改。整改中要从根源上解决问题，要做到举一反三。

下一步工作要从如下步骤入手：划立分工到位、确立责任明确、建立制度严细、培训学习有效、制订计划可行、过程实施求真务实、督导检查认真、量化评价与质化评估确切、持续改进不断、绩效考核奖罚以正激励为主。

在原来检查组的基础上建立"TPM日常督导检查改进小组"，按建立的阶段主计划督导推进工作和改善现场，达到改善人——改善环境——改善设备。

加强班组的TPM活动。

继续做好6S培训，推动可视化、定置化、6H、OPL、OPS工作。对现场的看板继续整合简化，达到标准可读。

调整、提炼设备管理维修模式，建立公司的 SOON 体系。进一步提高"点检"、"周日例检"水平。建立简明易操作的自主读点检图示，完善切合实际的可操作的操作者自主点检表记录。建立维修工专业点检表，通过状态检测跟踪裂化趋势，开展预见性的适时维修。

深入研究切合公司各车间生产实际的 OEE 和 TEEP 指标统计分析，使这项工作逐渐合理化、常规化。

在推进 TPM 过程中，通过设备运行维护、备件管理、计划检修管理、档案资产管理、成本管理核算、知识管理等几个方面的信息化，以细化管理、固化工作流程、提高工作效率，巩固 TPM 规范化了的工作成果。采取整体规划分步实施的原则，稳步实施信息化工作。目前正在开展的是信息资源规划 IRP（公司所有涉及的业务的流程分析，用于进一步优化流程，做详细的需求分析和再选型）和网络安全/数据安全信息化的基础工作。

4. 推进 TPM 和入阶评价的未来展望

该公司连续被中国设备管理协会评为 1995～2000 年第五届、2001～2003 年第六届、2004～2006 年第七届全国设备管理优秀单位，被河北省设备管理协会评为 1998～1999 年、2000～2001 年、2002～2003 年连续三届全省设备管理优秀企业。连续三人被评为第二、第三届全国设备管理优秀工作者，一人被中国设备管理协会全面生产维护委员评为第一届 TPM 卓越推进者。

公司与时俱进、戒骄戒躁，以取得进步和荣誉为动力，在创新中发展，在发展中图强，计划用 2～3 年时间通过 TPM/TPM 的 5 阶 6 维评价。随着公司 TPM 推进的不断深入，随着组织结构的进一步健全，随着各项工作的持续改善，在今后的几年里，公司的环境、设备、员工精神面貌一定会有更显著的改善与提高。公司一定会成为世界上最有管理内涵，最优秀的轮毂制造企业，成为中国机械制造行业的一面旗帜，成为世界级的制造商，为民族工业争光，为中国人民争光，为国家争光！

第五节　设备损耗与开展自主保养

一、设备损耗的类型

要使设备达到最高效率，就要发挥设备所具备的功能和性能。反过来，如能彻底地去除阻碍效率的损耗，就能提高设备的效率。但是损耗的类型是以行业的不同而各不相同的，作为机械行业，大致可分为 7 种损耗。

1. 故障损耗

故障可分为功能停止型故障和功能下降型故障两大类。无论是哪一类故障，故障损耗是阻碍效率化的最大原因。

2. 准备、调整损耗

设备从生产前一个产品，然后中止，到生产出下一个产品为止，这其中的准备、调整阶段的停机就是准备、调整损耗。其中主要的是"调整时间"。

3. 刀具调换损耗

因刀具寿命而调换刀具的时间，刀具折损引起的报废、修整时间，均称为刀具损耗。

4. 加速损耗

加速损耗就是从开始生产时到生产稳定化时的时间。由于加工条件的不稳定性，夹具、模具的不完备，试切削损耗及作业人员的技术水平等因素，其发生量是不同的。

5. 检查停机损耗

所谓检查停机，与普通的故障不同，是指因暂时的小故障而停止设备或设备处于空转状态，如传感器因某种原因引起误动作，一旦使之复位，设备就正常工作。

6. 速度损耗

所谓速度损耗就是实际运行速度比设备的设计速度慢。

7. 废品、修正损耗

废品、修正损耗即因废品、修正引起的损耗。废品固然是损耗，次品由于要修正也得花费许多不必要的人力、物力，因此也是一项不可忽视的损耗。

以上 7 大损耗是影响设备效率的主要因素，因此解决这些损耗是提高设备效率化的要点。

二、设备损耗的计算方法

通过对设备损耗的计算，可以对设备的综合的效率有一个了解，同时还可以为消除损耗提供方向性指导。

（1）设备的时间工作率　时间工作率就是设备实际工作时间与负载时间（必须使设备工作的时间）的比率，计算公式如下：

$$时间工作率=（负载时间-停止时间）\div负载时间\times100\%$$

负载时间是指 1 天（或者 1 个月）的操作时间中减去生产计划上的暂停时间、计划保养上的暂停时间以及日常管理上需要去除的时间后所剩余的时间。因此所谓的停止时间就是故障、准备、调整及调换刀具等的时间。

（2）性能工作率　性能工作率的计算公式为

$$性能工作率=速度工作率\times净工作率\times100\%$$

其中速度工作率就是设备实际的工作速度相对其固有能力而言的速度的比率，要是速度工作率下降就可知设备速度下降损耗的程度。速度工作率的计算公式为

$$速度工作率=基准周期时间\div实际周期时间\times100\%$$

净工作率表示设备是否在单位时间内按一定的速度工作，它并不是说比基准速度快了还是慢了，而是指即使在较慢的速度情况下是否是长时间地按这一速度稳定地工作。通过净工作率的计算，可以反映出检查停机等小故障产生的损耗。

$$净工作率=（加工数量\times实际周期时间）\div（负载时间-停止时间）\times100\%$$

设备的综合效率=时间工作率×性能工作率×正品率×100%

【例】一天的负载时间为 460min，工作时间为 20min，准备时间为 20min，调整时间为

20min，基准周期时间为 0.5/个，实际周期时间为 0.8/个，一天的产量是 400 个，其中有 8 个废品，请计算出设备的综合效率。

解：设备综合效率=时间工作率×性能工作率×正品率×100%
=0.87×0.5×0.98×100%≈42.6%

三、故障与慢性损耗

TPM 的目的就是要最大限度地发挥设备的功能和性能，提高效率，这就意味着要彻底消除阻碍效率的损耗。由于故障是七大损耗的元凶，因此先从故障对策开始。那么什么是故障呢？所谓故障就是设备失去了规定的功能。一是功能停止型故障，往往是突发性故障；二是功能下降型故障，是指设备没有达到其原有功能，往往是慢性型故障。从故障发生的形式看，突发性故障其原因易于查明，原因和结果之间的关系比较明显，因而也比较易于制订对策。与此相反，慢性故障造成故障和不良的原因很少只有一个，常常很难明确地掌握真正的原因，即原因与结果之间的因果关系不太明显，因此比较难以制订对策。突发性故障，一旦发生，其损失较大，故而都会迅速设法解决。但是慢性损耗由于每次造成的损失不大，因而常常会视而不见。慢性损耗被长期放任不管主要有以下原因：

（1）由于未弄清原因而采取了错误的措施，结果当然不理想，连续几次，从而丧失了信心。

（2）由于生产忙，没有足够的时间来停止生产线以采取根本性的解决措施，而只是作了些应急措施，因而经常发生慢性损耗。

（3）虽然知道有慢性损耗，但对其量尚未掌握，或对损耗的程度没有引起足够的重视，所有没有采取措施。

（4）没有认识到有损耗，一方面由于知识和技能的不足而发现不了损耗，另一方面对某些损耗认为是理所当然的、不得已的，如检查停机损耗、速度下降及修整损耗等。

（5）这方面的原因是最不应该的，就是责任心不够，明明知道有损耗的发生，要么事不关己高高挂起，要么遇事推诿、得过且过。一个人要是没有工作的热情和干劲，缺乏足够的责任心，那是什么事情都干不好的。

因为形成慢性损耗的原因往往是多方面的，并且其原因常常会变动，各原因之间相互重叠、交叉、组合、影响，多种原因绞合在一起，极难真正把握。因此，就应对所有可能形成原因的因素都制订相应的对策，使之维持于正常的状态。要制订对策，首先要把握慢性损耗、减少慢性损耗，要经常解析设备的损耗现象，修正管理上的各要素，重视设备的微小缺陷。

所谓微小缺陷，系指那些缺陷不明显，对不良、故障等结果影响小的缺陷，如灰尘、污垢、松动、泄漏、腐蚀、变形及温度、振动、声音等的异常等。对这些微小缺陷，人们往往认为不予处理也无妨碍，然而正是这些微小的缺陷，作为故障的种子已经播下，只不过以潜在缺陷的形式没有暴露而已。一般在日常工作中，人们对重大缺陷十分重视，会立即采取种种对策来解决，但对这些微小缺陷、故障的种子却往往视而不见，其实只要暴露和消除这些隐含的微小的缺陷就可以避免很多重大的缺陷和故障。这是因为微小缺陷积聚后会产生乘积作用，即诱发其他缺陷；或与其他缺陷重合后，产生更大的影响；或与其他因素间产生连锁反应。如果对微小缺陷放任不管，这些缺陷就会"长成"为重大缺陷，从而产生故障废品等。那么如何去发现缺陷呢？通常要注意以下两个方面：

第一，应具备的基本条件。所谓应具备的基本条件就是，从原理和结构的角度去分析设备所应具备的条件，或以功能为中心进行分析时的理想条件。这里包括：①必要条件，即如不满足这些条件，设备就不能运转的条件；②充分条件，这也是希望条件，如果不具备这些条件，设备虽也能运转，但常常会引起故障和废品等。

第二，认真对待微小缺陷，在思想上充分认识到微小缺陷的重要性；了解微小缺陷的各种表现形式；提高技术水平以利发现缺陷；加强责任心，积极主动地发现和消除存在的各种缺陷。

设备的各个零部件随着时间的推移会逐渐老化，而且程度各不相同，因此，定期测定老化状态，对达到一定程度以上的予以复原，这也可使故障和不良得到有效地避免。

四、零故障

故障的定义就是设备失去了规定的功能，再从故障的字面看，它是由人"故"意而引起的"障"碍，即故障的根源在人，它是由于人的思维方法和行动上的错误而引起的，也就是说人们的认识及其相应的行为的结果以故障的形式表现出来。因此，只要改变与设备相关的所有人的认识，增加相应的知识，提高技能，改进方法和行动，故障就会消失。由此可得出零故障的基本观点：

（1）设备的故障是人为造成的。
（2）人的思维及行动改变后，设备就能实现零故障。
（3）要从"设备会产生故障"的观念转变为"设备不会产生故障"。
（4）能实现零故障。

有人可能要问，按照零故障观点，设备岂不可以永久地使用下去了吗，这里要区分两个不同的概念，就是自然老化和强制恶化。所谓自然老化就是虽然使用方法正确，但随着时间的推移，设备发生了物理和化学的变化，初期的性能逐渐下降。而所谓的强制恶化是指未按应有的方法作业，人为地促使了恶化，比如，应加油处未加油，或虽然加了油，但油量过少或周期过长；还有未进行应有的设备清扫等。即该做的事没做，这些都会促使设备恶化。这样，设备的使用寿命就低于其应有寿命，大大短于自然老化的寿命。因此零故障观点的意义在于指导员工正确认识故障，做该做的事以避免强制恶化，延缓自然老化。

目前为止，之所以还存在很多故障，往往是没有抓住故障的真正原因。在故障发生前通常都存在一些微小的、隐含的缺陷。如果在故障发生前，对这种不引人注目的、最终导致故障的潜在缺陷加以重视并及时改善，就可以消除故障。由此可见，潜在缺陷的明显化处理是"无故障"的原则。为了实际推进这项工作，针对可能产生故障的原因，导出实现零故障的五大对策。

1. 具备基本条件

所谓具备基本条件，就是指清扫、加油、紧固等。故障是由设备的劣化引起的，但大多数劣化是由于不具备基本条件 3 要素引起的。

2. 严守使用条件

机器设备在设计时就确定了使用条件。严格按照使用条件使用，设备就很少产生故障。

比如电压、转速、温度及安装条件等，都是根据设备的特点而决定的。

3. 使设备恢复正常

一台设备，即使具备了基本条件和保证使用条件，由于很难做到十全十美，因此设备还是会发生劣化，产生故障。所以，要使隐含的劣化明显化，并使之恢复到正常状态，就应经常地对设备进行正确的检查和预防修理。

4. 改进设计上的不足

有些故障即使采取了上述三种对策后仍无法消除，这往往是由于设备在设计、制造、安装过程中的不足或差错所造成。对这类故障应认真分析并对这些缺陷加以改善。

5. 提高人的素质

所有的对策都要由人来实施，在实现零故障的过程中人是最根本的。首先，每个人都要有认真的态度、敬业的精神，其次，对故障有一个正确的认识，最后就是要提高操作和维修人员的专业技能。

总的来说，在日常工作中要做好下面这几方面的工作。防止劣化：正确操作、准备、调整、清扫、加油、紧固等；测定劣化：检查使用条件，对设备作日常、定期检查，以及早发现故障隐患；复原劣化：及时消除隐患和劣化趋势，使设备恢复到正常状态。

五、开展自主保养

（一）自主保养的含义

大家都希望设备有高的效率。就设备而言，其效率的高低涉及两方面的人，一是生产使用人员，二是保养维修人员。如果两方面的人员都把自己看作是各自孤立的一方，认为自己是生产者只管使用，设备的好坏由维修保养人员负责就行了，这样当然不会产生什么好的结果。应该看到，生产使用和维修保养是一个整体的两个方面，这就好比自行车的两个轮子，只有二者齐备并互相配合，才能充分发挥出设备的效能。生产使用部门并不是只管生产和使用就够了，也应承担起设备保养的基础工作，即"防止劣化的活动"。只有生产使用部门搞好了"防止劣化的活动"，维修保养部门才能发挥出其所承担的专职保养的真正威力，才能使设备得到真正有效的保养。生产使用部门进行的以"防止设备劣化"为中心的保养活动叫做"全员参加的自主保养活动"，通常称为自主保养。在自主保养活动中，为了充分发挥设备的能力，必须实行"自己的设备由自己管理"，做一个能驾驭设备的人。因此，操作人员除应具备制造产品的能力外，还须具备以下四个方面的能力。

1. 能发现设备异常的能力

能发现设备异常的"异常发现能力"，并不单纯是已经产生了故障或产生不良时才发现异常，而是当似乎要发生故障，似乎要产生不良时，能对这些故障发生前的异常一目了然，只有这样，才能称作为真正的"异常发现能力"。

2. 能正确地、迅速地处理设备异常的能力（处理复原能力）

对于已发现的异常现象，只有使之恢复至原来的正确状态，才能发挥设备本来的功能，而且还应能根据异常的程度来决定是否向上级及维修保养部门报告，该怎样处理。

3. 条件设定能力

发现异常的能力常常取决于个人的水平和经验，由于水平和经验的不一，就可能影响对异常的发现。为了防止这种现象，就应该决定一个确定的量，以判断设备是否正常。判断基准应定量，以温度为例，其定量应确定为"应在××度以下"，而不能模糊地描述为"不得有异常的发热"。这里要强调的是，与其重视判断基准的正确度而延迟了执行，还不如先定一临时基准，再进行修正，以定出更为合适的基准，这种方法更具现实意义。

4. 维持管理能力

设备发生了故障再维修总没有预防在先的好，为此，就必须确实地遵守既定标准，比如"清扫、加油标准""自主检查标准"等。

能力是如何形成的，它主要靠工作中的不断学习和积累，因此工作本身就是一种学习，而随着能力的不断提高又可取得更多的工作成果，这三者之间是一种相互依存、相互促进的关系。要培养出能驾驭设备的操作人员，要形成自主保养的体制，一方面要注重人才的培养，另一方面要保证切实提高操作者的实际能力，以实现真正的效果，而且这个效果是能得到维持的。

（二）自主保养的步骤

在开展自主保养时，不可寄希望于一下子解决许多问题，为此将目标和内容整理为7步，这就是"步进式自主保养"。理想的方法是，彻底地做好每一步，待达到一定程度时，再进入下一步。

第一步：初期清扫

初期清扫就是以设备为中心彻底清扫灰尘、垃圾等。要将清扫变检查，检查能发现问题，发现设备的潜在缺陷，并及时加以处理。同时，通过清扫可有助于操作人员对设备产生爱护之心。

第二步：发生源、困难部位对策

为了保持和提高第一阶段初期清扫的成果，就要杜绝灰尘、污染等的根源（发生源），为此可采取消除或加盖、密封等对策。对难于维护保养的部位，如加油、清扫、除污等，也应采取有效对策，提高设备的可维护保养性。

第三步：编写清扫、加油基准

根据第一、第二步活动所取得的体会，编写一个临时基准，以保养自己分管的设备，如清扫、加油、紧固等基本条件。

第四步：综合检查

为了充分发挥设备的固有功能，要学习设备结构、功能及判断基准，检查设备各主要部分的外观，发现设备的缺陷并使之复原，同时使自己掌握必要的检查技能。再者，对以前编写的基准可考虑不断完善，以利检查。

第五步：自主检查

在第三步编写的清扫基准、加油基准、检查基准的基础上，加上第四步学到的内容，并完全遵照执行，这就是自主检查基准。在学习和执行的过程中，还要不断学习和熟悉设备的操作和动作、质量和设备等的关联性，具有正确操作设备和早期发现异常情况的能力。

第六步：整理、整顿

从现有的以设备为中心的活动向外围设备、整个车间扩大活动范围，在掌握了上述5步的能力的基础上，发展为实现并维持整个车间应有的形象。本步所说的整理是指明了车间内的工夹具、半成品、不良品等，并制订出管理基准，应彻底减少物、事等管理对象，尽量简化。所谓整顿，就是要遵守（维持）既定基准并逐步完善，以便作业人员易于遵守。车间实行目视管理和管理实行标准化。

第七步：自主管理的彻底化

通过前6步的活动，已获得了不少成果，人员也得到了很大的锻炼，所以这第7步就是要建立起不断改善的意识，不断地进行PDCA循环，结合公司的方针、目标，制订出适合自己的新的小组活动目标，做到自主管理的彻底化。

第六节 设备的更新改造管理

一、设备更新改造的目的作用

企业的设备改造和更新，是提高企业素质、促进企业技术进步、增强企业内在发展能力和对外界环境变化的适应能力的需要。通过设备改造更新，必然会为企业的产品生产不断增加品种、提高质量、增加产量、降低消耗、节约能源、提高效率等方面带来极大的收益。

二、设备更新改造管理职责

企业的技术改造更新（含设备），是企业经营计划中的一个重要方面工作，同时也是一项综合性、全局性、科学性很强的工作，既需要有一个强有力的统一指挥，也需要相关各部门的协作配合。因此，企业应成立由总经理（或主管生产技术副总）为主负责的技改领导小组，以加强对工作的协调和技改统一的指挥领导。其主要成员应包括总师办主任、技术研发部长、生产作业部长、财会部长等人。技改领导小组的工作职能中关于设备改造更新方面应包括以下内容：

（1）负责设备改造更新的计划管理。
（2）组织对项目的技术经济论证。
（3）对项目方案进行决策。
（4）批准项目费用的预算，审查资金使用情况。
（5）督察项目实施情况，协调部门间工作配合事项。
（6）对已完成交付使用的项目进行效益考核。

三、设备改造更新的项目决策

企业的设备改造更新应有步骤地进行，即要有长期的总体规划，又要有各年需要进行的具体项目实施计划。对选定的更新改造项目，必须经过可行性研究，进行技术经济论证，对多种备选方案进行比较，选择投资少、工期短、收效快、效益高、能适宜企业长期发展需要的项目。

1. 设备技术改造的项目决策

企业的设备技术改造不要追求形式，要讲求实效，对需要改造的陈旧落后设备，在具体方案制订时，应从企业发展的需要考虑，同时还要从设备本身的投资改造价值考虑，即通过改造后能给企业带来哪些方面的收益。一般来说应从以下几方面来考虑：

（1）节约能源，节约原材料，降低消耗，降低成本。
（2）提高设备的加工精度，提高产品的质量。
（3）适应新产品开发，适应产品升级换代。
（4）提高和改善工艺性能。
（5）促进安全生产，改善环境保护。
（6）便于生产控制，提高生产效率。
（7）改善劳动条件，减轻劳动强度。

2. 设备更新的项目决策

设备更新，包括生产设备、工艺装备和计量测试手段的更新，是企业技术改造的一项重要内容。更新设备不是原样翻版，而是要尽可能用先进的设备代替原有的落后设备。在进行决策的过程中，应根据需要和可能量力而行、讲求实效。由于设备更新是要进行大量的资金投入，同时还会使原有某些设备被淘汰废弃，所以在具体项目选择时一定要慎重。一般来说，属于下列情况的设备应该优先予以更新：

（1）损耗严重，性能和精度已不能满足工艺要求，造成严重不利的技术经济后果的设备。
（2）已超过使用役龄，且大修在经济上不如更新设备合算。
（3）设备陈旧、结构简单、技术落后、效率低下，即便进行改造也很难改变以上落后特征的。
（4）设备本身设计制造有严重缺陷，故障多、可靠性差、维修不方便，而且具有较大的安全隐患。
（5）设备性能落后，致使能源与原料严重浪费。如果两三年内所浪费能源和原材料的价值超过购置新设备的费用时，应坚决更新。

四、设备改造更新的计划报批程序

1. 项目申请

一般设备的改造和更新由使用部门提出申请，贵重、关键的设备改造和更新由总师办提出。内容包括申请的理由，改造后的设备性能、精度对产品工艺的满足情况，提高生产效率和经济效益等要求，并提出改造和更新的初步方案和意见。项目申请应在上年的 11 月上报到公司技改领导小组。

2. 项目调研

该项工作主要由设备动力科进行，根据项目申请，调出所需改造更新设备的档案，察看设备的原始资料及历年来汇集的各种报表、记录资料，了解大修次数、使用役龄、精度劣化程序、以往的故障、对满足工艺要求方面存在的问题,以及安全、节能、效率、结构缺陷等问题情况。在调查的基础上进行综合评定,提出对比方案,报技改领导小组。

3. 项目论证

项目的可行性分析是非常必要的,无论是设备改造项目还是设备更新项目,都要进行技术经济方面的论证,以便为项目的决策提供依据。正常情况下,零星的、资金投入不大(一般为 10000 万以下)的改造更新项目以设备动力科为主,计划、生产、工艺技术、财务等部门参加组织论证。特殊情况下的,投资规模大的重大关键项目,由总工程师办组织论证。论证工作应从技术可行性和经济可行性两方面进行,要用数据说话,使项目论证结果准确可靠。论证所形成的报告应及时报技改领导小组。

4. 项目审批

设备改造更新的项目申请通过调研和分析论证后,公司技改领导小组负责人应召集小组会议做出最后的决策。如果没有其他不周之处,在总经理批准后,即可列入年度技改计划,并由总工程师办负责编制具体的"实施计划书",交设备动力科或有关部门组织实施。

五、设备改造更新的实施要点

设备改造更新工作应严格按照"实施计划书"的内容规定,有计划、有步骤、按进度、按要求地进行。具体实施过程中应注意以下环节。

1. 实行资金的归口管理

企业改造更新项目,一般由生产技术部门或设备管理部门提出,而更新改造的资金来源则由财会部门负责提出和筹集。为了使用钱的部门和管钱的部门都能关心改造更新项目,使资金有计划地、合理地使用,使有限的资金发挥更大的效益,应实行资金归口管理、专款专用,根据批准的计划,将每个项目使用改造更新资金的限额,下达到有关部门,由负责执行项目的部门量财为用,实行资金预算控制,同样也便于费用支出的核算。

2. 抓好物资供应的保障工作

企业的设备改造更新需要得到物资供应的保障。如果物资、配件供应不落实,改造项目需要的材料或零配件购不到,更新项目的新设备也买不回,就会造成工程期限延长、计划进度打乱,更新改造的资金也不能发挥其效益。因此,当改造更新项目计划批准之后,即应按照其所需的材料、配件物资及需要引进的设备型号、规格、要求,组织供应渠道,洽谈订货事宜,保证按时供应。

3. 实行项目责任制,抓好设备改造的过程管理

对确定的每个改造项目,都要有专人全面负责。因设备改造过程常常与很多部门的工作相关联,需要统一的指挥管理。不能实现工作上的协调配合就很难保证工程按期完成,不强调责任制,技术上的合理性、经济上的效益性也就得不到保证。因此,在设备改造的整个过程中,从图样设计、工艺技术准备、零部件加工和装配等环节,均要求作业人员有高度的责任心,要加强对工作的检查,对项目执行情况实行责任考核,并要规定必要的奖惩。

4. 做好设备引进的相关工作

企业设备更新工作需要从外部引进性能和精度能满足产品工艺要求的技术先进、生产效率高的设备，以取代已被淘汰的陈旧落后的设备。这是一项重要、严肃的工作，必须根据公司制订的发展规划和技术发展趋势，按照公司技改项目要求，有组织、有计划地进行。在具体引进过程，工作人员必须坚持原则、秉公办事，坚持综合考虑"质量、价格、交货期、售后服务"四个方面，择优选取。对于需要通过招标或询价的引进项目，可根据不同设备的专业实际需要，临时吸收相关部门的专业技术人员参与招标和谈判，确保引进项目符合要求的水准。

5. 处理好闲置报废设备

对于更新后淘汰的旧设备，应组织有关人员进行技术鉴定，确定不再使用的，必须组织入库处理。处理有两种方式，一是还有一定使用价值的旧设备，可削价出售。处理时应会同财务、技术部门，根据旧设备的净值、成色、性能精度等情况来确定合理的价格，不得以残值计价出售，具体实施由设备动力科负责。二是对已无使用价值的旧设备，可拆除其可利用的零部件，以备维修使用，其余部分作废品收回残值。旧设备处理后所得款项，按规定用于设备的改造更新，不准挪作他用。对于报废了的受压容器、锅炉、汽车等国家有专门规定的设备，不能转售给其他单位继续使用。

第七节　设备使用安全管理

一、设备使用前的安全管理

设备安装调试验收合格后即可正式投入使用，但在正式投入使用前必须做好各项准备工作。

1. 编制设备管理制度文件

设备投入使用前应编制的技术资料：

（1）设备使用管理规程，如保养责任制、操作证制、交接班制、岗位责任制、使用守则制等。

（2）设备安全操作与维护规程。

（3）设备润滑卡片。

（4）设备日常检查（点检）和定期检查（点检）卡片。

（5）其他技术文件。

2. 培训操作员工

通过技术培训使员工熟悉设备性能、结构、技术规范、操作方法、安全、润滑知识，明确各自的岗位技术经济责任。在有经验的员工指导下实习操作技术，达到独立操作的水平。员工的培训教育一般分为厂、车间、班组三级，厂级由教育科主抓，机动科与安全科配合，分别负责专业技术和安全知识教育；车间级由车间主任组织员工的培训教育；班组教育由班组长负责。

3. 清点随机附近件，配备各种检查维修工具，办理交接手续
4. 全面检查设备的安装、精度、性能及安全装置

二、设备使用初期的安全管理

设备使用初期是指从安装试运转到稳定生产这一段时间（一般为半年左右）。加强设备使用初期管理，是为了使新设备尽早顺利度过早期故障，达到正常稳定地用于生产的状态，满足质量、效率、安全的要求。加强设备初期管理还有利于发现设备从设计、制造、安装到使用初期出现的各种质量和安全方面的问题，进行信息反馈，及时纠正与处理。使用初期还应根据运行中出现的问题情况建立设备的管理制度，制订有关的安全操作规程。

设备使用初期管理的主要内容是：

（1）安装试车过程中发现问题及时联系处理，以保证调试投产进度。

（2）做好调试、故障、改进等有关记录，据此提出分析评价意见，填写设备使用鉴定书，供以后使用。

（3）对使用初期收集的数据信息进行分析处理。

1）向设计、制造单位反馈安装、调试方面的意见。

2）向安装、试车单位反馈安装、调试方面的信息。

3）向维修部门通报维修方面的建议。

4）向规划、采购部门反馈规划、采购方面的信息。

（4）完善设备安全管理制度。设备正式投入使用前建立的设备管理制度如果内容不全，或与实际有出入，存在不完善之处，应尽快补充、完善、健全。

三、设备使用期的安全管理

设备使用要求做到安全、合理使用。一方面要制止设备使用中的蛮干、滥用、超负荷、超性能、超范围使用，造成设备过度磨损、寿命降低，导致事故发生；另一方面要提高设备使用效率，避免设备因闲置而造成无形磨损。

（1）实行设备使用保养责任制。把设备指定给机组或个人负责使用保养，确定合理的考核指标，把设备的使用效益与个人经济利益结合起来，设备安全性与个人安全责任结合起来。

（2）实行操作证制度，定机专人操作。操作人员必须经过专门考核，确认合格，发给操作（驾驶）证，无证操作按严重违章事故处理。

（3）操作人员必须按规程要求搞好设备保养，经常保持设备处于良好状态。

（4）遵守磨合期使用规定。新出厂或大修后设备必须根据磨合要求运行保养，才可投入正常使用。

（5）单机或机组核算制。以定额为基础，确定设备生产能力、消耗费用、保养修理费用、保养修理费用、安全运行指标等标准，并按标准考核。

（6）创造良好的设备使用环境，确保设备安全使用，充分发挥效益。保证工作场地采光、照明、取暖通风、防尘、防腐、防震、降温、防噪声、卫生条件良好，安全防护充分，工具、图纸和加工件都要放在合适位置，直至提供必要的监测。诊断仪器和检修场所。

（7）合理组织设备生产、施工。在安排生产计划时，必须安排维修时间，必须贯彻"安全第一，预防为主"的方针，在使用与维修发生矛盾时，应坚持"先维修，后使用"的原则，防止拼装设备。

（8）培养设备使用、维修、管理队伍。现代化设备需要掌握科学知识技术的人员来操作、维护与管理，才能更好地发挥设备的作用。

（9）坚持总结、研究、学习、推广设备使用管理的先进科学知识、技术和经验。

（10）建立设备资料档案管理制度，包括设备使用说明书等原始技术文件、交接登记、运转记载、点检记录、检查整改情况、维修记录、事故分析和技术改造资料等的收集、整理、保管。

四、设备安全操作规程的制订

设备安全操作规程规定了操作过程该干什么，不该干什么，或设备应该处于什么样的状态，是操作人员正确操作的依据，是保证设备安全运行的规范。对提高设备可利用率、防止故障和事故发生、延长设备使用寿命等起着重要作用。

（1）安全操作规程的制订要贯彻"安全第一，预防为主"的方针，其内容要结合设备实际运行情况突出重点，文字力求简练、易懂、易记。条目的先后顺序力求与操作顺序一致。根据设备使用说明书的操作维护要求，结合生产及工作环境进行编制。

（2）设备安全操作规程内容一般包括设备安全管理规程、设备安全技术要求和操作过程规程。管理规程主要是对设备使用过程的维修保养、安全检查、安全检测、档案管理等的规定；安全要求是对设备应处于什么样的技术状态所做的规定，它是岗位安全操作规程的核心。

设备操作规程内容一般包括对作业环境要求的规定，对设备状态的规定，对人员状态的规定，对操作程序、顺序、方式的规定，对人与物交互作用过程的规定，对异常排除的规定等。如果安全操作规程的内容较多，一般将设备系统或工作系统划分为若干部分展开编制。划分方法可按设备系统划分，如将机械设备系统划分为动力、传动部件、执行部件和控制系统等；按作业内容划分为"大模板施工""升板施工""滑模施工""顶管施工"等；按操作程序可划分为操作准备、启动操作、运行操作、停机操作等。实际划分可根据机械设备组成情况、作业性质、操作特点而定。

（3）设备安全操作规程的一般通用内容如下：

1）开动设备接通电源以前应清理好工作现场，仔细检查各种手柄位置是否正确、灵活，安全装置是否齐全可靠。

2）开动设备前首先检查油池、油箱中的油量是否充足，油路是否畅通，并按润滑图表卡片进行润滑工作。

3）变速时各变速手柄必须转换到指定位置。

4）工件必须装卡牢固，以免松动甩出造成事故。

5）已卡紧的工件不得再行敲打校正，以免损伤设备精度。

6）要经常保持润滑工具及润滑系统的清洁，不得敞开油箱、油眼盖，以免灰尘、铁屑等异物进入。

7）开动设备时必须盖好电箱，不允许有污物、水、油进入电机或电器装置内。

8）设备外露基准面或滑动面上不得堆放工具、产品等，以免碰伤影响设备精度。

9）严禁超性能超负荷使用设备。

10）采取自动控制时首先要调整好限位装置，以免超越行程造成事故。

11）设备运转时操作人员不得离开工作岗位，并应经常注意各部位有无异常（异音、异味、发热、振动等），发现故障应立即停止操作，及时排除。凡属操作者不能排除的故障，应及时通知维修人员排除。

12）操作者离开设备时，或装卸工件，对设备进行调整、清洗或润滑时，都应停止并切断电源。

13）不得拆除设备上的安全防护装置。

14）调整或维修设备时，要正确使用拆卸工具，严禁乱敲乱拆。

15）操作人员思想要集中，穿戴要符合安全要求，站立位置要安全。

16）要注意特殊危险场所的安全等。

五、设备的安全检测

安全检测包含两方面的含义，一是指获取设备某时刻数据的过程，二是指对设备进行较长时间连续测试的过程。它借助于仪器、传感器、探测设备迅速而准确地了解设备的危险、有害因素及其程度和设备运行状态。检测仪器通过物理或化学的方法将被检测对象的状态信息转化为可观测的物理量（仪器的读数）。

安全检查、检测、监测的内涵与功能既有区别又有联系。安全检查是为了保证设备系统的安全而对系统可能存在的危险与有害因素进行查证的过程。这种查证既可以是经验性或感官性的，也可以借助简单的工具或精密复杂的检测仪器来完成，它是人们的一种有安全目的的行为过程。传统上的安全检查主要是指利用人的经验、感官以及简单的工具所进行的查证过程。安全检测是利用仪器进行检验、测定，通常称为检测；如果较长时间连续检验、测定，则被称为实时检测或监测。检测或监测只是以数据或报警的方式告诉人们系统所处的状态，它并不会影响系统的状态。如果在监测系统的基础上加上控制系统，就成了监控。监控不仅能显示系统所处的状态，而且能够根据监测的结果对系统进行调节、调整、纠正、控制，使系统回到人们所设定的运行状态。

1. 检测与监控对设备安全的作用

用安全监测与控制系统监测设备运行状况，预测设备运行的变化趋势，其根本目的是避免事故，保证安全生产。检测与监控对设备安全运行的作用主要表现在以下几个方面：

（1）提供设备准确的运行状态。设备运行状态正常还是异常，通过检测就可确定。例如锅炉受压元件是否安全可靠，利用无损检测技术（超声波、声发射等）可检测出受压元件是否存在裂纹的扩展情况，通过定量分析评价即可确定锅炉是否安全及寿命情况。根据检测结果人们就可以对目前运行的设备作好计划安排，如维修、更换或采用其他补救措施等，以便既充分发挥设备的效率，又避免事故发生。

（2）保证设备运行状态控制在设计指标之内，不至于超限运行。例如监测温度并根据监测结果通过监控系统的执行机构对设实行控制，就可以防止强度丧失和过热损失。

（3）预报设备故障状态的变化，防止设备事故发生。对于一些必须连续运行的设备，当出现不影响运行的异常时，只能在役检修。这时监测系统对故障执行实时监测，一旦故障来临立即报警，以便人们可以事先做好排除故障的工作，避免事故带来的损失。

（4）智能化的监测与监控系统，不仅能检测设备的运行状态，而且能对设备故障模式进行诊断，对故障的发展趋势进行预测，融安全检测与安全评价为一体。

2. 监测与监控系统的组成

由显示器、报告装置、数字处理装置、控制执行机构、信号处理电路、传感器、监测对象监测与监控系统的硬件组成系统，其中传感器的作用是，将被检测对象的指标参数（如温度、压力、可燃气体浓度、速度、湿度等）转化为电信号，经过信号处理电路系统进行处理后，通过显示器、警报器给人们显示或报告检测结果。也可以通过数据处理装置进行数据处理，以作进一步分析使用（如故障诊断分析）。对于监控系统，则通过控制执行机构对被监测对象实行调节、纠偏控制，以使被监测对象始终保持在设定的状态运行。

警报装置是安全监测与监控的重要组成部分，当设备出现危险、险情、故障或其他需要注意的情况时，可采用各种警报装置提醒人们注意，以便迅速做出反应，从而避免事故的发生。对于在控制点看不见全貌的自动生产线或联动机组，应配置开车预备音响警报装置，以便引起有关人员注意。安全监测与监控系统采用的警报装置类型有视觉报警、听觉报警、嗅觉报警等。

3. 设备有害因素的检测方法

安全检测方法依检测项目不同而异，种类繁多，但根据检测的原理机制不同，大致可分为化学检测和物理检测两大类。化学检测是利用检测对象的化学检测性质指标，通过一定的仪器与方法对检测对象进行定性或定量分析的一种检测方法。化学检测主要用于生产设备散发有害毒物的检测，如炼油生产中对一氧化硫、碳氢化合物等有毒、可燃气体的检测。物理检测是利用检测对象的物理量（热、声、光、电、磁等）来分析对象性状的一种方法，如噪声、温度、放射性、机械部件运动速度等的检测。生产设备的危险有害因素是多样的，既有机械性的危害因素，也有非机械性的有害因素（如辐射、噪声、尘毒等），因此检测内容繁多，常见的检测项目有以下几方面。

（1）有毒、可燃气体检测　主要用于存在泄漏有毒、可燃气体浓度达到爆炸极限或爆炸危险的石油化工企业以及油轮、油库等。当可燃气体浓度达到爆炸极限时就会发出警报。可燃气体探测器有催化型和半导体型两种。

（2）噪声检测　噪声检测主要包括声级测定和频谱测定。常用仪器有声级计、频谱仪、噪声分析仪等。声级计测量声的声级、计权声压级，根据其精度分为精密声级计和普通声级计，可根据测量精度要求选用。对于测量脉冲噪声则应选用脉冲声级计。一般噪声的频率范围是较宽广的，在噪声控制中往往需要知道噪声的频谱，这时应选用频谱仪。声级分析仪是由声级计、微机和打印机构成，是一种交、直流两用电源的携带式测量仪器，而且可贮存、分析和处理数据，得出所需要的各种综合评价结果。

（3）辐射检测　辐射包括电磁波和放射线，一般作业场所主要涉及放射性检测。按被检测的对象不同，放射性检测分为现场检测和个人剂量检测，前者是对具有放射性污染的作业场所污染状况的检测，后者是对操作人员所受内照射和辐射剂量的检测。放射性检测器的种类很多，可根据检测目的、试样形态、对象核素、射线类型、强度和能量等因素选用。常用的有电离、闪烁式和半导体检测器。电离型检测器是利用射线通过气体发生电离的原理制成的探测器；闪烁检测器是利用射线与物质作用发生闪烁的原理而制成的仪器，具有高灵敏度和高计数率的优点，适用于测量辐射强度；半导体检测器原理与电离型相似，只是检测元件是固态半导体，射线进入元件后产生电子-空穴对，从而得到可测量的脉冲电流。

（4）流动介质（气、液体）参数检测　许多生产设备存在流动介质，无论生产过程还是安全控制，都需要对介质的参数（温度、压力、流速等）进行检测。这类检测仪器很多，既有经典的指针式检测仪器，也有带微机的智能化检测仪，可根据检测参数及要求选用。

（5）电气设备的电气检测　电气设备的检测项目较多，常见的有绝缘性能检测、接地电阻检测、静电检测等。

（6）设备缺陷的无损检测　这是在不损害或基本不损害材料或构件的情况下探测被检对象内部和表面的各种缺陷及某些物理性能的一种检测技术。它对检测材料或构件是否出现危险性缺陷，消灭灾害性事故具有重要的作用。

常规的无损检测方法有：渗透检测、磁粉检测、电位检测、涡流检测、射线检测和超声波检测。其中渗透和磁粉两种检测，只能用于检测材料、构件的表面缺陷，具有方法简单、操作方便的优点。电位法适合于检测裂纹平面的倾角，也可用于检测复合板结合层的质量。涡流法只适用于导体，而且只能检测表面和近表面缺陷。射线法适用于检测材料、构件的内部缺陷，一般对体积型缺陷比较灵敏，而对平面的二维缺陷不敏感，只有当射线入射方向与裂纹平面一致时，才有可能检出裂纹类缺陷，主要用于铸件和焊缝的检测。

声发射检测技术是无损检测的一项新技术，是评价材料与构件的新方法。当物体（构件）受外力或内应力作用时，缺陷处或结构异常部位因应力集中而产生塑性变形，其储存能量的一部分以弹性应力波的形式释放出来，这种现象称为声放射。而用电学的方法接收发射出来的应力波，进行处理和分析，以评价缺陷发生、发展的规律和寻找缺陷位置的技术统称为声发射技术。美、日和欧洲一些国家用声发射技术在压力容器水压试验和定期检修时进行监测已达到工业实用阶段，并颁布了相应的检测标准和操作规程。利用该技术在核容器与化工容器运行中的安全性监测，复合材料压力容器检测，焊接过程的研究等方面都取得了很大的成就。我国也先后研制出了单通道、4通道、36通道等多种型号的声发射检测仪，有的已全部用微机进行数据处理与显示，并在压力容器方面的安全检测获得了应用。

（7）火灾的探测　火灾探测器在探测到火灾时，能自动产生火灾报警信号，因而也可叫火灾报警器。常用的探测器有以下几种。

1）感烟型探测器　烟通常要比热能更快地被探测到，在火灾初期甚至阴燃阶段就能探测到。但对于产生烟少（燃烧物通常为非碳氢化合物）的火灾，或正常生产也产生烟的工序，不宜采用感烟型探测器。感烟探测器可根据使用原理分为离子感烟型、光电感烟型和激光感烟型。其中离子感烟探测器灵敏度高、寿命长、价格低、安装使用方便，对人体无危害。

2）感温型探测器　也叫热探测器，特别适用于无法使用感烟探测器的场合。其感温响应方式有两种情况，一种是有火灾征兆、温度异常，当达到一定温度时，热敏元件就感应报警，称为定温式探测器。另一种是检测温度的升高，即升温速度超过某一特定值时，感应报警，称为差温式探测器。热敏元件有双金属、热敏电阻、热敏电缆、易熔金属等。

3）感光火灾探测器　利用光敏元件、光电池、单色光、红外光敏元件、紫外光敏管或激光束来探测燃烧产物、可见烟或火焰。各种探测器各有优缺点。探测火灾产生的红外线或紫外线装置，不能用于正常生产或使用到红外线或紫外线的地方，以免引起误动作。

4. 设备的预防性试验

预防性试验是检验设备或部件是否符合安全运行要求,预防设备因损坏而导致事故发生的重要措施。预防性试验分为破坏性试验和非破坏试验。破坏性试验如提升设备钢绳的拉断试验,如果测试的抗拉强度低于规定值,就应更换新的钢绳。非破坏性试验如压力容器的水压试验,在试验过程中检查容器有无漏水或其他异常现象,以判断压力容器是否能继续安全运行。预防性试验也可采用无损检测技术检测,然后按一定的评估方法与标准来评判设备的安全性能。

5. 常用设备的监控系统

实际生产中使用的安全监控系统种类繁多,根据使用对象不同,常用的有以下几类。

(1) 生产工艺参数监控系统　这类系统主要是为了保证设备工艺运行要求,同时也起到安全监控的作用,例如发电厂锅炉过热蒸气温度控制系统,每种锅炉与汽轮机组都有一个规定的运行温度控制系统,每种锅炉与汽轮机组都有一个规定的运行温度,在这个温度下运行机组的效率最高。

(2) 危险场所提示监控系统　对于一些危险场所(如高压变电室、重要设备场所、危险作业场所等),如果在采用隔离、屏蔽等措施后还不能达到本质安全时,为了避免有人误入而造成事故危险,常在这些场所设置提示监控系统。一旦有人靠近或误入,系统将以语音或声光形式发出警告。

(3) 事故危险警报监控系统　对于有泄漏有毒、可燃气体的作业环境,如果发生泄漏,可能会造成严重的中毒事故或爆炸事故。因此需要设置警报监控系统,一旦出现泄漏超过规定值,系统立即报警,以便人们采取措施,排除险情。

(4) 火灾报警监控系统　一旦出现火情系统立即发出报警,以便人们及早扑灭火灾或逃离现场。火灾报警监控系统不仅可用作报警,还可同时启动灭火系统和排气扇,打开排气操纵增压系统。有些重要建筑物的监控系统同时使用多种探测器来监测火灾,提高预防火灾的可靠性。

(5) 安全保护监控系统　这类系统广泛用于各类设备上,一方面保护设备,另一方面保护操作者,避免人身伤害事故发生。如机床上使用的限位监控器,当运动部件运行轨迹超过限定位置时,系统发出警报,并切断电源或启动制动装置。压力机上使用的冲压保险监控系统,是为了防止在冲压过程中发生人身事故而设的,一般分为光线式和感应式,当人体某部位伸进感应幕时,电磁发生变化,监测出感应幕被破坏,并向控制元件输出信号,使压力机的滑块停止运行。还有汽车上使用的防撞雷达,也属于安全保护监控系统类型,当汽车与前方或左右侧的汽车或其他物体的距离较近时,防撞雷达切断油路,启动刹车系统,使汽车自动停止运行。

(6) 电视监视法　采用工业电视对生产现场进行集中监视。利用安装在现场的摄像头及时观察车间情况,一旦发现事故苗头,即可用对讲机通知车间管理人员及时加以控制。一般的安全检查都是检查人员到现场进行查证,这不仅费时,而且不能动态地观测设备的运行情况。利用电视监视法,人们可通过屏幕随时检查设备运行及作业环境变化情况。尤其对于危险作业和安全要求高的设备运行,这是一种很有效的方法。从严格意义上讲,电视也是一种监控系统,只是由人充当信息处理分析器和控制执行机构。

六、设备的安全管理规定

第一条 为了加强对设备的安全管理,确保设备处于安全可靠状态,避免或减少设备事故的发生,保证石化企业的安全生产,特制定本规定。

第二条 各企业必须遵照国家和集团公司有关设备安全的规范、标准、规定和制度,制订或完善本单位设备安全管理的制度、规定和设备安全操作规程。设备运行必须按制度或规定进行。

第三条 设备操作人员必须接受有关设备安全运行的教育、培训,做到"四懂"(懂结构、懂原理、懂性能、懂用途)、"三会"(会使用、会维护保养、会排除故障),按照设备操作规程进行操作,不得超温、超压、超负荷运行。

第四条 加强压力容器和压力管道安全管理。

(1)必须及时准确掌握压力容器、压力管道安全数据和现状,建立反映实际状况的档案和台账。石化行业是易燃易爆危险性较大的行业,压力容器数量大、规格多、介质种类多,必须高度重视、严格管理,保证其处于安全可靠的状态。

(2)严格对压力容器、压力管道的检验。依据国家劳动部"压力容器安全技术监察规程"要求,结合石化企业具体情况,要求如下:

1)未进行检验的压力容器不准投用。

2)新投用压力容器使用前未到劳动部门办理使用许可证的不准使用。

3)投用以来一直未进行检验的要立即安排检验。

4)硫化氢对材料的腐蚀情况不明,或者硫化氢浓度超过设计指标的,要立即安排检验,发现问题要及时处理,严重超标的要立即停用。

5)介质对压力容器材料的腐蚀情况不明,介质对材料的腐蚀速率大于0.25毫米/年,以及设计依据或设计确定的腐蚀数据严重不准确的,要立即安排检验,发现问题要及时处理,严重超标的要立即停用。

6)材料焊接性能差,容器在制造时曾多次返修的,要加强监控,直至停用。

7)用新材料制造、试用的压力容器必须经过鉴定方可投用,投用后必须缩短检验周期。

(3)对压力容器的设计依据和标准、生产制造单位的资质和施工质量、容器制造的监制及检查验收情况等进行全面清查,发现问题立即纠正,对设计、制造及检验中存在的隐患必须及时消除。

(4)严格压力容器、压力管道的安全管理,坚持"安全第一"的方针,落实压力容器、压力管道的监控、检验、处理和更新的责任,因忽视或放松压力容器、压力管道监控、检验、修理和更新而造成事故,要严肃追查责任。

(5)加强对压力容器的安全阀、爆破片(板)、压力表、液面计和测温仪表等安全附件的管理。安全附件的设计、制造、安装、检验等均应符合"压力容器安全技术监察规程"的规定,安全附件必须选用有制造许可证单位生产的产品。事故快开阀要有专人维护管理,确保紧急状态时灵敏可靠。

(6)对安全等级为4级的容器(液化气体汽车、槽车和铁路罐车不得使用4级容器)要立即制订监护措施,限期整改缺陷,不能整改的要立即停用。定为5级的容器不准使用。

第五条 加强大机组和关键设备的管理。
（1）对重点、关键设备实行"机、电、仪、操、管"五位一体的联合检查，对大机组实行特级维护制，建立制度，明确标准，定期联检，落实责任，严格考核。
（2）完善机组安全保护系统，加强对大机组安全保护设施的管理，抓好机组状态监测，减少大机组事故。
（3）大机组严格按照规定运行，大机组操作人员要严格培训考核，持证上岗，认真执行操作规程，保证安全运行。

第六条 生产中不允许拼设备、超负荷运行和设备"带病"运行，在生产和安全有矛盾时要服从安全，如违章作业和违章指挥造成事故，要严肃追究有关人员责任。

第七条 加强联锁保护系统的管理。
（1）提高联锁保护系统投用率。联锁保护系统应100%投入使用。目前未能投用的，要组织有关技术人员分析原因，落实整改措施，限期投用。
（2）联锁、自保停车系统要处于完好、可靠状态，不得擅自摘除。各单位要建立健全联锁摘除管理制度和规定，联锁摘除一定要由企业主管领导或总工程师批准，摘除期间要有相应保护措施及责任人员，审批手续必须齐备。因无故摘除联锁发生事故，要严肃追查有关人员责任。

第八条 严格执行电气运行安全管理规章制度。
（1）严格执行电力部"电业安全工作规程"和集团公司有关规程及规章制度，工作票、工作许可证、工作监护、工作间断、转移和终结制度必须逐条执行，一丝不苟。
（2）加强电气系统的改造和隐患治理。电力系统主接线方式不符合一级负荷或设计规范要求的，应组织有关单位的技术人员进行研讨，尽快解决，增强主接线方式的可靠性。
（3）加强电厂、电站管理，确保安全供电、供汽。
（4）加强爆炸危险场所电气设备的管理和监督。严格执行临时用电票制度。对爆炸危险场所与配电间、仪表控制室等相通的沟道，要有可靠的隔断。爆炸危险场所电气设备的防爆等级不符合国家或行业规程规定的要立即整改，贻误整改而造成事故的，要严肃追究有关人员责任。
（5）加强电工的培训、考核，按照特殊工种的管理规定，电工必须考核上岗，定期复审，没有经过考核上岗造成事故，要追究主管领导责任。
（6）电气工作必须严格执行"三三二五"制，即三图、三票、三定、五规程、五记录。
三图：系统模拟图、二次线路图、电缆走向图。
三票：工作票、操作票、临时用电票。
三定：定期检修、定期试验、定期清理。
五规程：检修规程、运行规程、试验规程、安全作业规程、事故处理规程。
五记录：检修记录、运行记录、试验记录、事故记录、设备缺陷记录。
（7）对电力系统各段母线做短路计算，核对各级开关的遮断容量，凡不能满足遮断电流的必须采取措施，防止开关切断短路电流时发生爆炸事故。
（8）对电力系统保护定值要定期核算，对继电器整定值要定期校验，防止误动作引起事故扩大。

第九条 随着各企业加工和储运能力大幅度增强，吞吐量增加，单台储罐容量增大，由静电引起的火灾事故和雷击着火事故概率大大增加且时有发生，因此，要切实重视和抓实防雷、防静电工作，健全设施、加强检测。

（1）设备防雷、防静电设施要符合国家标准和集团公司有关规定的要求。

（2）防雷、防静电设施检测方法要正确，检测数据要准确，检测日期要保证，检测责任要落实，使防雷、防静电设施完好可靠，处于良好状态。

第八节　班组的工具管理

工具是从事劳动生产过程中所使用的器具，企业再生产过程使用的各种工具，是指在生产制造各种产品的工艺过程中所使用的各种器械。班组工具管理，是对班组使用的工具、辅助工具及检验、测试用具等进行领用、使用、保管、修复而进行的有关组织管理工作。

一、班组工具的分类

1. 通用、专用工具

（1）刀具　主要指用来加工、切削金属的工具。

（2）磨具　主要指用于加工、磨削金属的工具，包括各种砂轮、研磨工具、抛光工具、切割工具等。

（3）量具　指用于检查测量产品或部件的工具，分精密量具和普通量具。

（4）模具　指用于使被加工件形成特定形状的工具。

（5）卡具　指用于加固被加工件或刀具、磨具的工具。

（6）手工工具　指一般常用工具和专用工具。

2. 特殊工具（工艺准备）

（1）试验台。

（2）工作梯、台。

（3）厂内运输工具。

（4）其他工具。包括特殊工种中使用的工具，如焊接作业中使用的焊枪、水管线等，以及电工使用的电表、电笔、安全带等。

二、班组工具管理的内容

1. 准确编制计划

根据班组的生产使用需要，制订班组工具的需求计划，统一进行协调。

2. 建立工具使用档案

（1）根据工具在生产中的作用和技术特征，采用"十进位"法把工具分成类、种、组、项、型等，把所有工具分成十类，每类分成十种，每种分成十组，每组分成十项，每项分成十型。

（2）工具编号。主要有十进位法、字母法、综合法。

（3）注册登记。班组工具不论是个人使用、集体使用，还是工具室借用（专用工具、工装），都应建立账目，为生产做好准备（如表 5-6 所示）。班组长应对班组所有工具做详尽的了解。

表 5-6　工具管理注册表

类别	编号	工具名称	任务编号	使用日期	完好情况	存放地点	保管人	借用人	交还日期

3. 保证及时供应

三、班组日常工具的管理

1. 通用工具的管理

（1）按规定手续进行领用和借用。班组应有工具使用保管卡片，记录操作人员领用工具的型号、数量、名称、规格、日期。领用人员应根据工艺文件的规定适当适量领取。对于共用工具也应建卡管理，个人使用时办借用手续，进行登记（如表 5-7 所示），用后及时归还。

表 5-7　个人工具借用卡

编号：　　　　　　　　　　　　　　　　姓名：

项次	工具名称	规格	借用数量	借用日期	预订归还日期	借用者签名	实际归还日期	经办者签名

（2）做到工具的合理保管和使用，所有工具都必须按其性能和工艺规范使用。工具的使用应按工艺要求，在工具强度、性能允许的范围内使用，严禁违规代用。
（3）建立工具的报废、报损和丢失处理制度。
（4）做好工具事故的处理工作。
（5）对工具节约和工具改进者给予物质奖励和精神鼓励。

2. 专用工具的管理

专用工具大多由企业自行设计、制造，是用来加工某种特种零件的工具，其管理方法基本上与专用工具的管理方法相同。

课后练习

5-1　什么是设备管理？现代设备和设备管理的特点有哪些？
5-2　班组设备管理的主要内容有哪些？
5-3　班组设备维护管理的要求有哪些？
5-4　简述设备日常保养的"十字作业"法。
5-5　什么是班组设备的日常三级保养？
5-6　什么是TPM？简述TPM开展的步骤？
5-7　简述TPM中的小组自主活动。
5-8　简述TPM中的设备点检制。
5-9　简述设备点检制的五层防护线的关系。
5-10　设备耗损的类型有哪些？如何开展自主保养？
5-11　如何进行设备使用期的安全管理？
5-12　案例分析：

爱"挑刺"的老胡

胡海林是机电事业部零件车间的安技员兼综合组组长，认识他的人都知道，对待工作时他是一丝不苟，非常严格认真的，对车间生产中发生的违章违规现象更是毫不留情，一抓到底。尽管胡海林爱"挑刺"，尽管他快到退休年龄了，但是车间职工还是喜欢叫他"海哥"。

作为一名安技员，"海哥"深深地知道，自己必须要比一般的职工有更强的责任心，所以自他负责车间安技工作以来，便结合该车间主要以机加为主，车、铣、钻、气电焊等危险性工种多的特点，采取了教育加责罚的办法，对事故防患于未然，确保职工的生命安全。他经常深入到车间的一线班组，重点关注车间的危险源，对违章操作机床的员工，初次对其教育批评，使其意识到危险所在，如再犯就对其毫不留情给予处罚。对于车间的安全隐患，他发现一处就及时排除一处。他设立专门的油库及气体间，以杜绝火灾隐患的发生，定期检修吊具吊索，及时更换灭火器等。该车间自成立以来的四年里从未发生重大的人身及设备安全事故，这与"海哥"的努力是分不开的。

身兼车间综合组长的"海哥"，对车间的现场整顿及班级管理也是尽责尽力，抓好每一个环节。每天上班后，他总是要对各班组巡视一遍，看看清扫工具有没有放到指定地方，工件有没有放整齐，班组园地有没有及时更新，如发现了不规范的地方，他便马上叫来班组长，指出问题所在，然后督促其马上进行整改。他还经常利用自己以前从事焊工的特长，设计并制作了一些与现场管理有关的工具，如烛接挡屑板、工件摆入架等。他针对碳刷班工件清洗后防锈油到处流的情况，与车间领导一起设计了一种专用工件架，并且利用几个休息日把其焊接好，较好地解决了这一难题。

问题：

1. 你怎样看待爱"挑刺"的老胡？
2. 什么是"三位一体"点检制及五层防护线？你认为作为班组长应如何进行生产设备的点检？

第六章　班组的生产安全管理

> 近来工厂生产发展很快，效益不错，总装一班的工作任务也随之越发繁重起来，这个月比上个月的任务又高了20%，张凡和班组成员当班时手脚不停，忙得连喝口水的时间都没有。由于劳动强度大，天气又热，周航把安全帽摘了下来，顿时觉得凉快不少，头上也轻松许多。于是，他将安全帽放在一边继续工作。张凡发现后提醒他戴上安全帽，周航满不在乎地说："都干了这么多年了，一会儿不戴也不会出什么事。"下班的时候，他又对张凡说："班长，你看，没事吧？"张凡一时不知该如何说服周航。张凡将此事告诉了刘科长，刘科长很严肃地对张凡说："生产安全的事可大意不得，出了安全事故不仅企业受损失，对员工来说更是不可挽救的伤害。班组生产安全的关键还是在你这个班组长，只要你的工作到位，像周航这样的情况就不会发生了。"张凡连连点头："是的，我也知道周航不戴安全帽是不对的，但又不知道该怎样去纠正他，工作任务又这么重，真是有点为难。"刘科长给张凡倒了杯水："那我们就来聊聊班组生产安全管理方面的事情吧。"

第一节　班组长与生产安全

班组的生产安全管理，是指班组运用安全生产知识制订科学的、合理的、行之有效的各种安全生产管理制度，预防各类事故，控制职业病和中毒事件的发生，以保护员工的安全与健康，促进生产发展。

班组生产是企业安全管理的前沿阵地，安全又具体地统一在生产过程之中。班组管理直接与安全隐患做斗争，生产现场直接决定着班组成员的安全，从而影响着整个企业的生产效益和人心稳定。由此可见，班组的生产安全管理是企业管理的重要组成部分。班组是实现安全生产的第一道防线，在生产过程中，安全与生产发生矛盾的情况时有发生，能否处理好班组与生产的关系，关键在于班组；不安全因素、隐患能否及时消除也在于班组。尤其是当班组生产任务较重，出现了不安全因素或其他事故隐患时，只有班组成员在现场真正树立了安全第一的思想，才会自觉采取措施，及时处理安全隐患，消除不安全因素，使员工的人身安全、企业的生产安全得到保障。事实证明，不仅产量、质量值得班组重视，安全工作更需要班组时刻落实。

一、班组长的安全职责

班组长是班组的安全生产第一责任人，同时又是完成班组生产任务的核心成员，这就决定了班组长在管好生产的同时，必须管好安全，否则，在生产中发生不安全现象甚至安全事故，班组长的责任是不可推卸的。班组长在生产安全方面的具体职责有下面一些方面：

（1）认真执行劳动保护方针政策、规章制度以及本企业和本车间的安全工作指令、决定等，对本组工人在生产中的安全和健康负责。

（2）根据生产任务、劳动环境和工人的身体、情绪、思想状况具体布置安全工作，做到班前布置，班后检查。

（3）经常检查本班组人员正确使用机械设备、电气设备，原材料、安全装置、个人防护用品等情况，做到设备处于良好状态，保持成品、半成品、材料及废物合理放置，通道畅通，场地整洁。消除一切不安全因素和事故隐患。

（4）对本班组人员进行安全操作方法的指导，并检查其对安全技术操作规程的遵守情况。

（5）督促班组安全员定期认真组织安全活动，做好对新员工、调换工种及复工人员的安全生产知识教育。

（6）发生伤亡事故时，应立即向上级领导报告，并积极组织抢救。除防止事故扩大采取的必要措施外，应保护好现场，以便事故原因的调查。组织班组按"三不放过"的原则，即事故原因分析不清不放过，事故责任者和群众没有受到教育不放过，没有采取切实可行的防范措施不放过，对伤亡事故进行分析，吸取教训，举一反三，抓好整改。督促安全员如实认真填写"职工伤亡事故登记表"，按规定时间上报。

（7）积极组织开展"人人身边无隐患"活动，制止违章指挥和违章作业，严格执行"安全否决权"。

（8）加强对班组安全员的领导，积极支持其工作。对各种安全生产档案资料应做到制度化、规范化、科学化。

二、班组长的安全素质

1. 要有超前的安全意识

"生命第一，安全重在预防"。人的生命只有一次，在生产工作中要居安思危，不能等出了事故再去整改，而是要将安全隐患扼杀在萌芽状态。在安全管理中，每一位管理者和员工都必须承担起自己的责任，要有超前的安全意识，对于安全问题要防在前、想在前、做在前。

事实证明，很多事故都是可以避免的，只有防在前，才能牢牢掌握安全工作的主动权，才能把事故的发生率降到最低点。班组长和操作人员要有严、细、勤、实的工作作风，要加强安全监督管理的力度。

班组长要组织班组成员在每天工作之前，思考保证安全生产的办法、措施和手段。在安全生产过程中，大力提倡"我为人人，人人为我"的思想，时刻以自己为中心，从身边做起，从小事做起，增强保护意识，提高自我保护和保护他人的能力。

班组长对班组的生产安全现状、作业现场的基本情况、事故多发区域的防护等，要做到心中有数、了如指掌。对于班组成员的不安全行为、班组设备的不安全状态、工作环境的不安全因素、管理工作中存在的问题和尚未整改的安全缺陷等，班组长要事先分析判断可能导致发生伤亡事故的各种因素，特别是对重大事故的隐患，要及时采取果断的措施，预防事故的发生。

2. 要有认真负责的工作态度

安全生产工作是人命关天的大事，也是一项非常实际的工作，来不得半点马虎和虚假。

做好安全工作的关键是负责和细心，所以，班组长要有高度的责任心和认真负责的工作态度，每时每刻都将班组成员的安全和健康放在最重要的位置。

3. 要有比较丰富的生产实践经验

班组长要熟知本班组的生产工艺，懂得本班组主要生产设备的性能、操作步骤、操作要求，并能解决生产上出现的一般技术问题，能指导班组成员进行工作。一般来说，班组长要具备过硬的业务素质才能让班组成员信服。

4. 懂得有关的安全技术知识

安全技术知识涉及很多方面，班组长应主动学习与工作相关的安全技术知识，熟悉有关的安全法规，懂得劳动保护和安全技术知识，具备辨别危险、控制事故的能力。

5. 具备较强的学习热情和再学习的能力

学习能力是掌握一切知识和提高业务能力的基础。班组长需要充满热情地在生产和实践中不断学习，提升自己的知识水平。安全生产是一门综合性科学，需要多方面的知识，这就更需要认真学习。

6. 能做好员工的思想工作

任何工作都离不开思想工作，它是各项工作取得效益的保证。搞好班组安全生产工作，要靠班组每一个成员。班组成员是决定性因素，做好班组成员的思想工作非常重要。班组长要善于发现和掌握班组成员的思想状态和行为动态，了解班组成员产生思想问题的根源。为此，班组长需要掌握一定的心理学和行为科学知识，调动班组成员的积极性，以实现企业安全生产。

三、班组长落实安全工作的技巧

1. 以身作则，起带头作用

班组长是整个班组的领头羊，如果班组长自己不能以身则，就无法得到班组成员的支持和信任。因此，在工作中，班组长必须身体力行，以自己的实际行动影响和带动班组成员共同搞好班组安全工作。不能只是对班组成员严格要求，对自己却放松管理，要求别人做的事情，首先自己要做好，班组长要做好表率。在抓安全生产时，班组长要做到嘴勤、耳勤、眼勤、手勤、腿勤，尽职尽责，热心为本班组成员的安全和健康服务。

2. 工作依靠群众

安全生产工作是群众性的工作，班组长要相信班组成员，善于激发班组成员的积极性，实行群防、群治、群管、群控，做到全员、全面、全过程、全方位的管理。如果只有班组长的积极性而没有班组成员的积极性，班组安全工作就搞不好。要把班组成员发动起来，首先要加强安全生产的宣传教育，只有使班组每一个成员都认识到安全生产的重要性，班组成员才会自觉地做好安全工作，事故才能得到防范。

3. 贯彻法治的原则

大多数的安全事故是因为违章作业、违章指挥、违反劳动纪律等造成的，为了制止"三违"（违章作业、违章指挥、违反劳动纪律），杜绝安全事故的发生，班组应建立健全安全制度、安全规范，把控制人的行为和改善作业环境的安全，纳入规范化、程序化、标准化的管理轨道上来。安全制度一旦建立，就必须强制严格执行，并与经济责任制挂钩。制度只有严格执行了才是真正有效的制度，否则就是一纸空文。但是，班组长在严格执行安全制度的同时，要注意自己的工作方法。严格不等于态度恶劣，在面对班组成员的违章现象时，要晓之以理、动之以情。只要方法得当，即使是处罚，班组成员也会毫无异议地接受。

4. 奖惩结合，及时兑现

奖励和处罚都是管理中经常运用到的手段和方法，是对班组成员的一种引导。奖励是正面引导，处罚是对班组成员的警示，以告诫班组成员自觉地反对和制止不安全行为。班组长要敢于坚持原则，该奖的奖、该罚的罚，不要只罚不奖，或只奖不罚。一般来说，要以表扬奖励为主，以激励班组成员的自信心，不能认为处罚的人越多越好。正确的做法应该是：处罚面小，教育面大；处罚典型，罚一儆百。

5. 实行民主管理

民主管理的实质是走群众路线，班组长要发动员工参加安全管理工作，行使当家做主的权力。对班组的安全工作要集思广益，广泛征求群众意见。例如，将班组安全生产目标和安全措施交群众讨论，把班组制订的安全生产制度、标准交群众审议，实行安全评比考核等。实行民主管理能让班组成员有集体荣誉感、归属感和主人翁感，能充分调动全组成员的安全生产工作的积极性。

6. 用竞赛促安全建设

竞赛是一种鼓励争先创优的有力措施，是开展比、学、赶、帮、超的良好形式。通过竞赛，班组成员能发现自己的不足，认识到安全生产的重要性，从而改进自己在安全生产方面存在的问题。把竞赛形式运用到班组的安全管理工作，可以创造出一个重视安全、关心安全的好局面。班组长可以根据本班组的特点，开展各种形式的安全竞赛，如百日无事故竞赛、师徒安全对手赛、安全知识抢答赛等。

7. 建立良好的团队氛围

由于人具有社会性，所以人和人之间关系的融洽程度能影响人的情绪。在一个人际关系融洽的团队中工作，员工会心情愉悦、情绪放松；在一个人际关系紧张或淡漠的团队中工作，员工会形成一种事不关己、高高挂起的态度。班组长要在班组内部建立起一种良好的工作氛围，才能使班组具有凝聚力和向心力。班组长要多关心班组成员的工作和生活，对性格内向或孤僻的成员，要主动接近，传达友善；在他们工作和生活上出现困难时，要积极发动其他成员互帮互助，以增强班组内部的团结。只有这样，班组成员才会在工作时保持稳定的情绪和心态，避免因为不良情绪而引发安全事故。

第二节　班组生产安全管理的内容

了解了班组长在生产安全方面应该具备的一些知识以后，接下来再来看看班组生产安全管理具体有哪些内容，也就是班组长在生产安全管理中要做哪些事情。

一、在班组内部建立基层安全组织

一般情况下，企业都已经建立起安全方面的管理体系，通常都成立有安全委员会等组织，也有定期的安全检查制度等。在一些企业里，尤其是企业管理比较先进的制造型企业，会要求安全管理工作和其他生产工作一样，细化到班组的每一个成员。道理其实很简单，生产是整个班组成员协作完成的，所以每一个人都要参与安全管理。当班组所有成员都参与到实际的安全管理工作中，他们的安全知识、安全技能才能得到切实有效的提高，安全意识自然也就树立起来了。有经验的班组长还会安排按一定时间进行安全管理分担的轮换，以使得班组成员的安全技能更加全面。班组长应该在作业现场的醒目位置张贴安全管理分担一览表、班组日常安全生产检查表、消防安全日常检查表、作业现场消防器材分布图、逃生路线图、紧急情况联络图等（如表 6-1、表 6-2、表 6-3 所示），以便员工周知。

表 6-1　安全管理分担一览表

状态	事项	工作内容	责任人
日常管理	1. 灭火器材点检	确保灭火器在有效使用期限，消防栓、水带无破损，上述器材无灰尘锈迹	张三
	2. 化学物品保管	确保化学物品保管在铁柜内，化学物品无泄漏	李四
	3. 设备安全装置点检	所有安全装置有效，注油、防锈	王五
	4. 插座、电源开关点检	无破损，无漏电，接触良好	赵六
	5. 劳保用品管理	用品数量保证，穿戴规范监督	钱七
	6. 空调、抽风机点检	空调、抽风机正常运转	赵六
火灾发生时	1. 报告、联络	发出报警信号，并向上级报告	刘九
	2. 切断电源	切断车间设备电源	张十
	3. 组织灭火	火势初期，迅速组织义务消防队员运用各种手段灭火，如火势不受控制应及时撤离	李四
	4. 重要物资、文件转移	负责重要物资、文件转移，但情况紧急时应放弃物资、文件转移，及时撤离	钱七
	5. 人员疏散、清点	在门口、楼梯口等重要处所指挥人员疏散到安全集中地集合，清点人数后向上级报告	张三

表 6-2　班组日常安全生产检查表

检查日期：　　　　　　　　　　检查人员：

类别	序号	检查项目	基本情况	评分
安全管理	1	成立班组安全管理机构		
	2	建立健全安全管理制度，签订安全责任书		
	3	制订操作规程		
	4	建立应急预案并组织演练		
	5	安全管理人员及安全经费投入		
	6	安全会议		
安全措施	1	安全检查		
	2	安全教育制度与培训		
	3	设备检查		
	4	安全技术交底		
安全隐患整改与奖惩	1	整改通知书及整改结果		
	2	奖励措施		
	3	事故报告与处理		

（续）

类 别	序 号	检查项目	基本情况	评 分
总 分				
安全台账		① 会议记录 ② 规章制度 ③ 安全检查 ④ 安全教育 ⑤ 整改结果 ⑥ 事故报告 ⑦ 事故处理 ⑧ 人员经费	是否成册 是否按规定记录 是否代签	

表 6-3 消防安全日常检查表

检查类别		检查时间		检查人	
受检单位		受检部位		受检人	
检查项目		检查标准			√/×
1．消防器材、设施		配置到位，齐全、有效、合理			
2．自动消防设施		运行正常，控制室值班在岗情况良好			
3．消防通道		消防车通道、安全疏散通道、安全出口布置合理、通畅			
4．消防水源		布局合理，供水通畅，水压充足			
5．防火帽		配置到位，完好、有效			
6．消防标志		设置到位，完好、有效			
7．应急照明		设置到位，完好、有效			
8．用火、用电		手续齐全，安全措施落实，无违章、隐患、防雷、防静电措施符合安全要求			
9．建筑工程		落实"三同时"，执行建筑工程消防监督审核管理规定			
10．消防重点单位（部位）		自主管理到位，现场无违章、隐患			
11．记录		建立齐全，填写规范、有效			
12．易燃易爆化学危险物品和场所及其他重要物资、可燃物品		落实防火防爆措施			
其 他					
问题及整改要求					
复查情况	时间		检查人		受检人

二、经常开展安全教育

安全管理以预防为主。如何做到有效的预防？答案是靠有效的安全教育。一般企业在安全教育方面实施的是安全三级教育制度，即企业、车间、岗位三级教育。由于企业和车间的安全教育多为安全常识的普及，很少涉及具体的岗位，所以与员工密切相关的岗位安全教育主要由班组来承担。岗位安全教育具有长期性、持续性的特点，班组不能因为班组成员取得了上岗资格证书就忽视岗位安全教育，相反，岗位安全教育从班组成员上岗作业时才真正开始。由于班组生产任务繁忙，很难有大段时间来安排集中教育，所以，班组可以采取灵活的岗位教育方式，利用生产间歇期（等待材料、设备故障、转换型号等）、班前会等时间结合岗位的具体情况进行安全教育。

三、提高员工工作技能

高水平的工作技能是安全生产的基础，所谓游刃有余，是建立在对本岗位所需要的技能高度熟悉的基础上的。所以，班组在对班组成员进行安全教育时，不能仅仅局限于安全条规和安全守则，还要将提高班组成员的工作技能作为安全教育的必要组成部分。

例如，在对车床操作工进行安全教育时，只强调拧紧夹具的螺钉是不够的，还应该涉及夹具的设计原理、如何确保螺钉处于紧固状态、导致螺钉松动的原因、车床运转原理、安全防护装置的工作原理等专业知识，以加深员工对设备的理解。随着员工在知识、技能、安全防护意识、操作准确性等方面的提高，所犯的错误也将相应减少。

另外，在作业现场安全事故的发生往往与无序的生产过程和班组成员忙乱、急迫的心理有关，不断提高班组成员的工作技能，使之能有效提高工作质量，以从容的心态有条不紊地完成生产任务，安全事故发生的概率就会大大降低。

四、监督班组成员严格执行操作规程，严格遵守作业标准

每个工作岗位都有自己的安全操作规程，这些操作规程不是凭空想象出来的，都是前人在生产实践中总结出来的最安全最稳妥的操作方法，这些方法凝聚了前人的智慧，甚至有些是用鲜血换来的经验教训，安全操作规程是生产的客观规律的体现。因此，对于岗位的安全操作规程必须认真执行，不能随意违反和破坏，否则，就很容易发生安全事故，产生不良的后果。

但是，在实际的生产过程中，一些班组成员为了节约劳动成本，往往漠视安全操作规程，自己创造出所谓的"捷径"。出现这样的现象是因为这些班组成员没有充分意识到安全操作规程的重要性，没有充分意识到一百次不规范操作中只要有一次出问题，就会带来极其严重的甚至是不可挽救的后果。班组长可以在安全教育会上用图片、幻灯片等形式展示不按操作规程操作发生安全事故的案例，用真实的案例来提醒、警诫班组成员，借此提升班组成员遵守安全操作规程的意识。

和安全操作规程一样，每个岗位的作业标准也是前人经验与智慧的结晶。在制订作业标准的过程中，已经充分考虑到了安全方面的因素，如果不遵守作业标准违章操作，将很可能导致安全事故的发生。

相关数据表明，绝大多数的安全事故与违章操作有关。由于大部分违章不会产生直接后果或是没有显见后果，所以在企业中违章操作带有普遍性。据有关资料统计分析，一万次违章可能造成一次伤害，不是每次违章都会造成伤害。在违章成风的集体里，遵守规程的员工反而显得孤立、死板。违章后果有潜在性，违章操作有较大的潜在风险，有的数年后才会爆发。一个违章当时可能没有发生什么后果，但可能与其他违章在一定条件下合成发生事故，也可能与系统内已经存在的设计缺陷、施工缺陷等巧合成事故。任何年龄、任何工龄、任何工种的人都可能违章，而且还可能是重复同样的违章，可以说凡是人都可能违章。因为违章是有"好处"的，在许多情况下遵守作业标准的劳动成本高，违章操作的劳动成本低。

由于违章操作的情况可能随时存在于生产过程中，可能随时出现在任何一个班组成员的身上，所以班组长在进行生产监督时，要尤为注重对违章操作的监督、控制，并在班组安全教育活动中经常提醒班组成员违章操作的危害，必要时，可处罚个别违章操作情况突出的班组成员，起到警示作用。

操作规程样例

钳工安全操作规程

使用钻床严禁戴手套，小零件钻孔要用虎钳夹好，大零件钻孔要用压板。使用手持砂轮时要戴防护镜，砂轮转动方向不得朝内。使用手电钻时要检查其绝缘是否良好，防止漏电伤人。

1. 使用虎钳时应注意：
（1）虎钳装在工作台上必须牢固，不能松动。
（2）夹较长工件进行操作时，未夹的一端必须用支架支牢。夹紧工作时，不得敲打虎钳手柄。

2. 使用手锤时应注意：
（1）木柄要选用无裂纹的硬木材料。
（2）锤柄和锤头不得沾有油脂，否则易从手中滑脱。
（3）锤头卷边或不平时应修理好后再用。
（4）使用手锤应注意附近人员的安全。

3. 使用凿子时应注意：
（1）凿子的顶端应保持清洁，不得沾上油脂，避免敲打时滑脱。
（2）凿子用久后尾端卷边时必须修整后方能使用。
（3）使用凿子时，禁止对面站人。如二人对面工作，应在前方放置屏障或挡板。在金属屑快要凿脱落时要轻轻用力以防铁屑崩飞伤人。
（4）使用凿子时要握紧，精神要集中。

4. 使用锉刀和刮刀时应注意：
（1）不得使用无木柄或木柄松动的锉刀和刮刀。
（2）锉刀不得当做手锤或撬棍使用。
（3）锉屑不可用嘴吹和手抹，必须用刷子清除。
（4）使用锉刀不可用力过猛，以防折断。
（5）使用刮刀不可拿着工件削刮或用力过猛，防止刮伤。

5. 使用螺钉起子时应注意：
（1）起子刀口不可太薄或太狭窄，以免拧紧螺丝时滑出。
（2）不得将工件拿在手上用起子松紧螺丝。
（3）螺钉起子不可用榔头锤击，以免手柄破裂。
（4）螺钉起子不可当凿子使用。

6. 使用手锯时应注意：
（1）使用手锯条不可装得太松或太紧。

（2）手锯往返必须在同一直线上，用力过猛当心锯条折断伤人。
（3）工件一定要紧固牢，以免因工件松动折断锯条伤人。
（4）工件将要锯断时，不可用力大，防止工件脱落砸伤足部。

7. 使用扳手时应注意：
（1）扳手必须与螺姆的尺寸相符，否则会打滑使人摔倒。
（2）用扳手拧螺姆时不可用力太猛，松螺钉时应慢慢施力扳松。
（3）使用扳手时必须注意可能碰到的障碍物，防止碰伤手部。

8. 使用手电钻时应注意：
（1）首先检查电钻是否漏电、接地线是否牢靠，在导线部位工作时要垫木板或戴绝缘手套。如发现漏电或温度过高立即停止操作，送电工修理，不能勉强使用。
（2）装卡钻头要在停止转动后进行，要用钥匙，不准用其他物件敲打钻夹头。
（3）不准用手清除铁屑。朝上钻孔时要戴防护镜。
（4）操作完后要及时切断电源，禁止远距离拉电线，以免造成触电事故。

天车工安全技术操作规程

1. 上岗前劳保用品必须穿戴齐全，由班长组织召开班前会，布置生产和安全工作。
2. 操作者必须是经过安全技术培训，并取得合格证者。学徒工无师傅监护不准独立操作。
3. 开车前必须首先检查设备各部位及安全装置（如：抱闸、钢丝绳、滑轮、钩头终断开关、安全联络开关、缓冲器、栏杆、各操作手把位置……等），发现问题及时处理，待一切正常后方准开车。
4. 开车前首先发出信号，并观察好人员和其他情况，送电后必须空负荷试车，待大车、小车、抱闸和升降一切正常后方可操作。
5. 必须严格按照指挥信号开车，信号不清不得开车。任何人发出紧急停车信号都必须立即停车。
6. 开车严格按照操作规程操作控制器手柄，严禁用身子或脚操作。
7. 正常情况下，大车不得打反车，在为了避免发生重大事故需打反车时，控制器只能放在反方向的第一级。
8. 起吊中用的钢丝绳、吊链等用具必须符合安全要求，严禁使用废钢丝绳、麻绳、三角带等起吊重物。
9. 吊物时要稳起稳落，不允许一下子把重物吊起来或一下子把重物放下去，更不允许大摇大摆开飞车。
10. 吊物时要保持钢丝绳垂直，翻物时不允许倾斜角度大于5°的斜拉或斜吊。
11. 严禁超负荷吊运。
12. 严禁吊物从设备上通过。绝对禁止天车吊人。
13. 吊运时，被吊运物体的高度要高于地面设备半米以上，被吊物件上不许站人，不许浮放任何大、小物件。
14. 不许用限位开关作停车手段。
15. 起升机构吊有负荷时，不准对制动器（抱闸）进行调整。
16. 不允许在运行时进行任何修理工作。

17. 不许两个钩同时吊两个工作物，具有主副钩的天车、不工作的吊钩必须升到接近极限位置的高度，钩上不许挂钢丝绳或物件。

18. 驾驶室中有两人（或多人）时，离开驾驶室的人必须与操作司机打招呼。不许擅自上下车。

19. 用一根绳吊运较长物件时（指光滑的方箱或圆柱体），如果钢丝绳的张开角度大于60°，为防止在吊运过程中绳子窜动使重物脱落，钢丝绳的中部应在吊钩上缠一圈，张开角度大于90°则不允许用一根绳吊运。

20. 用两根绳吊长物体时，钢丝绳张开角度若大于90°，则每根绳都应在工件上缠一圈。若张开角度大于120°时，不准吊运。

21. 在运行中，发现起重机有异常现象，必须立即停车检查，排除故障后，待一切正常再开车。

22. 在起重机构制动器突然失灵时，司机应根据具体情况，采取有效措施处理，环境允许时，可以把吊起的物体落下去，如果不允许直接落下则应反复起落，并开动大小车，选择安全地点把重物落下，不应任其自由坠落。

23. 用两台天车吊物体时，应保持承载均匀，起升机构的钢丝绳要保持垂直。工作时两台天车的相应机构的动作应同步，不许同时开动两个机构，抬杆要保持水平，并要有专人指挥，不允许用两台车翻料。

24. 用拖布清扫车上油污、灰尘时，不要站在主梁上，以防止用力过猛发生内倒或跌落。

25. 车上的油污应及时清除，以免行走时滑倒。

26. 每次交班或检修交工后的天车，在开车前要详细检查设备是否正常，确认正常后再开车。

27. 不许撞车，如遇到特殊情况或故障，需要推到检查平台处时，要有专人指挥，两车之间要慢慢接触，平稳地轻轻推动，不准撞击。

28. 上下天车，必须经过天车梯子，不允许借助任何物件攀登上下天车。无人监护和无安全带，不得在天车轨道上工作或行走。

29. 吊钩和道轨的终点开关必须完好无损。操作中思想集中，防止终点开关和极限位开关失灵而发生意外。

30. 吊物下边严禁有人停留或工作。检修处理问题时，必须将拆下的设备零部件放落在地上进行，不允许用天车吊着进行。

31. 严格执行天车十不吊：
① 指挥信号不明或乱指挥不吊。
② 超负荷不吊。
③ 工件紧固不牢不吊。
④ 吊物上边有人不吊。
⑤ 安全装置失灵不吊。
⑥ 工件埋在地下不吊。
⑦ 光线阴暗看不清工件不吊。
⑧ 斜拉工件不吊。
⑨ 楞刃物件没有采取措施不吊。
⑩ 钢（铜）水包过满不吊。盛酸性液体的瓷坛不吊。

32. 各种气瓶、乙炔发生器等具有爆炸危险的物品不准吊运。
33. 天车指挥信号和手势：
① 手心向上表示吊钩向上。
② 手心向下表示吊钩向下。

五、监督员工穿戴劳保用品

企业发放劳保用品的目的，是保护员工在工作过程中免受伤害或者防止形成职业病。劳保用品在预防职业危害的综合措施中，属于第一级预防部分。当劳动条件尚不能从设备上改善时，还是主要防护手段。在某些情况下，如发生中毒事故或设备检修时，合理使用劳保用品，可起到重要的防护作用。劳保用品有防护服装、防护鞋帽、防护手套、防护面罩及眼镜、隔音器、呼吸防护器、皮肤防护剂等。

虽然企业为员工提供了劳保用品，但在实际生产过程中，很多班组成员认为劳保用品妨碍了工作，增加了身体的负担，经常不穿戴劳保用品。例如进无尘车间不换鞋或套鞋套、长发女工不戴帽子等。班组长针对这些情况不能忽视，要持续不断地提醒和教育，严格要求，使班组成员养成穿戴劳保用品的习惯，一旦习惯养成，班组成员就会自觉穿戴劳保用品。

案例14　某公司劳保用品管理制度

1. 目的
建立劳动保护用品发放、使用规定。
2. 适用范围
适用于本公司各部门劳动防护用品的发放、使用和管理。
3. 责任者
安全部、采购部、各使用人员。
4. 程序
4.1 公司仓储科按规定外根据员工岗位不同配置不同的个人防护用品。安全部根据危害因素的变化情况提出变更防护用品建议并报批准，以降低有毒有害因素对员工的伤害。
4.2 仓储科根据《劳动保护用品发放标准》分发个人防护用品。
4.3 使用范围包括所有部门。
　　4.3.1 护目镜的使用规定。
　　　　4.3.1.1 投料岗位、离心岗位、回收岗位在操作时必须佩戴护目镜；
　　　　4.3.1.2 包装岗位控制称量的员工必须佩戴护目镜；
　　　　4.3.1.3 备料、装卸工在分装各种液体原料和有毒原料时必须佩戴护目镜；
　　　　4.3.1.4 成品库在成品转桶时必须佩戴护目镜；
　　　　4.3.1.5 装卸组、备料组在装卸搬运有毒原料时必须佩戴护目镜；
　　　　4.3.1.6 研发中心、质检部员工在接触各种液体原料、中间体、成品及实验时

必须佩戴护目镜;

4.3.2 劳动保护手套的使用规定。

4.3.2.1 所有投料岗位在生产过程中必须佩戴橡胶手套;

4.3.2.2 原料库在溶剂转桶或灌桶,搬动有毒原料,称量溶剂、助剂时必须佩戴橡胶手套;

4.3.2.3 装卸组、备料组在装卸、搬运危险化学品时必须佩戴橡胶手套;

4.3.2.4 研发中心、质检部在实验、检测等工作时接触强腐蚀性或有毒物料过程中必须佩戴橡胶手套;

4.3.3 防尘、防毒口罩的使用规定。

4.3.3.1 生产车间投料、离心岗位员工在生产过程中必须佩戴防毒口罩;

4.3.3.2 原料仓员工在溶剂转桶或灌桶,搬动有毒原料,称量溶剂、助剂时必须佩戴防毒口罩。在搬动一般原料时必须佩戴防尘口罩;

4.3.3.3 装卸组、备料组在装卸、搬运有毒原料时必须佩戴防毒口罩。在装卸一般原料时必须佩戴防尘口罩;

4.3.3.4 中央研究所、质检部在实验、测试过程中,若所处环境中含有毒有害气体时必须佩戴防毒口罩。

4.3.3.5 烘房人员在操作时必须佩戴防尘口罩。

4.3.4 工作服、防护围裙、防护服的使用规定。

4.3.4.1 所有生产第一线员工在工作过程中都必须穿工作服;

4.3.4.2 原料仓库、装卸班、备料组及车间部分岗位员工下雨露天工作时必须穿防护服(雨衣);

4.3.4.3 生产车间、原料仓库在接触有毒高腐蚀原料或成品时必须穿防护服工作;

4.3.4.4 生产车间在研磨、包装接触有毒有腐蚀性原料或成品时必须穿防护围裙工作;

4.3.4.5 备料组、装卸组在接触有毒有腐蚀性原料或成品时必须穿围裙工作;

4.3.4.6 研发中心、质检部在实验、检测接触有毒原料时须穿防护服工作。

4.3.5 工作鞋的使用规定。

4.3.5.1 原料仓库、备料组、装卸组在接触有毒物料时必须穿水鞋工作;

4.3.5.2 所有一线员工在工作时间内必须穿公司规定的工作鞋;

4.3.6 氧气呼吸器的使用规定。

4.3.6.1 使用方法:将氧气呼吸器的悬挂佩戴皮带从左臂及头部穿过,皮带落于右肩上,然后打开氧气瓶查看压力所指示的压力值,就知道氧气瓶内的氧含量(如:1L 的氧气瓶压力为 10MPa,大约可供使用人员在毒区工作呼吸 1h)。按一下手动补给器,使气囊内原积存的气排出,将面罩戴好后,进行几次深呼吸,以观察判断供氧呼吸系统是否良好,确定各部件正常后,方可进入有毒区域内工作。

4.3.6.2 使用注意事项:使用中,防止氧气呼吸器与其他物件撞击,严禁沾染油类物质,严禁接触火源。严禁在毒区使用中摘下面罩与他人谈话,若有事应以信号或手势联系。使用中应时刻注意氧气瓶内的压力下降情况，当压力降到 3MPa 时，应立即退出毒区，予以更换。

4.3.7 长管式面具的使用规定。

    4.3.7.1 使用方法：长管防毒面具是利用物理方法，将有毒区以外的空气通过软管进入，供佩戴者呼吸，它不受毒气种类浓度的限制，是进入有毒设备检修、进塔入罐作业的良好器材，管的一端用螺纹接头与面罩相连，另一端与大气相连。

    4.3.7.2 使用注意事项：使用时应注意将进气口端放置于有毒区域外的上风向，无积水和不易引起尘埃飞扬的地方。使用时应注意防止管道绞结、踩压，以免形成管道闭塞。使用时必须有监护人。使用中若发现有毒气味时，则应立即停止作业，退出现场。

4.3.8 过滤式防毒面具的使用规定。

    4.3.8.1 使用方法：过滤式防毒面具是利用化学作用，将被污染的空气中的有毒物质清除后，提供清洁空气给人呼吸，使毒区工作人员不受毒气侵入。

    4.3.8.2 使用注意事项：必须按滤毒罐的防毒范围，专防专用。使用时只适用于空气中有毒气体浓度不大于 2%，氧气浓度不低于 18% 的场所中使用。使用时应作气密性检查，凡药罐有孔洞，药剂有松动现象应停止使用。过滤式防护面具不适于容器内使用。防止药罐受潮，或与水接触，防止失效。防氨面具当吸气有氨味时，应停止工作，立即退出现场；使用防一氧化碳面具时，应特别留心，因一氧化碳是无色无味的气体，不被呼吸所感觉，若稍微感觉不舒服时，应立即退出现场。

4.3.9 特殊工种按规定穿戴劳保用品。

4.3.10 事故应急处理按应急处理程序要求穿戴急救用品。

4.3.11 危险性较大的特殊作业时，安全部统一安排防护用品。

4.3.12 个人防护用品将根据损坏程度或失效情况进行更换：员工首先需填写劳保用品领用单，由部门负责人签名同意后，仓储科根据品种发放。

4.3.13 车间防毒面具和电气防护用品柜的管理规定。

    4.3.13.1 车间防护用品柜不准任意移动，柜内只能存放防毒面具或其他个人防护用品。

    4.3.13.2 柜内存放的防毒面具，非因处理事故不准动用。

    4.3.13.3 防护专柜存放的个人防护用品应定期检查，以备作业和抢救使用。

    4.3.13.4 使用后应放回原处（氧气呼吸器使用后，应通知车间以便安技部门及时充氧）。

    4.3.13.5 交接班的班长或岗位人员要仔细检查和认真交接防护用品。

六、开好班前安全会

班前安全会是班组每天十分重要的安全工作内容之一，虽然时间短，但是班组长、安全员要通过班前安全会,对每一个时段的安全活动、安全工作内容向班组成员及时宣传,对每一个员工的作业活动中应该注意的安全事项、应采取的安全措施都要做详细的讲解。通常,班组长还能通过班前安全会来了解班组成员的情绪,对情绪不稳定的员工的进行适当的引导和提醒。班前安全会的具体操作如下。

1. 签到整队

所有当班的班组成员签到后,面向班组长站立,整理队形,如超过6人分两排站立。

2. 确认班组成员的生理、心理状态

在整队的过程中,班组长要注意观察员工的行为和精神面貌,发现有健康状况不佳、疲倦或情绪不稳定的班组成员,要及时了解情况,给予关心或临时调换工作,如觉得该员工无法保证安全生产,应果断停止其工作。

3. 安全防护用品检查

在进入工作岗位前,班组长应检查班组成员的安全防护用品是否正确使用,上岗证是否按规定佩带,先由班组成员自查和互查,然后由班组长或班组安全员逐一检查每个班组成员的防护用品配备、使用情况,如安全帽是否破损、工作服是否过于宽松等。经过检查符合要求,才可上岗作业。

4. 分配生产任务,进行危险预测

班组长根据生产计划下达当天的生产任务,简明扼要地向班组成员交代工作内容和生产中人员、设备、环境的不安全因素。班组成员可以各自发表自己的看法,大家通过讨论,确认当天作业现场和作业过程中可能会出现的危险,并找出预防、应对措施,防止事故发生。

5. 结束会议

在会议结束时,班组长组织全体班组成员共同呼喊安全口号,以振奋精神。班前会结束后,班组长应将会议内容及时进行记录,以备发生事故时查阅,达到查清原因、分清责任的目的。

七、做好交接工作

一般来说,制造型企业都会实行三班倒制度,在倒班作业中,应每天及时做好交接班工作。上一班的班组长要将本班作业过程中的生产情况、设备状况、安全隐患等信息正确、客观、完整地传达给下一班的班组长,以便使下一班的班组长掌握情况,及时纠正上一班作业时存在的安全隐患,避免出现因未整改上一班的隐患而发生事故。

交接班的主要内容包括:①上一班当班的简要情况;②下一班要注意的问题;③现场环境的安全情况;④上一班当班设备情况;⑤确认接班人清楚每一交代的情况并做好当班记录和交接班记录;⑥上一班开好工后安全小结会;⑦接班人认真检查工作环境;⑧设备情况和上一班运行记录;⑨接班人作业前对设备进行试运行,确认安全。

需要注意的是,交接班时双方的班组长应该在交接班记录本上进行签名确认,交接班记录可以以表格的形式来体现,具体内容应该涵盖:生产完成情况、设备运行情况(包括故障及排除情况)、安全隐患及可能造成的后果、其他注意事项等。

八、开展班组的安全检查

班组安全检查的目的是为了识别生产活动中存在的物的不安全状态、人的不安全行为，以及生产过程中潜在的职业危害。但是，检查只是企业生产安全管理的一种手段，是为了暴露问题、及时整改。所以，在检查中要做到百分百登记、百分百上报、百分百整改，从而达到控制和消除各种危险因素，防止伤亡事故和职业病发生的目标。

九、经常开展安全教育活动

开展班组安全教育活动，如安全知识竞赛、规范操作竞赛、反事故演习等，是提高班组成员安全意识的最好途径之一，也是对班组成员进行安全教育的一种有效手段。通过各种安全教育活动，既能强化班组成员安全知识，又能在班组内部形成"人人讲安全，个个想争先"的安全竞争氛围，还能联络班组成员之间的感情，融洽团队气氛，可谓一举多得。

第三节 班组的生产安全检查

生产安全检查是一项综合性的安全生产管理措施，是建立良好的安全生产环境、做好安全生产工作的重要手段之一，也是企业防止事故、减少职业病的有效方法。检查包括企业安全生产管理人员进行日常检查，企业领导进行巡视检查，操作人员对本岗位的设备、设施和工具进行经济性检查。各类人员经常深入作业现场进行安全检查，有利于及时掌握情况、发现问题，从而解决问题。

一、生产安全检查的分类

生产安全检查可分为日常性检查、专业性检查、季节性检查、节假日前后的检查和不定期检查。

（1）日常性检查，即经常的、普遍的检查。企业一般每年进行2～4次，车间、科室每月至少进行一次，班组每周、每班次都应进行检查。专职安全技术人员的日常检查应该有计划，针对重点部位周期性地进行。生产岗位的班组长和员工应严格履行交接班检查和班中巡回检查；非生产岗位的班组长和员工应根据本岗位特点，在工作前和工作中进行检查；各级领导和各级安全生产管理人员应在各自业务范围内，经常深入现场进行安全检查，发现不安全问题及时督促有关部门解决。

（2）专业性检查是针对特种作业、特种设备、特殊场所进行的检查，如电焊、气焊、起重设备、运输车辆、锅炉压力容器、易燃易爆场所等。

（3）季节性检查是根据季节特点，为保障安全生产的特殊要求所进行的检查。如春节风大，要着重防火、防爆；夏季高温多雨多雷电，要着重防暑、降温、防汛、防雷击、防触电；冬季着重防寒、防冻等。

（4）节假日前后的检查包括节日前进行安全生产（如职工考虑过节时容易分散工作精力）综合检查，节日后要进行遵章守纪的检查等。

（5）不定期检查是指在装置、机器、设备开工和停工前、检修中，以及新装置、新设备竣工及试运转时进行的安全检查。

二、安全生产检查的内容

（1）查安全生产责任制落实情况。
（2）查从业人员的安全教育培训是否符合规定。
（3）查特种作业人员持证上岗是否符合规定。
（4）查危化品的生产、使用、储存、废弃是否符合规定。
（5）查职业危害是否符合规定。
（6）查劳动保护用品管理、穿戴、使用是否符合规定。
（7）查两纪（劳动纪律和工艺纪律）执行情况。
（8）查应急救援预案完善演练情况。
（9）查其他物的不安全状态、人的不安全行为。
（10）查隐患整改情况。
（11）查安全标志设置是否符合规定。
（12）查设备、环境防护是否符合安全要求。
（13）查消防设施是否符合安全要求。
（14）查通道疏散是否符合安全要求。
（15）查建筑物、构筑物是否符合安全要求。

三、安全检查的基本操作

（1）建立安全检查基层组织，如三人小组之类，配备适当的检查力量，挑选具有较高技术业务水平的专业人员参加。
（2）做好检查表的各项准备工作，包括思想、业务知识、法规政策等。
（3）明确检查的目的和要求，既要严格要求，又要防止一刀切，要从实际出发，分清主、次矛盾，力求实效。
（4）把自查与互查有机结合起来，班组成员间自查互查，取长补短，相互学习和借鉴。
（5）坚持查改结合，检查不是目的，只是一种手段，整改才是最终目的，一时难以整改的，要采取切实有效的防范措施。
（6）制订和建立检查档案，结合安全检查表的实施，逐步建立健全检查档案，收集基本的数据，掌握基本安全状况，实现事故隐患及危险点的动态管理，为及时消除隐患提供数据，同时也为以后的安全检查奠定基础。

四、安全检查表

企业为使检查工作更加规范，使个人的行为对检查结果的影响降到最低，通常采用安全检查表法。安全检查表（SCL）是为了系统地找出系统中的不安全因素，事先把系统加以剖析，列出各层次的不安全因素，确定检查项目。并把检查项目按系统的组成顺序编制成表，以便进行检查和评审，这种表就叫做安全检查表。安全检查是进行安全检查，发现和查明各种危险和隐患、监督各项安全规章制度的实施，及时发现事故隐患并制止违章行为的一个有力工具。

1. 编制安全检查表的主要依据

（1）国家、地方的相关安全法律、规定、规程、规范和标准，行业、企业的规章制度、标准及企业安全生产操作规程。

（2）国内外同行业、企业事故统计案例，事故教训。结合本企业的实际情况，有可能导致事故的危险因素。

（3）通过系统安全分析确定的危险部位及防范措施，即为防止重大事故的发生采用事故树分析法对系统进行分析，得出能导致引发事故的各种不安全因素的基本事件，并将其作为防止事故控制点列入检查表。

（4）行业及企业在安全管理和生产中的有关经验，特别是本企业安全生产的实践经验，引发事故的各种潜在不安全因素及成功杜绝或减少事故发生的经验。

（5）上级、行业和企业领导对安全生产的要求。

（6）新知识、新成果、新方法、新技术、新法规和标准。

2. 编制安全检查表的要求

安全检查表是为检查某一系统的安全状况，以法律、法规和标准为依据，结合企业具体情况拟订好的问题清单。表中所列内容应详细、全面、简明易懂。使用安全检查表进行检查可使检查结果客观、全面、准确，因此，在进入现场检查之前应由对被检查对象熟悉的管理和技术人员经过充分的讨论进行编制。

（1）成立由熟悉本行业的管理者、技术人员、实际操作者组成的编写小组。

（2）对被检查对象进行系统分析，包括分析系统的结构、功能、工艺等有关安全的详细情况。

（3）收集与系统相关的安全法律、法规及标准，作为检查依据。

（4）将系统细化、剖析，直到每一单元或要素，找出影响安全的一切因素，分类整理，列出清单。

（5）根据法律、法规、标准提出安全措施清单。

（6）综合上述两个清单，按系统列出应检查问题的清单。每个检查问题应包括：是否存在危险因素，应达到的安全指标，应采取的安全措施。这种检查问题的清单就是最初编制的安全检查表。

（7）检查表要力求系统完整，不漏掉任何能引发事故的危险因素。

（8）检查表内容要重点突出、简繁适当，具有启发性。检查表的每项内容要定义明确，便于操作。

（9）各类检查表的项目、内容，应针对不同被检查对象有所侧重，分清各自职责内容，尽量避免重复。

（10）检查表的项目、内容能随工艺的改造、设备的变动、环境的变化和生产异常情况的出现而不断修订、变更和完善。

（11）凡能导致事故的一切不安全因素都应列出，以确保各种不安全因素能及时被发现或消除。

（12）实施安全检查表应依据其适用范围，并经各级领导审批。检查人员检查后签字，对查处的问题要及时反馈到各相关部门并落实整改措施，做到责任明确。

3. 安全检查表的种类

（1）根据检查的周期不同，可分为定期安全检查表和不定期安全检查表。

（2）根据检查的作用不同，可分为提示型安全检查表和规范型安全检查表。

（3）根据检查的对象不同，可分为项目设计审查、竣工验收、专业检查、厂级安全检查、车间安全检查、工段或岗位安全检查等安全检查表。

4. 安全检查表的内容

安全检查表的内容决定其使用的对象和目的。安全检查表必须包括系统的全部主要部位，并从检查部位中引申和发掘与之有关的其他潜在危险因素，不能忽略主要的、潜在的不安全因素。每项检查要点要定义明确，便于操作。安全检查表的格式内容应包括：分类、项目、检查要点、检查情况及处理、检查日期及检查者。通常，检查项目内容及检查要点要用提问方式列出。检查情况用"是"、"否"或者用"√"、"×"表示。安全检查表项目大致分为以下五种。

（1）设计审核用安全检查表主要用于设计人员和安全监察人员及安全评价人员在设计审核时，对企业生产性建设和技改工程项目进行设计审核时使用，也可作为审查"三同时（同时设计、同时施工、同时投入生产和使用）"时使用。其内容主要包括：厂址选择；平面布置；装置、设备、设施工艺流程的安全性；机械设备、设施的可靠性；主要安全装置与设备设施布置及操作的安全性；建筑物与构筑物的安全可靠性；危险物品的存储、运输与使用情况；消防设施与消防器材；防尘防毒设施及措施的安全性；通风、照明、安全通道等辅助用具和设施的安全性。这些内容，要求系统、全面、简明，符合安全防护措施规范和标准，并按一定的格式要求列成表格。

（2）厂级安全检查表主要用于全厂性安全检查和安全生产动态检查，为安全监察部门进行日常安全检查和24h安全巡回检查使用。其内容广泛、详细，主要包括：各生产设备、设施、装置、装备的安全可靠性；各个系统的重点不安全部位和不安全点；主要安全设备、装置与设施的灵敏性、可靠性；危险物品的储存与使用；消防和防护设施的完整可靠性；作业人员管理及遵章守纪等。检查要突出重点部位的危险因素及影响大的不安全状态和不安全行为，按一定格式要求列成表格。

（3）专业性安全检查表主要用于专业性的安全检查、季节性安全检查或特种设备的安全检查。如防火防爆、防尘防毒、防冻防滑、防暑降温、压力容器、锅炉、工业气瓶、配电装置、起重设备、机动车辆、电气焊安全检查等。检查表的内容应符合专业安全技术防护措施要求，如设备结构的安全性、设备安装的安全性、设备运行的安全性及运行参数指标的安全性、安全附件和报警信号装置的安全可靠性、安全操作的主要要求及特种作业人员的安全技术考核等，按一定格式要求列成表格。

（4）车间安全检查表主要用于车间进行定期安全检查或预防性检查时使用，主要包括：防止人身、设备、机械加工等方面事故的发生，如工艺安装、设备布置、安全通道、通风及照明、噪声及振动、安全标志、尘毒及有害气体浓度、消防设施、安全操作管理等。

（5）工段及岗位安全检查表主要用于工段及岗位进行自查、互查和安全教育。其内容根据岗位防灾与工艺要点确定。要求内容具体、易行。也可直接使用岗位安全操作法，不另行编制安全检查表。

5. 安全检查表的应用

（1）各类安全检查表都有适用对象，要根据不同的对象采用相应的安全检查表，如专业检查表与日常定期检查表要有区别。专业检查表应详细，突出专业设备安全参数的定量界限，而日常检查表尤其是岗位检查表应简明扼要，突出关键和重点部位。

（2）应用安全检查表实施检查时，应落实安全检查人员。厂级日常安全检查，可由安全管理部门现场人员和安全监督巡检人员会同有关部门联合进行。车间的安全检查，可由车间主任或指定车间安全员检查。岗位安全检查一般指定专人进行。检查后应签字并提出处理意见备查。

（3）为保证检查的有效实施，应将检查表列入相关安全检查管理制度，或制订安全检查表的实施办法。如把安全检查表同巡回检查制度结合起来，列入安全例会制度、定期检查工作制度或班组交接制度中。

（4）应用安全检查表检查，必须注意信息的反馈及整改。对查处的问题，凡是检查者当时能督促整改和解决的应立即解决，当时不能整改和解决的应进行反馈登记、汇总分析，由有关部门列入计划安排解决。

（5）应用安全检查表检查，必须按编制的内容，逐项目、逐内容、逐点检查。有问必答，有点必检，按规定的符号填写清楚，为系统分析及安全评价提供可靠准确的依据。

实践证明，安全检查表是安全检查最有效的工具，使用安全检查表能全面查出不安全因素，又便于操作，还能提高检查质量，防止漏掉主要的不安全因素。安全检查表的制订、使用、修改、完善的过程，也是对安全工作的不断总结提高的过程。

表6-4为生产安全自查表。

表6-4　生产安全自查表

被查部门（或车间）		组织者		检查时间	年　月　日
参加检查人员					
存在事故隐患					
整改措施、要求、人员、时间					
	整改落实人签字：		检查负责人签字：		年　月　日
复查记录					
	复查负责人签字：				年　月　日

第四节　班组生产安全教育

班组的生产安全教育是隶属于企业生产安全教育之中的。在制造类企业，对员工通常实行的是三级安全教育。每个进入企业的员工都要接受三级安全教育，然后才能进入工作岗位开展工作。三级安全教育是指厂级安全教育、车间级安全教育和工段、班组级（岗位）安全教育，是企业安全生产教育制度的基本形式。

一、三级安全教育的内容

1. 厂级安全教育的主要内容

（1）讲解劳动保护的意义、任务、内容和重要性，使新入厂的职工树立起"安全第一"和"安全生产人人有责"的思想。

（2）介绍企业的安全概况，包括企业安全工作发展史、企业生产特点、工厂设备分布情况（重点介绍接近要害部位、特殊设备的注意事项）、工厂安全生产的组织等。

（3）介绍国务院颁发的《全国职工守则》和企业职工奖惩条例以及企业内设置的各种警告标志和信号装置等。

（4）介绍企业典型事故案例和教训、抢险、救灾、救人常识以及工伤事故报告程序等。

厂级安全教育一般由企业安技部门负责进行，讲解应运用图片、视频、纪录片等辅助材料，以增加直观性，并配套发放一本浅显易懂的安全手册。

2. 车间级安全教育的主要内容

（1）介绍车间的概况。如车间生产的产品、工艺流程及其特点；车间人员结构、安全生产组织状况及活动情况；车间危险区域、有毒有害工种情况；车间劳动保护方面的规章制度和对劳动保护用品的穿戴要求和注意事项；车间事故多发部位、原因，有什么特殊规定和安全要求；车间常见事故和对典型事故案例的剖析；车间安全生产中的好人好事；车间文明生产方面的具体做法和要求等。

（2）根据车间的特点介绍安全技术基础知识。如冷加工车间的特点是金属切削机床多、电气设备多、起重设备多、运输车辆多、各种油类多、生产人员多和生产场地比较拥挤等，而且机床旋转速度快、力矩大。要教育工人遵守劳动纪律，穿戴好防护用品，小心衣服、发辫被卷进机器，手被旋转的刀具擦伤。要告诉工人在装夹、检查、拆卸、搬运工件特别是大件时，要防止碰伤、压伤、割伤；调整工夹刀具、测量工件、加油以及调整机床速度时均须停车进行；擦车时要切断电源，并悬挂警告牌，清扫铁屑时不能用手拉，要用钩子钩；工作场地应保持整洁，道路畅通；装砂轮要恰当，附件要符合要求规格，砂轮表面和托架之间的空隙不可过大，操作时不要用力过猛，站立的位置应与砂轮保持一定的距离和角度，并戴好防护眼镜；加工超长、超高产品，应有安全防护措施等。其他如铸造、锻造和热处理车间，锅炉房，变配电站，危险品仓库，油库等，均应根据各自的特点，对新工人进行安全技术知识教育。

（3）介绍车间防火知识，包括防火的方针，车间易燃易爆品的情况，防火的要害部位及防火的特殊需要，消防用品放置地点，灭火器的性能、使用方法，车间消防组织情况，遇到火险如何处理等。

（4）组织新工人学习安全生产文件和安全操作规程制度，并教育新工人要尊敬师傅，听从指挥，安全生产。车间安全教育由车间主任或安技人员负责，授课时间一般需要4～8课时。

3. 工段、班组级安全教育的主要内容

（1）针对班组的生产特点、作业环境、危险区域、设备状况、消防设施等，重点介绍高温、高压、易燃易爆、有毒有害、腐蚀、高空作业等方面可能导致发生事故的危险因素，交代本班组容易出事故的部位和剖析典型事故案例。

（2）讲解本工种的安全操作规程和岗位责任，重点讲思想上应时刻重视安全生产，自觉遵守安全操作规程，不违章作业；爱护和正确使用机器设备和工具；介绍各种安全活动以及作业环境的安全检查和交接班制度。告诉新工人出了事故或发现了事故隐患，应及时报告领导，采取措施。

（3）讲解如何正确使用和爱护劳动保护用品，介绍文明生产的要求。要强调机床转动时不准戴手套操作，高速切削要戴保护眼镜，女工进入车间须戴好工帽，进入施工现场和登高作业，必须戴好安全帽、系好安全带，工作场地要整洁，道路要畅通，物件码放要整齐等。

（4）实行安全操作示范。组织重视安全、技术熟练、富有经验的老工人进行安全操作示范，边示范、边讲解，重点讲安全操作要领，说明怎样操作是危险的，怎样操作是安全的，不遵守操作规程将会造成的严重后果。

二、班组生产安全教育的方式

企业生产安全的教育工作与抓好班组教育是分不开的。班组安全生产教育的原则是"安全第一，预防为主"。班组教育的方式有很多，包括班前会教育和班后会教育、岗位教育、安全活动等。

班前会首先由班组长对其员工进行点名，接着做班前讲话，让员工做好上岗前的各项准备工作。其中内容包括：结合车间工作环境、设备状况的不安全因素以及上一个班在生产中发生的设备故障问题进行总结，并合理安排工作，布置预防处理措施。通过班前会，每个员工都能明确自己的工作任务，知道该做什么，应该注意什么，从而使工作保持健康、有序地开展。

班后会是班组长总结当班工作任务、安全措施的落实情况，人员安排、操作方法和生产中发生的重要问题。好的方面继续发扬并完善，不妥的地方及时采取应对措施，从而保证在以后的工作中做到百密无疏；对于工作中涌现出的好的事迹，提出表扬并给予奖励；对忽视安全、违章作业等不良现象给予处罚；强调员工上下班路上的安全问题。

班前会和班后会具有非常强的针对性，利用班前、班后的短暂时间对生产安全进行布

置和总结十分必要，把班组教育融入日常的工作中，能潜移默化地提高每个职工的安全操作意识和专业技能水平，是班组生产安全教育的重要方式。

岗位教育是在作业现场通过指出班组成员存在的不安全因素，达到纠正、教育的目的。一般来说，岗位教育的直观性最强，对班组成员的触动也最大，能第一时间发现自己在生产安全方面的不足，从而引起足够的重视，避免今后再犯。

安全活动是班组长组织班组成员开展的各种以生产安全为主题的活动，活动形式可多种多样，如安全活动日、安全知识竞赛、安全演习等。

三、班组生产安全教育的技巧

班组的生产安全教育的核心是班组长，班组长在组织班组生产安全教育时，往往会遇到班组成员或明显或隐蔽的抵制。比如老员工会觉得自己的工作经验已经很丰富了，没必要接受教育，新员工会认为已经接受了三级安全教育，班组再组织生产安全教育是多此一举。尤其是在班组生产任务繁忙的时候，班组成员的抵制情绪会更明显。这个时候，就要求班组长掌握相应的工作方法和技巧，使班组成员自觉自愿地接受生产安全教育。

1. 以身作则，加强自身生产安全知识的学习

班组长在进行班组安全教育时，也要加强自身安全知识的学习，不断更新自己的业务知识，以自己的实际行动来教育班组成员要不断学习。班组长在学习过程中，要踏踏实实，切实理解生产安全的新知识、新理论，并将自己的学习体会与班组成员分享。有了班组长的表率作用，班组成员也会毫无异议地接受班组安全教育。

2. 巧用实际案例

如果班组长在安全教育中每次都引用非本企业的案例，对班组成员的触动不会很明显，因为人毕竟只会对发生在自己身边的事最感兴趣。班组长可以以本企业员工违章操作被处罚的实际案例来进行安全教育，让班组成员切实感受到安全管理就在身边，安全意识薄弱很可能会导致被处罚的后果。

3. 化整为零，形式灵活

班组由于承担着繁重的生产任务，很难空出大段大段的时间来进行安全教育。班组长可将安全教育的内容进行分解，利用班前会、班后会、作业巡查等时间将相关安全内容传递给班组成员。也可利用看板、宣传栏等形式进行安全提醒。例如某一个班组长为了让班组成员提升安全意识，让每一个班组成员在自己的储物柜柜门上贴上一张名为"我爱的人和爱我的人"的照片，每个班组成员在上班前看到照片，都会自觉地意识到要为了照片上的人而珍惜自己的生命安全，整个班组的安全意识大大增强。

4. 注意态度，耐心沟通

班组长在进行安全教育时，切忌照本宣科、打官腔、态度生硬。作为基层管理者，班组长长期和班组成员相处，彼此之间非常熟悉，班组成员由此可能会缺乏对班组长作为管理者的畏惧，如果班组长态度生硬，会引起班组成员的反感。所以，班组长要时刻注意自己的工作态度和工作方法，要保持高度的耐心，和班组成员进行有效的沟通。

某电机厂安全培训制度

加强安全生产教育是保证生产安全的重要环节，为了认真抓好三级安全教育，确保企业财产和员工人身安全，特做如下规定：

一、公司安全教育

1. 公司安全教育由总务部负责，制订安全教育计划并组织实施。
2. 对新入厂员工，在进厂时进行安全教育，使新员工了解公司安全生产方面的规章制度和安全生产注意事项，树立遵章守纪安全第一的观念。
3. 每年进行一次安全培训，学习有关安全法律法规，学习安全防火、安全用电、安全生产、劳动保护知识，提高员工的安全素质，预防事故的发生。
4. 结合组织开展多种形式的安全教育，利用标语、板报、会议、事故总结等不同形式，让员工明白事故发生的原因和预防事故的措施，从中认真吸取教训，增强自我保护能力。
5. 不定期地学习外地经验和重大事故通报。

二、车间安全教育

1. 各部门安全教育由各部门领导负责组织实施。
2. 各部门负责人要制订安全教育计划，一般每月组织一次，可分别以课、生产线为单位，利用班前班后进行。
3. 车间一级安全教育要紧密结合生产实际，针对性强。学用结合，注重实效。
4. 车间安全教育的重点：岗位应知应会，安全操作规程，安全用电，由于产品和条件变化带来的不安全因素，研究已发生工伤事故的教训，学习报警逃生，救火常识，明确人员疏散方案，训练安全骨干以及传达上级安全工作指示。
5. 根据生产需要每次安全教育抓住一两个重点，逐步深入。
6. 车间安全教育要和整改结合起来，及时解决存在的隐患。
7. 对技术工种或操作特定员工进行安全操作规程教育。
8. 对转岗员工在工作变动上岗前进行新岗位应知应会教育。

三、班组安全教育

1. 组长要负责本组安全宣传任务。
2. 要组织员工学习安全须知，针对不同情况，强调要注意的事项。
3. 注意检查，发现和纠正员工违章作业和不安全因素，帮助员工提高安全意识。
4. 随时向领导报告安全情况。组织员工研究改进安全生产工作，克服麻痹大意思想。

四、全员安全教育

1. 公司必须对各级管理人员每年进行一次以上安全培训，累计时间不少于24h。主要学习安全生产的法律、法规、方针、政策、标准、制度、安全管理、安全技术知识和安全生产工作经验教训等内容。
2. 对公司、车间内部岗位调动及脱岗半年以上的员工，必须重新进行车间级和班组级安全教育，经考试合格，方可上岗作业。

五、新工艺、新技术的开始教育

在新工艺、新技术、新设备、新材料、新产品投产前，要按新的安全操作规程，对岗位作业人员和有关人员进行专门培训，经考试合格，方能进行独立操作。

六、特种作业人员教育

特种作业人员必须按（1999年，国家经贸委令第13号）《特种作业人员技术培训考核管理办法》的要求进行培训、考核，取得特种作业操作证后，方可上岗工作。

七、事故教育

1. 对违章、违纪作业造成事故或未遂事故的人员应停止工作进行安全培训学习。

2. 发生重大事故和恶性未遂事故后，企业主管部门要组织有关人员进行现场培训学习，吸取事故，防止类似事故重复发生。

3. 学习预防事故的措施及发生事故后应采取的紧急措施。

八、建立安全活动日和班前、班后会上检查等制度

对职工进行经常性教育，并根据不同的时期，进行各种各样的安全生产宣传、教育、竞赛活动。主要包括以下各项内容：

1. 总结近期安全生产工作情况，找出存在的问题，提出近期安全生产工作中应逐一解决的问题。

2. 检查贯彻有关安全生产规章制度和措施的落实情况。

3. 分析查找部门、班组安全事故的隐患，并制订整改措施。

4. 表扬好人好事，总结推广安全生产工作的先进经验。

九、安委会主任定期对安全教育制度执行情况进行检查，主要检查内容：会前有否安排，参加有否签到，发言有否记录，缺席有否补课，会后有否汇报。

案例16　新工人入场安全教育计划

1. 首先建立领导小组，并健全安全责任制。

2. 在工程开工各工种工人到齐后，由工地安全领导小组组织举行一次大型安全会议，讲解安全技术知识、安全操作规程、安全法规及劳动保护在政治和经济上的重要意义，使每个工人牢固树立"安全第一、预防为主"的正确思想，并做到新工人"三级安全教育"及考核。

3. 每周举行一次由工地安全领导小组、各组组长及兼职安全员和管理人员参加的安全总结会议，汇报在施工过程中发现的问题，讨论排除方法并布置下一步的安全管理措施。

4. 实行各组安全达标活动，并执行奖罚制度，上板报公布。

5. 经常对工人进行有意义的宣传活动，宣传新技术、新工艺及先进的安全技术措施，并进行先进个人表彰。

6. 假期前后，由工地安全领导小组进行一次全面的安全教育会议。

7. 施工现场悬挂安全警示牌、挂图、标语牌等，提醒施工作业人员注意安全生产，并悬挂安全纪律牌于出入口处。

8. 具体安全教育及培训计划如下：

（1）思想教育　要使每个职工都能了解党和国家的安全生产方针，政策及各项法规制度，使他们正确了解、全面认识并做好劳动保护工作，树立起安全生产的责任感和自觉性。

必须使每个工人做到从重视到自觉地严格遵守，相互监督，这是安全生产的可靠保证。

（2）安全技术知识教育　每个分部、分项工程开工前，由技术员进行技术交底，讲解安全生产知识以及示范个人安全防护用品的正确使用方法。

（3）安全教育方法

① 三级安全教育　新工人或新调来的工人，在没有分配到现场之前由公司领导进行一次安全教育。同时项目经理可采取个别谈话，然后再对其进行现场安全教育，由安全员讲解现场安全制度和规定。最后再进行岗位教育，由班组进行讲解安全操作规程等。用"以老带新"的方式进行教育。

② 特殊工种的专门教育　特殊工种在进入施工现场前，必须经过有关部门的培训，并持证上岗。

③ 班前、班后教育　由班组长进行安全教育。

④ 以板报形式进行教育。

（4）技能教育　每一分部、分项工程开工前，都要由技术负责人向工人们讲解有关的施工技术，并在技术交底上签字。

（5）事故教育　在教育过程中，管理人员向工人们讲解一些因违反操作规程、思想麻痹、安全管理不妥等造成的一些事故事例，提高工人们的安全意识。

第五节　班组生产安全事故防范

生产安全事故，是指在生产经营活动中发生的意外的突发事件，通常会造成人员伤亡或财产损失，使正常的生产经营活动中断。在生产中，员工受伤害的方式主要有物体打击、提升和车辆伤害、机械伤害、起重伤害、触电（雷击）伤害、淹溺、灼烫、火灾、高处坠落、坍塌、爆炸等。

一、班组发生安全生产事故的原因

1. 安全生产意识淡薄

很多班组成员虽然有较长的工作经验，但由于在思想认识上有偏差，认为技术过硬是最重要的，完成生产任务是头等大事，对生产安全抱着应付检查的心态。还有一些班组成员存有一种侥幸心理，认为安全事故离自己很遥远，不会发生在自己身上。但是事实证明，安全意识淡薄是安全生产事故发生的最大的隐患，有很多安全事故就是因为员工的安全意识淡薄造成的。

惨痛的教训（一）

刘成英曾是重庆一家煤炭洗选厂洗煤车间的一名洗煤女工。1988年1月30日，参加完班前会后，她换好工作服向工作岗位走去，中间要绕过锚链刮板运输机。由于洗选厂在搞改扩建，安全楼梯被拆除，要绕道行走。她嫌到岗位的路程远，于是像往常一样走捷径，跨上锚链刮板运输机槽箱，从锚链刮板运输机水泥槽箱向机尾走去。当她正准备踩着5厘米宽的锚链刮板运输机机尾挡板走下槽箱时，锚链突然启动了，她一慌神，右脚踏入了锚链刮板槽箱内。锚链司机听到喊叫声立即停车，但刘成英的右腿已经被锚链刮板运输机的刮板切为两节。事故的发生时间虽然不到两秒钟，留给刘成英的却是一辈子的伤残。刘成英真诚地告诫身边的工友，千万不要像她那样贪走捷径、心怀侥幸，以致发生事故，悔恨终生。

透过刘成英被锚链刮板运输机压断右腿致残的事故案例，不难发现有以下教训：一是刘成英安全意识淡薄，违反了国家安全生产监督管理总局制订的《选煤厂安全规程》。该规程规定，严禁任何人横跨未加盖板的刮板运输机。二是据事故调查组了解，当时事故地点正在搞基建施工，原有的安全楼梯被拆除，锚链刮板运输机旁既无禁止通行的标志，又无任何安全措施，为这次事故埋下了祸根。

2. 员工安全知识缺乏

有的企业因为发展迅速、规模扩大，大量招收一线员工，为了完成生产任务，不对新进员工进行三级安全教育，使这些员工缺乏最基本的安全常识，在作业中往往出现违章操作，酿成事故。另外，即使是接受过三级安全教育的员工，因为思想上不重视，学习时左耳进右耳出，根本没有掌握应该掌握的安全知识，也容易发生安全事故。

惨痛的教训（二）

2000年9月8日14时38分，某热电厂变电班检修人员张某和李某等二人在检查设备漏泄点过程中，发现热海乙线6314开关（110kV）C相外壳下部有油迹，怀疑该开关C相灭弧室放油门漏油，张某在登上该开关支架（高2m左右）作进一步检查时，因人身与带电设备的距离小于安全距离而造成触电，经医院及时抢救后保住了生命，但该人员右上臂被截肢，构成人身重残。

造成这起事故的原因是检修人员缺乏相应的安全知识，根据《电业安全工作规程》（发电厂和变电所电气部分）的规定，工作人员工作中正常活动范围与高压带电设备的安全距离小于规定值时，必须将该设备停电。且检修人员进入变电所，未经运行人员同意，班长在布置工作时也未对工作人员交代安全注意事项和所存在的危险，致使工作人员工作时产生麻痹思想，为事故的发生留下了隐患。另外，安全监督员未真正起到监督作用，检查设备前没有进行危险点分析，工作人员登上开关支架也未及时发现制止，当听到叫喊声时才发现有人触电。

3. 违反安全制度

安全生产规章制度是企业规章制度的一部分，而且是非常重要的一部分，全体企业成员从上至下都必须严格遵守。安全生产规章制度必须落实到车间、班组，必须落实到作业现场及每一个作业岗位。如果安全生产制度得不到落实，员工的劳动环境就会存在以下安全隐患：

（1）防护、保险、信号等装置缺乏或有缺陷。

（2）设备、设施、工具、附件有缺陷，如建筑结构不符合安全要求、通道门遮挡视线、制动装置有缺陷、安全间距不够、工作台有锋利毛刺毛边、设施上有锋利倒棱等。

(3) 强度达不到要求，如机械强度和绝缘强度不够，起吊重物的绳索不符合安全要求等。

(4) 设备在非正常状态下运行，如设备带"病"或超负荷运转。

(5) 维修、调整不当，如设备失修、地面不平、保养不当、设备失灵等。

(6) 个人防护用具缺少或有缺陷。

(7) 作业场地环境不佳，如照明光线不足、通风不良、作业场所狭窄且杂乱、交通线路配置不安全等。

案例19 两起桥式起重机死亡事故引发的思考

【事故一】

2003年5月14日，山东某机械厂压容分厂锻工班双梁桥式起重机发生一起操作工坠落死亡的事故。当日，设备管理员、电工、操作工3人在起重机厂检查、维护设备，电工在司机室，设备管理员在调整小车的制动器，操作工在给小车供电滑线的行走轮加润滑油。当设备管理员调整好小车制动器，准备让操作工平某操作小车试验一下效果时，却找不见平某，司机室的电工这才发现平某已坠落在地上。事后观察到平某是从小车滑线侧走台板穿过后坠落的，此处的走台板已锈蚀严重。

事故原因分析：一是检查和维修保养不到位，对设备维护保养投入的资金较少。该起重机由于作业环境较差，起重机上的尘土较多，平时清扫不及时，掩盖了钢板的锈蚀程度。分析锈蚀的主要原因是平时该起重机停放处的屋顶漏雨，造成钢板锈蚀严重，早就应该进行全面检查和防腐处理。二是员工的安全职责未分清，操作人员在没有维修资质的前提下是不能维修、保养特种设备的。

【事故二】

2003年4月13日，该厂的铸钢分厂还发生了一起维修工从桥式起重机坠落死亡的事故。当日，维修钳工在电炉跨的承重梁上准备到造型跨的桥式起重机上，维修造型跨桥式起重机的大车西侧车轮。此时，厂房内烟雾较大，噪声过大，就在这时，电炉跨的一台30t的桥式起重机开过来将安某从梁上推下，从12m左右的高空坠落。

事故原因分析：一是维修特种设备应有维修资质证，安某从未取得技术监督部门颁发的上岗证；二是维修人员违反了高空作业规则，未系安全带；三是维修现场的安全方面处理不到位，另一台起重机上的操作工在操作桥式起重机时违反正常操作程序。正常情况应是在响电铃后，确认安全的情况下，方可操作。

分析两起事故发生的原因，感觉这两起事故都不应该发生，两位工人死得太冤。但毕竟还是发生了，也再一次给人们敲响了安全生产的警钟。

① 起重机械的维修保养要及时且彻底　保养包括清洁卫生。说起起重机械的打扫卫生，让人觉得小题大做，但正是因为这个原因让平某失去了生命。如果平时定期打扫卫生，不让起重机上的灰尘遮挡人们的眼睛，发现锈蚀问题能及时处理，就不会发生这起事故。所以，做起重机械安全工作也要从打扫卫生做起，将事故隐患消灭在萌芽中。

② 起重机械要有制度和记录　国家质检总局2002年10月8日颁布的《起重机械监督检验规程》里，在桥架型起重机监督检验内容要求与方法的1.4项中提到，"使用单位应提供注册登记和运行管理制度以及设备技术档案（内容包括资料、维修保养、常规检查和

故障与事故的记录等）"，这一条款对设备的安全运营非常重要，它要求起重机械要有制度和记录。《中华人民共和国安全生产法》《特种设备安全监察条例》中都明确指出了使用单位对设备的安全责任。所以，使用单位要认真、全面地落实好有关设备的安全责任制，不要让 ISO 9000 和 ISO18000 中对设备的管理文件只停留在企业的纸上，要落在实处。监督检验部门的检验人员检验时一定要检查管理制度是否健全，是否有检查维修保养记录。政府部门对设备的监察和监督检验可以起到督促和纠正核实的作用，但对于起重机械安全运营的问题，大量工作都在于平时的落实，所以要加强企业起重机械制度的健全和约束作用，并且要提高管理者的业务素质和相关理论水平，包括提高企业法人的安全综合意识。

③ 安全距离和检修空间不足　《起重机械监督检验规程》中对于检修空间，在桥架型起重机监督检验内容要求与方法的 2.4 项中提到，"起重机上和其运行能达到的部位周围的人行通道和人需要到达维修的部位，固定物体与运动物体之间的安全距离不小于 0.5m，无人行通道和不需要到达维护的部位，固定物体与运动物体之间的安全距离不小于 0.1m。如安全距离不够，应采取有效的防护措施。"从"固定物体"和"运动物体"可以看出，此条款阐明的是一个厂房内有一台桥式起重机的要求。对一个厂房有多跨相邻的起重机时，有的单位在两跨之间设有检修走台，但大多数单位并未设置。这种情况下，在空间允许条件下两跨之间应设有大于两倍起重机端梁长度的检修走台，并且安全距离不小于 0.5m，以满足检修的要求。在无检修空间时采用铁路系统在铁路桥上采取的安全仓的方式，起重机可以建一个往上或往下去的安全仓，用于紧急情况时的躲避空间。另外，在冶炼、造纸等烟雾大的环境，桥式起重机大车端部宜设红色闪烁灯。例如，某钢铁厂一名修理工正在桥式起重机端梁侧修理时，相邻另一跨的桥式起重机向自己开过来，由于两跨之间距离过近，再加上厂房内噪音过大无法喊停，吓得修理工直跑，无处躲藏，所幸的是最后躲在一铁管下得以脱险。

④ 起重机械的工作环境有些比较恶劣　有风吹雨淋的露天环境，有高温的铸造和冶炼车间，有潮湿的造纸车间，有细小粉尘的化工车间等。作为起重机械的管理人员要因地制宜地采取措施，工作中要有的放矢地加以检查和维护。在所有安全装置可靠有效的情况下，潮湿环境要注意检查设备锈蚀和接地，锈蚀的重点部位在起重机械主要受力构件和人员的走台板。高温环境要注意起重机械的拱度和锈蚀。

⑤ 企业领导对自己员工负责　对于原有起重机械要做好定期的投资维修计划，对于新装起重机械要完善其管理制度。2003 年 6 月 1 日《特种设备安全监察条例》正式实施，一年来，国家质检总局发布了一系列的规章制度，作为地方的行政主管部门，当务之急，是要通过电视、电台、报纸和网络等媒体加强法律法规的宣传，通过举办各类培训班组织有关人员学习，让新规章、新标准尽快为企业管理部门和技术部门所了解。

4. 违反劳动纪律

无规矩不成方圆，劳动纪律就是企业的规矩，一个纪律涣散的企业，是没有生命力和发展前途的。同样，一个不受纪律约束的班组，是一个没有战斗力的班组，不遵守劳动纪律的班组成员，很可能造成生产安全事故。班组成员违反纪律的主要表现有：

（1）上班前饮酒，情况恶劣的甚至工作期间饮酒。
（2）不遵守企业作息时间，迟到早退。
（3）工作时嘻嘻哈哈，追赶打闹。
（4）不按规定穿戴工作服和个人防护用品。

（5）在禁烟、禁火区域随意吸烟，乱扔烟头、火种。
（6）不坚守岗位，随意串岗聊天。
（7）业余生活无规律，上班时精神萎靡不振。
（8）工作时心不在焉，思想不集中。
（9）上夜班时睡觉。
（10）不服从上级正确调度指挥，随意更改规程。

值班纪律松散，误操作机组跳闸

1989年11月17日，某发电厂发生一起由于误操作，将运行中的2号发电机电压互感器隔离开关拉开，造成运行中的2号机组两组电压互感器全部失压，发电机保护动作机组跳闸事故。当日该厂1号、2号两台机组运行，调度令晚峰后停1号机做备用。20时31分，值长令"1号发电机解列转备用"。20时40分，1号机断路器切开，发电机与系统解列。但操作人和监护人没有对操作票余下的项目继续进行操作，如断开1号机出口隔离开关等，而是坐下闲谈，班长也没有进行纠正。22时20分，班长令操作人、监护人到1号发电机机器开关间拉开1号发电机出口隔离开关，两人虽然拿着操作票，但却走到2号机机器开关间，在没有核对设备名称、编号，也没有进行唱票和复送的情况下，将2号机02甲、02乙电压互感器隔离开关拉开，当即造成2号机两组电压互感器全部失压，强励动作，无功大量上涨（表计已不能显示），静子电流剧增，发电机组复合过流保护动作跳开发电机组出口及灭磁断路器。

事故原因分析：

① 生产管理混乱，电气防误闭锁装置不完善，造成了防止误操作事故硬件设施的不正常，人为的误操作行为无法阻止，是本次误操作发生的重要原因。管理部门未能认识到电气防误闭锁装置对安全生产和保障职工人身安全的重要性，也就是对以人为本认识模糊。

② 执行倒闸操作票制度不严肃，一项操作未完全结束，无故随意中止操作。运行操作应按照操作票内容和程序连续进行，但操作人员在该次操作中，在完成盘面上拉开发电机断路器后，没有按照操作票票面内容进行连续的拉开发电机隔离开关、电压互感器开关的操作，而是回到控制室闲谈，接下来的操作在时隔近2h后进行，严重违反了两票执行的要求，致使操作前进行的模拟预演失去意义，防止事故发生的第一个关口失去作用。

③ 劳动纪律涣散。电气运行班长在1号机解列后没有督促监护人、操作人把整个操作进行完，而是与大家坐在一起扯皮、闲谈。操作中，值班负责人带头违反劳动纪律，生产管理形同虚设，分散了本次操作中操作人、监护人的注意力，在布置下一步操作中，值班负责人没有对操作人的精神状态认真分析，没有交代操作注意事项，防止事故发生的第二道关口失去作用。

④ 没有严格执行"四把关（受令复诵关、填票审核关、模拟核对关、操作监护关），四对照（对照设备名称、编号、位置、拉合方向）"制度。本次操作虽有操作票，但监护人、操作人没有执行"四对照"规定，在精力不集中的前提下，应到1号发电机开关间进行操作，却误走到运行中的2号发电机开关间。操作中，没有按照操作票和规程规定执行唱票、复诵程序，致使本应发现的错误操作继续进行，防止本次事故发生的第三道重要关口失去作用。

⑤ 人员培训不到位，使运行人员对于运行中出现的异常状况没有引起高度重视。在运行人员错误拉开运行中发电机电压互感器的一组隔离开关时，本已有火花产生，但操作人和监护人缺乏判断能力，没有意识到已经发生误操作行为，又错误地将另一组电压互感器的隔离开关拉开，致使保护动作发电机跳闸。

5. 不按安全规程操作

安全操作规程是员工在生产操作中不得违反的安全生产技术标准，是人们在长期的生产劳动实践中，以沉痛代价换来的经验总结。如果在生产过程中不遵守岗位操作规程，后果将十分严重。但是，在实际的生产过程中，经常会有"三违（违章指挥、违规作业、违反劳动纪律）"现象的发生。违反安全操作规程的主要表现有：

（1）操作错误、忽视安全、忽视警告。如未经许可或未接收到信号就开动、关停、移动机器；开关未锁紧，造成意外转动、通电或漏电；奔跑作业；不用工具送料或送料速度过快等。

（2）拆除或错误调整安全装置，造成安全装置失效。

（3）临时使用不牢固的设施，使用无安全装置的设备。

（4）用手代替手动工具，工作环境内物品存放不当。

（5）冒险进入危险区域，如进入涵洞、接近漏料处、进入设备容器内等。

（6）攀爬、坐、站不安全位置，如平台护栏、汽车挡板、吊车吊钩等。

（7）在必须使用个人防护用品的作业区域未使用防护用品，如不戴安全头盔、安全手套、呼吸器具、护目镜等。

（8）在工作环境中装束不符合安全标准，如服装过于肥大、操纵带有旋转部件的设备时戴手套等。

案例21　某化机厂"3.18"死亡事故

2002年3月18日早上8时，某化机厂三车间主任谢某召开车间会议，安排当天工作，大约8时30分会议结束。此时，运来一车不锈钢板，汽车进入三车间后，因下货处距汽车20m，需用行车起吊。当时发排由行车操作工王某操作行车，贺某负责指挥，赵某在汽车东边挂钩，伊某在西边挂钩。贺某当时站在汽车东边指挥。民工邸某当时在闪蒸器南边打扫卫生。大约8时40分，第三次起吊钢板（每次起吊6块，前面已起吊过2次）。当钢板吊起离开汽车，距地面大约2.5m，横向西2m左右，起吊钢板快接近切割转台时，行车操作工王某发现钢板南北上下出现晃动，但此时吊车未停，向南点打。大约9时，贺某发现有人在闪蒸器北边站立（危险区），立即向王某打手势，并大声呼喊。王某看见贺某用手朝自己挥动并大声喊"唉——"，她按惯例意识到要紧急停车，于是王某立即紧急停车。此时钢板脱离吊钩，由南向下坠落，霎时间车间尘土飞扬。在场的贺某、赵某等人已意识到出事了。当他们赶到出事地点时，发现邸某仰躺在闪蒸器南边，脚在闪蒸器下面。贺某、赵某等人赶紧找车将邸某送往医院抢救。但终因邸某脑部严重受损，抢救无效，于11时左右死亡。

事故原因分析：

（1）直接原因和主要原因　王某违章操作，贺某违章指挥，邸某违反劳动纪律。

① 行车操作工王某违章操作，在行车西行 2m 后，当她已发现钢板南北上下晃动时，应立即停车弄清原因，消除晃动因素后，再往南行。但王某违犯操作规程，点打吊车往南运行，导致钢板脱离吊钩，造成邸某死亡。这是事故发生的一个直接原因。

② 贺某现场违章指挥。一是起吊前贺某未对现场进行检查；二是物体离地面高度较高，贺某未特别加强安全警戒；三是指挥失误，当行车西行发现晃动时，应立即出示停车手势，但贺某未做；四是贺某站的位置不符合指挥者要求，应站在吊车的西边，便于检查和阻止其他人员进入危险区，但贺某却站在汽车东边一直未离开，因而对吊车西边邸某的出现未能及时发现。贺某违章指挥是造成本次事故发生的主要原因。

③ 邸某本应在闪蒸器南边清扫卫生，但邸某违反劳动纪律，站到闪蒸器的北边（危险区），也是导致事故发生的原因。

(2) 管理原因

① 车间主任谢某是车间安全第一责任人，但谢某一是对制度、规程不完善失察；二是对职工教育抓得不力，班组不进行安全教育；三是在车间会议上强调安全措施不具体。

② 车间设备安全员卫某也负有责任，一是现场监督检查不到位。事故当班卫某已在车间，身为车间设备安全员，是车间安全直接管理者，但卫某没有在吊车区域进行监督检查；二是平时对行车操作工王某是否应有特殊工种作业证不清楚，也未要求和检查过持证上岗情况；三是对本车间存在的隐患，没有及时采取有效措施予以整改。

③ 分厂厂长李某也负有相应责任，一是平时对安全教育仅仅督促车间抓，分厂不进行安全教育；二是让分厂书记兼管安全，人员少且素质差；三是平时监督检查不力，对三车间内部存在的不安全因素，整改措施不力。

④ 总厂主管生产安全的副厂长李某平时对生产强调得多，对安全强调得少，对分厂安全监督检查工作抓得不力，对安全教育要求不严。

⑤ 综管处分管安全的王某，身为总厂专管安全的处长，没有把主要精力放在安全管理上，而是放在全厂经济考核上，对三车间长期存在的隐患监督检查不力，整改落实不到位。

⑥ 厂长李某身为全厂一把手，是全厂安全生产的第一责任人，平时对企业安全宣传教育和对职能部门监督检查要求不严。

(3) 设备存在缺陷　一是行车锈蚀严重，未能按规定进行维护保养；二是吊钩不防滑，也未采取防滑措施；三是未采用防滑吊钩。

(4) 现场环境不良　一是安全通道不畅，比如切割转台、闪蒸器及其他设备均在通道区域内；二是在用钢板、废料等摆放不定置、不规范，影响了操作人员的视线和行车的正常运行。

二、班组作业安全事故的预防

针对发生安全事故的常见原因，班组在生产安全方面应该采取以下一些措施来进行预防，以确保班组成员在生产过程中的人身安全和企业财产安全。

1. 危险预知训练

危险预知训练活动简称 KYT(Kiken Yochi Training)，是针对作业现场存在的危险因素，进行实地想象和防范的一种演习和训练活动。人在生产中，无论采用哪一种科学的安全手段，都是为了降低危险性，希望把危险降到可接受的程度。所谓可接受的危险，是指来自某种危害的实际危险,但不能威胁有知识而又谨慎的人。在预测、评价系统危险时,认为危险性不超过可接受的危险水平时,就是安全的。

危险预知训练是应用了安全系统工程的原理,为降低系统的危险度,确保系统安全的一种科学而实用的方法。这种方法是运用各种知识和科学手段,分析研究历史资料,对事物发展的趋势或可能的结果进行事先推测和估计,再针对作业现场所存在的危险因素进行实地想象和防范的一种演习训练活动,能使全体作业人员了解现场的实际危险情况,知道针对这些危险应采取的技术对策和注意事项,以提醒和防范危险,降低作业中的危险度,使之保持在可接受的危险条件下,以保证作业安全。

危险预知训练以班组长或现场作业负责人为主导,针对作业中存在的危险因素,采用问答、讲解、演练、模拟、检查、交流经验等灵活多样的形式,对现场作业人员进行安全教育和训练。危险预知训练通常在作业前 5~10min 进行,其基本内容大致包括:分析现场有哪些危险因素;探讨危险因素在哪些情况下会导致事故,应怎样防止;确定现场注意事项,相互配合和联络;检查防护用品的配备及个人防护用品的穿戴是否合乎安全要求;进行实地的安全作业练习。

总之,一切都是为了找出作业现场中能够导致危险、造成伤害的各种因素,再应用"多米诺骨牌原理"消除导致危险的主要因素,使作业系统造成伤害的概率接近零。

表 6-5 为危险预知训练活动(KYT)活动卡片。

表 6-5 KYT 活动卡片

作业任务		作业编号	
作业时间		作业地点	
作业小组名称		作业负责人	
小组成员			
作业现场潜在的危险因素、重要危险因素			
			确认人:
作业小组应采取的安全防范措施、重要防范措施			
			确认人:
检查评语	班组长:		签字:
	车间领导:		签字:
	厂级领导:		签字:

2. 安全生产确认制

所谓安全生产确认制是以事故预测技术为依据，以系统控制理论为指导，通过事前危害辨识、危险评价，明确控制危险的措施即安全确认的内容，要求施工者及其管理者在作业前进行危险因素的排除。推行安全生产确认制是企业自主安全管理的需要，是预防事故发生的有效方法。安全生产确认制是确认、确信、确实的总称。在作业之前和作业中针对本岗位的安全要点和易发生伤害事故的因素，必须做到确实认定、确实可靠、确实准确。

安全确认制的核心内容是"操作确认制、联系呼应确认制、行走确认制、开停车确认制"。

（1）操作确认制　在作业前按照"想、看、动、查"的确认程序对操作对象的名称、作用、程序等确认无误时才能操作。想：操作者在对操作对象实施操作前要想一想本岗位的操作程序、动作标准和安全操作规程的有关内容，以确认安全注意事项；看：操作者要查看所操作的对象和人机结合面是否存在隐患和缺陷，显示器、控制器、安全防护装置是否正常完好，操作定位是否正确，是否符合安全作业条件；动：操作者要严格按操作程序、动作标准及安全操作规程的要求实施操作；查：操作者在操作过程中，每做完一个操作动作都要检查，检查动作完成后操作对象反馈的信息是否正确。

（2）联系呼应确认制　在长线作业时，应由一人指挥。指挥者发出的指令一定要简明扼要，被指挥者重复无误后，才能进行作业，并做好记录。

1）指挥者确认其指令与执行者的安全要求，与生产系统中的安全要求，与作业区域或者作业空间的安全要求不矛盾、不冲突。

2）指挥者要明确确认其指令是令行，还是禁止。执行者必须按指令做到令行禁止。

3）对于禁止令的执行，指挥者要确认下一级的执行情况并负有监督检查职责。执行者要确认禁止令是在延续，还是已解除。

（3）行走确认制　在生产现场行走时，确定安全通道无危险时方可行进，即严格执行"查看、判断、通过"的程序，对现场是否具备安全通行条件予以确认。①查看：行走前要仔细查看所要通过的路段是否畅通，是否有警示标志，以确认是否具备安全通行的条件（车间厂房内、施工现场等均须设置必要的安全通道，并有明显标志）；②判断：在行进过程当中上下左右是否遇有有碍安全通行的因素，以确认是否继续通行；③通过：经对通道查看并判断安全无误后方可通行；车间厂房、施工现场等均须设置必要的安全通道，并有明显标志。在没有设置吊运通道的车间内进行天车作业时，吊具的承载量必须大于被起吊物的2倍，吊钩必须安装防脱钩装置，并设专人跟踪指挥。

（4）开停车确认制　在设备的检修作业前后开车、停车时，指挥者、操作者对设备安全状况应进行确认。即检修或者施工完毕的设备开车（确认开车总指挥者和安全总负责人，应是同一人；确认下一级的开车指挥者和安全责任人亦是同一人）且实行直线联系负责制；确认谁有权送电，谁有权开车；开车指令下达前确认工作票制度已正确执行完毕）、备用设备开车（确认工作票制度已正确执行完毕；确认上一级指挥者谁同意送电；确认上一级指挥者谁同意开车；确认所开车设备安全保护装置符合安全条件要求；确认开车程序正确）、设备停车（确认停车的目的；确认停车的安全规程已执行完毕；停车检修的设备必须在工作票上确认断电、断料、断汽<水>、挂警示牌、监护人等）。

安全生产确认制能够有效地控制和消除事故隐患，达到自我安全管理，以实现安全生产的目的。

3. 作业危害分析

作业危害分析（Job Hazard Analysis，JHA）又称作业安全分析（Job Safety Analysis，JSA）、作业危害分解（Job Hazard Breakdown），是一种定性风险分析方法。实施作业危害分析，能够识别作业中潜在的危害，确定相应的工程措施，提供适当的个体防护装置，以防止事故发生，防止人员受到伤害。此方法适用于涉及手工操作的各种作业。

作业危害分析将对作业活动的每一步骤进行分析，从而辨识潜在的危害并制订安全措施。作业危害分析有助于将认可的职业安全健康原则在特定作业中贯彻实施。这种方法的基点在于，职业安全健康是任何作业活动的一个有机组成部分，而不能单独剥离出来。所谓的"作业"（有时也称"任务"）是指特定的工作安排，如"操作研磨机"、"使用高压水灭火器"等。"作业"的概念不宜过大，如"大修机器"，也不能过细。

开展作业危害分析能够辨识原来未知的危害，增加职业安全健康方面的知识，促进操作人员与管理者之间的信息交流，有助于得到更为合理的安全操作规程，同时还可作为操作人员的培训资料，并为不经常进行该项作业的人员提供指导。作业危害分析的结果可以作为职业安全健康检查的标准，并协助进行事故调查。作业危害分析的主要步骤是：

（1）确定（或选择）待分析的作业　理想情况下，所有的作业都要进行作业危害分析，但首先要确保对关键性的作业实施分析。确定分析作业时，优先考虑以下作业活动：事故频率和后果频繁发生或不经常发生但可导致灾难性后果的；严重的职业伤害或后果严重的职业病；危险的作业条件或经常暴露在有害物质中；新增加的作业由于经验缺乏，明显存在危害或危害难以预料；变更的作业可能会由于作业程序的变化而带来新的危险；不经常进行的作业，由于从事不熟悉的作业而可能有较高风险。

（2）将作业划分为一系列的步骤　选择作业活动之后，将其划分为若干步骤。每一个步骤都应是作业活动的一部分。划分的步骤不能太笼统，否则会遗漏一些步骤以及与之相关的危害。另外，步骤划分也不宜太细，以致出现许多的步骤。根据经验，一项作业活动的步骤一般不超过 10 项。如果作业活动划分的步骤实在太多，可先将该作业活动分为两个部分，分别进行危害分析。重要的是要保持各个步骤正确的顺序，顺序改变后的步骤在危害分析时有些潜在的危害可能不会被发现，也可能增加一些实际并不存在的危害。按照顺序在分析表中记录每一步骤，说明它是什么而不是怎样做。划分作业步骤之前，仔细观察操作人员的操作过程。观察人通常是操作人员的直接管理者，关键是要熟悉这种方法，被观察的操作人员应该有工作经验并熟悉整个作业工艺。观察应当在正常的时间和工作状态下进行，如一项作业活动是夜间进行的，那么就应在夜间进行观察。

（3）辨识每一步骤的潜在危害　根据对作业活动的观察，掌握的事故（伤害）资料以及经验，依照危害辨识清单依次对每一步骤进行危害的辨识。将辨识的危害列入分析表中。

为了辨识危害，需要对作业活动作进一步的观察和分析。辨识危害应该思考的问题是：可能发生的故障或错误是什么？其后果如何？事故是怎样发生的？其他的影响因素有哪些？发生的可能性有多大？

危害辨识清单的内容有：是否穿着个体防护服或佩戴个体防护器具？操作环境、设备、地槽、坑及危险的操作是否有有效的防护？维修设备时，是否对相互连通的设备采取了隔离？是否有能引起伤害的固定物体，如锋利的设备边缘？操作者能否触及机器部件或在机器部件之间操作？操作者能否受到运动的机器部件或移动物料的伤害？操作者是否会处于失去平衡的状态？操作者是否管理着带有潜在危险的装置？操作者是否需要从事可能使头、脚受伤或被扭伤的活动（往复运动的危害）？操作者是否会被物体冲撞（或撞击）到机器或物体？操作者是否会跌倒？操作者是否会由于提升、拖拉物体或运送笨重物品而受到伤害？作业时是否有环境因素的危害？

（4）确定相应的预防措施　危害辨识以后，需要制订消除或控制危害的对策。确定对策时，应该从工程控制、管理措施和个体防护三个方面加以考虑。具体对策有：消除危害、控制危害、修改作业程序、减少暴露。确定的对策要填入分析表中。对策的描述应具体，说明应采取何种做法以及怎样做，避免过于原则的描述，如"小心"、"仔细操作"等。

（5）信息传递

作业危害分析是消除和控制危害的一种行之有效的方法，因此，应当将作业危害分析的结果传递到所有从事该作业的人员。

4．危险信息沟通

信息的沟通，也称信息的交流。信息的沟通有多种类型，有通信工具之间的信息交流，有人与机器之间的信息交流，还有人与人之间的信息交流。在现实的生产活动中，人们采用各种手段、仪器装置向生产现场的工作人员传送各种事故隐患、生产条件等方面的信息，都是为了让工作人员及时了解工作现场的情况，始终保持警戒的思想，加强自我保护，从而达到预防事故的目的。如何有效地沟通危险信息，直接或间接地影响着事故预防的效果。

当危险信息未能及时让人捕捉到时，极易导致事故的发生。一般来说，主要有以下几种情况：

（1）危险信息存在，但由于人本身的限制及外界因素的干扰，当事人未能及时发现，并且未采取有效的回避、处理措施，极有可能发生事故。因此，在生产过程中正确处理仪表设备等反馈的信息是保障安全生产的基础。而只有企业搞好日常的安全培训工作，职工们具备了有关的安全知识和技能，才能正确处理各种机器、仪表、设备反馈的信息，才能搞好企业的安全生产。

（2）危险信息存在，但是没有给予适当的沟通或危险标记，当事人凭自身条件又不能发现其危险时，极易可能发生事故。比如在化工企业中都存在着一些易燃易爆、有毒有害的化工原料，如不进行标示、提示，就有可能造成事故。这就要求化工企业在易燃易爆、有毒有害的场所对危险物品的理化性质、危险特性、应急措施等进行标示，以提醒大家的注意，同时操作人员应加强沟通，互相提醒严防事故的发生。

（3）危险是存在的，但并没有以一种信息的形式，如指示灯、手势等表现出来，相反，却是以一种正常的信息出现在当事人面前，这也极易导致事故的发生。例如在化工企业的压力管道上如果不设置压力表或报警装置，一旦出现超压，人们不能及时发现，就会有发生爆炸的危险，如果存在有毒有害气体，就会造成人员中毒；在进行罐内检修时没有作业票、没有监护人员、没有挂牌作业，或有监护人员却擅离职守，其他操作人员在不进行检查的情况下开车作业，也有可能造成事故……因此，适当地加强人与机、人与人之间的信息沟通，能够有效地预防事故的发生。

（4）危险并不存在，但由于外界的干扰，如仪表的错误显示、人员的骚扰等，极有可能给当事人以存在危险信息的感觉，此时如果当事人采取回避反应，极易发生事故。如在个别的个体企业中，为了节省生产成本，对于一些压力容器如液氨储罐、锅炉等容器上的指示仪表如压力表、温度计等不按时检验，造成仪表失灵，如果采取不当措施，极易造成事故。

（5）危险并不存在，也给当事人一种无危险的信息显示时，亦有可能因为当事人的麻痹大意而发生事故。这就是"风险平衡理论"指出的：往往愈安全的地方愈危险。

因此，为了预防各种事故的发生，做好人与人之间、人与仪表之间的危险信息沟通是十分必要的。但是，在有良好的危险信息沟通的前提下，作为生产者，在生产过程中还应谨防侥幸、麻痹大意，增强自主保安意识和能力，才能有效地将事故扼杀在隐患之中。

5. 反习惯性违章

反习惯性违章是实现"三不伤害（不伤害自己、不伤害他人、不被别人伤害）"的重要保证，是杜绝事故的重要途径。习惯性违章，顾名思义就是习惯性地违反工艺规程和安全法规的操作行为和指挥行为，是一种不良的传统做法与工作习惯，如无监护作业、不执行安全技术措施、超量、超速蛮干等行为。这些习惯性违章行为，由师传徒，由甲传乙，侥幸变"经验"，习惯成自然，以其顽固和特有的隐蔽性往往不被人们所认识。使违章者自觉自愿地掉进死亡的深渊，酿成悲剧，既害了企业，又害了自己和家庭，影响社会的稳定。血的教训一再表明，习惯性违章是安全生产的大敌，必须坚决抵制，才能避免事故的发生。

（1）加强案例分析教育　充分利用本企业和其他企业血和泪的教训，编制企业事故分析案例，通过事故安全分析、习惯违章者的现身说法，进行"回顾""反思"。建立事故会展室，使员工认清习惯性违章的危害，增强安全意识和自我防护能力。同时，组织员工学习安全操作规程，分析习惯性违章的危害，并制订防范措施，从而避免事故的发生。

（2）加强正面的常规安全思想教育　开展"安全日"教育，班前班后会教育，举办安全讲座、安全演讲、安全智力竞赛活动。

在生产班组开展"两先""两查"活动。"两先"即先学习国家有关安全生产的法律、法规；先学习好安全操作规程，掌握其操作要领并需考试合格后才能持证上岗操作。"两查"即每次作业结束后，由班长或安全员对现场做全面检查，具备了收工条件后，人员才能撤离现场，办理完工手续；每天工作结束后，再晚再忙都要由班长或安全员组织召开检查总结会。

教育一线员工真正做到"三个三"，即"三个明确"：一是明确工作任务，二是明确操作方法，三是明确安全和质量要求；"三个保证"：一是保证听从指挥，二是保证百分之百执行规程，三是保证保质保量完成工作任务；最终实现"三不伤害"。

（3）不断完善安全规章制度，做到有章可循、违章必究　特别要针对企业的具体情况，制订习惯性违章的具体措施和处罚制度。对习惯性违章要做到真抓严办。对屡教不改者不能迁就，必须严肃处理，或停职反省，或下岗待业，对造成严重后果的要解除劳动合同，直至追究法律责任。

（4）开展标准化作业，抵制习惯性违章　组织人力制订各项作业的操作规范和标准，以规范员工的作业行为，使其正确操作、严守标准，养成良好的操作习惯，逐渐克服和纠正那些不良的习惯做法。

（5）开展"质量安全公示制"活动　"质量安全公示制"是指将员工、班组和车间每天的产量、质量、安全、劳动纪律等工作情况于次日在黑板上进行张榜公布，并与奖金、工资挂钩的制度。将每个员工、班组和车间的工作情况置于全体员工的公开监督下，发动全体员工都来积极参与，监督企业、车间、班组及个人的工作，将安全工作变秘密型为公开型、变被动型为主动型、变事故处理型为事故预防型，从而调动员工的工作热情，形成你追我赶、精益求精、人人争先，争做安全标兵的良好局面。

（6）发现问题，严肃处理　各级领导从严要求，坚持不懈地认真纠正每一次违章，这是防止偶发性违章发展成习惯性违章的关键，也是治理习惯性违章的关键。因此，各级领导及专业管理人员首先自己要认真学习、熟悉、掌握、精通有关规章制度。深入作业现场时一要严守规程制度，绝不违章指挥，做遵章守纪的模范；二是发现违纪行为，哪怕是轻微的违章也是要坚决给予纠正，讲清利害关系。通过深入、细致地整治习惯性违章，逐步消除产生和蔓延习惯性违章的土壤和条件，实现"三不伤害"，确保生产的安全。

三、安全事故的应急处理

虽然每个人都不希望安全事故的发生，但是，当发生小的安全事故时，如果不及时处理或处理不当，就极容易演变成大的安全事故。那么，当事故发生后该如何处置呢？就班组这一级的组织来说，在本班组范围内制订应急预案和岗位安全应急卡是有效处理安全事故的重要举措。

这里说的班组范围内，是指班组危害辨识、风险评估活动涉及的范围仅限于本班组的作业范围，且依靠班组成员本身技能基本上能够控制的范畴。班组应急预案和应急卡，是指班组成员工作中有可能发生且能预见到的所有大小应急预案和应急卡。

1. 应急预案

应急预案是针对具体设备、设施、场所和环境，在安全评价的基础上，为降低事故造成的人身、财产与环境损失，就事故发生后的应急救援机构和人员，应急救援的设备、设施、条件和环境，行动的步骤和纲领，控制事故发展的方法和程序等，预先做出的科学而有效的计划和安排。

应急预案主要内容包括：编制预案的目的、工作原则、编制依据、适用范围等；组织指挥体系及职责；预警和预防机制；应急响应（包括分级响应程序、信息共享和处理、通讯、指挥和协调、紧急处置、应急人员的安全防护、群众的安全防护、社会力量动员与参与、事故调查分析、检测与后果评估、新闻报道、应急结束等要素）；后期处置；保障措施；附则；附录等。

应急预案的编制一般可以分为5个步骤，即组建应急预案编制队伍、开展危险与应急能力分析、预案编制、预案评审与发布和预案的实施。

2. 岗位安全应急卡

岗位安全应急卡是指企业通过风险评估和危险因素的排查，确定危险岗位，有针对性地制订各种可能发生事故的应急措施，从而编制具有应急指导作用的简要文书。事故发生后，最有效的救援是在事故初始阶段的正确处置，把事故消灭或控制在萌芽状态，防止事故扩大，对控制或减少事故造成的人员伤亡和财产损失起着关键性的作用。而能够对突发事故快捷而有效地进行处置的往往是位于生产第一线的员工，他们是应急救援最直接、最基础的力量。岗位安全应急卡具有简明、易懂、实用的特点，避免了应急救援预案篇幅冗长、内容复杂的缺点，易于被员工所掌握，可以使危险岗位的第一线员工在较短的时间内实实在在地提升应急救援技能，强化员工应对突发事故和风险的能力，有效防止危险岗位突发事故造成的人员伤亡和财产损失，保障企业安全生产。

由于岗位安全应急卡是一线员工的应急指导手册，所以在编写的过程中要充分听取一线员工和班组长的意见，尤其是班组长，在编写岗位安全应急卡时作用很大，有的甚至就是实际编写者。岗位安全应急卡的内容应该包括岗位名称、可能发生的事故类型、事故危害、应急措施等。制订岗位安全应急卡要遵循简明、易懂、实用的原则。企业的应急救援预案内容复杂，生产一线的员工往往难以全面系统掌握，所以制订的岗位安全应急卡要通俗易懂、内容简明，要"卡片化"，要实用，注重实效，有很强的针对性和可操作性，要明确可能发生事故的具体应对措施，着重解决事故发生时生产一线员工"怎么做、做什么、何时做、谁去做"的问题，使员工能及时正确地处置事故，报告事故情况。

在实施的过程中，班组可以将岗位安全应急卡塑封成小卡片，发放到每一个班组成员的手中，并在作业环境的醒目位置张贴。

3. 生产安全事故急救知识

（1）触电的救护　正确的触电紧急救护工作，首先是使触电人尽快地脱离电源。必须指出的是，使触电人员脱离电源的工作有一定危险性，倘若方法不当，不仅不能很快地使已经触电的人员脱离电源，还可能使其遭受其他伤害，如摔伤、碰伤等。特别是在触电后的头部碰伤，往往加重伤势加速死亡。并且如果救助方法不当，救护人员自身也可能造成触电伤亡。

下面分别叙述在发生低压和高压触电时，使触电人员脱离电源的一般方法。

在低压电气设备上触电时，为了使触电人员从接触的带电设备上解脱，可采用干燥的衣服、绳索、木棒、木板或其他不导电的材料作为工具。比如，当触电人的衣服是干燥的，并未紧贴在身上，则可以通过拉他的衣服而使其脱离电源，但绝不能触及身体上未盖有衣服的部分和附近的金属构件。救护人员不可直接用手拉拽触电人的脚。因为救护人所穿的靴鞋可能是潮湿的，或鞋底有铁钉，这些物品都是良好的导体。

如果需要接触触电人身体上未盖衣服的部分时，应戴绝缘手套或用干燥的衣服、围巾等将自己的手包缠起来，或用呢制的帽子套在手上，也可以在触电人身上披以橡胶布、塑料布或涂有橡胶液的布料（如雨衣）或其他干燥的布等，救护人也可站在干燥的木板上，或站在不导电的垫子、衣堆上。救护触电人员脱离电源的工作，最好只使用一只手进行。

如果触电人在触电后筋肉痉挛，将电线紧握在手中，一般采取直接掰开手的办法解脱是很困难的，最简便的办法是使触电人脱离地面，使其与地绝缘的方法来解脱。如在触电人脚下插入干燥的木板，或用干燥的绳索、衣服等将触电人的两脚提起来，使其与地面脱离，这时再去松开触电人的手就比较容易了。

若不能用上述方法救护时，可以使用有干燥木柄的刀、斧或者适当的绝缘工具，将带电的导线切断。但在进行此项工作时要十分小心，救护人员应戴绝缘手套，穿绝缘靴，不可直接接触导线，同时要注意切断后的导线不要落在自己的身上。

在高压设备上触电时，为了使触电人脱离带电部分，救护人员应使用适合该电压等级的绝缘工具。若触电发生在架空线路上，可采用抛掷短路线的办法，将导线抛到线路上，造成人为短路。在抛掷短路线时，应先将接地线的一端妥为接地，然后再将另一端抛到线路导线上，并注意不要使短路线触及触电人的身体。如果触电人所在的地方较高时，还要采取防止从高处摔跌的措施。

　　触电人脱离电源后，应立即根据其伤势采取相应的救护措施。如果触电人员还未失去知觉，而且在触电的过程中一度昏迷，应使其保持安静，并密切观察。若不能迅速召请医生前来诊治，应用担架或其他运输工具将触电人送往医院。如果触电人已经失去知觉，但尚有呼吸，则应使其平卧在空气流通的地方，将其衣服解开，使血液循环通畅，同时注意保持安静。必要时可给触电人嗅一点氨水或用冷水洒在身上（切忌口喷），摩擦其全身使之发热，以加速血液流通，并迅速请医生。如果触电人呼吸困难或呼吸稀少并不时伴以痉挛现象，如同死去状，则应施行人工呼吸。如果触电人呼吸、脉搏及心脏跳动停止时，应立即施行人工呼吸。

　　触电人脱离电源后应一秒钟也不耽误地立即进行人工呼吸法，而且必须连续，不能有片刻中断。进行人工呼吸，救护人员的劳动强度比较大，往往需要持续进行几个小时，容易疲劳。为了达到不间断救护，最好能有二到三人轮流替换。在替换时应注意保持一定的呼吸节奏，既不能中断也不要忽快忽慢。在将患者送往医院时，在救护车上及到达医院以后，仍应不断地进行人工呼吸。

　　（2）火灾的自救与急救　一旦遭遇火灾，被大火围困，应设法采取一切措施自救逃生。当疏散通道着火但火势不大时，可用湿棉被、毯子披在身上，迅速从火中冲出去，就可安全脱险；当楼梯等疏散通道被大火烧毁倒塌或火焰太大无法穿越时，可通过阳台、落水管或利用竹竿等逃生；当没有上述逃生之路时，应退到居室内，关闭通往着火区的门窗，有条件时可向门窗上浇水，以延缓火势蔓延，同时可向室外扔出小物件，在夜晚则可向外打手电，发出求救信号；如生命受到严重威胁又无其他自救方法时，可用绳子或将床单、布匹撕成条状连接起来并弄湿，将一端紧拴在牢固的门、窗等可靠的支撑物上，然后顺其下滑，逃离火灾危险区；如果楼层不高，且火势猛烈，情况紧急被迫跳楼时，可先向地面抛一些棉被等增加缓冲，再手扶窗台往下滑，尽量缩小跳落高度，并保证双脚首先落地；如果环境中浓烟弥漫，可以用湿毛巾、口罩等捂住口鼻，低势爬行出危险区，注意切勿喊叫，以免烟雾进入口腔；如果身上已经着火，千万不可奔跑，应设法把衣服脱掉，也可卧倒在地上打滚，把身上的火苗压熄。如果就近有水，可跳入水中让火熄灭，以减轻烧伤程度和面积。

　　烧伤是火焰或高温物体直接作用于人体所致的损伤，应采取如下方法施救：

　　① 采取有效措施扑灭伤员身上的火焰，并使其迅速脱离致伤现场。当衣服着火时，应采用各种方法尽快灭火，如水浸、水淋、就地卧倒翻滚等。灭火后应立即将衣服脱去，如衣服和皮肤粘在一起，先把未粘住的部分剪去，再对创面进行简易包扎。

　　② 保护创面。在火场，对于烧伤创面一般可不做特殊处理。有条件的话可用干净的湿毛巾盖住伤处，用冰块冷敷，也可用冷自来水冲洗以减轻疼痛。尽量不要弄破水泡，不能涂甲紫（龙胆紫）一类有色的外用药，以免影响烧伤面深度的判断。

　　休克是极危险的严重综合征。症状有口唇及面色苍白发绀、四肢发凉、脉搏微弱、血压下降、呼吸加快、出冷汗、表情淡漠、口渴，严重者可出现反应迟钝，甚至神志不清或昏迷。预防休克和休克急救的主要方法是：

　　① 在火场上要尽快地发现和抢救受伤人员，及时妥善地包扎伤口，减少出血、污染和疼痛。尤其对骨折、大关节伤和大块软组织伤，要固定良好。一切外出血都要及时有效地

止血。凡怀疑有内出血的伤员，要迅速送往医院救治。

② 对有剧烈疼痛的伤员，要服用止痛药。倘若有颅脑或重度呼吸道烧伤时，禁用吗啡。

③ 对无昏迷的伤员，要多次少量给予饮料，如米汤、热茶水或淡盐水等，如发生呕吐、腹胀等，应立即停止口服。让伤员平卧休息，保持呼吸通畅，必要时还应做人工呼吸。对已昏迷的伤员，可按压或针刺人中、内关、涌泉穴以急救。

（3）常用急救技术　止血、包扎、固定、搬运是外伤救护的四项基本技术。实施现场外伤救护时，现场人员要本着救死扶伤的人道主义精神，在通知就近医院的同时，要沉着、迅速地开展现场急救工作，其原则是：先抢后救，先重后轻，先急后缓，先近后远；先止血后包扎，再固定后搬运。

止血的方法主要有加压包扎止血法、指压止血法、止血带止血法。

① 加压包扎止血法。用消毒纱布或干净的毛巾、布块折叠成比伤口稍大的垫盖住伤口，再用绷带或折成条状的布带或三角巾紧紧包扎，其松紧度以能达到止血目的为宜。此种止血方法，多用于静脉出血和毛细血管出血。当伤口在肘窝、腋窝、腿窝、腹股沟时，可在加垫后屈肢固定在躯干上加压包扎止血。加压包扎止血法适用于上下肢、肘、膝等部位的动脉出血，但有骨折或可疑骨折或关节脱位时，不宜使用此法。

② 指压止血法。指压止血法是一种简单有效的临时性止血方法，它是根据动脉的走向，在出血伤口的近心端，用于指压住动脉处，达到临时止血的目的。指压止血法适用于头部、颈部、四肢的动脉出血。

③ 止血带止血法。止血带止血法是快速有效的止血方法，但只适用于不能用加压止血的四肢大动脉出血。方法是用橡皮管或布条缠绕伤口上方肌肉多的部位，其松紧度以摸不到远端动脉的搏动，伤口刚好止血为宜，过松无止血作用，过紧会影响血液循环，易损伤神经，造成肢体坏死。上止血带的伤员，必须在明显的部位标明上止血带的部位和时间；上止血带的时间超过两个小时后，要每隔一个小时放松一次，每次8min，为避免放松止血带时大量出血，放松期间可改用指压法临时止血。

包扎的目的在于保护伤口，减少感染，固定敷料夹板，挟托受伤的肢体，减轻伤员痛苦，防止刺伤血管、神经等严重并发症，加压包扎还有压迫止血的作用。包扎要求动作轻、快、准、牢，包扎前要弄清包扎的目的，以便选择适当的包扎方法，并先对伤口做初步的处理。包扎的松紧要适度，过紧影响血液循环，过松会移动脱落，包扎材料的打结处或其他方法固定的位置要避开伤口和坐卧受压的位置。为骨折进行的包扎应露出伤肢末端，以便观察肢体血液循环的情况。包扎的方法有头部帽式包扎法、头耳部风帽式包扎法、三角巾眼部包扎法、三角巾胸部包扎法、三角巾下腹部包扎法、燕尾巾肩部包扎法、三角巾手足部包扎法、三角巾臀部包扎法、绷带手腕胸腹部环形包扎法、绷带四肢螺旋包扎法等。

外伤急救四项基本技术之一的固定术主要用于骨折的时候。骨折的临时固定，是对伤处加以稳定，不使其活动，使伤在运送过程中避免因搬运、颠簸造成断骨刺伤血管和神经，防止伤者遭额外损伤，减轻伤员痛苦，其要点是：

① 止血。要注意伤口和全身状况，如伤口出血，应先止血，后包扎固定。

② 加垫。为使固定妥帖、稳当和防止突出部位的皮肤磨损，在骨突处要用棉花或布块等软物垫好，要使夹板等固定材料不直接接触皮肤。

③ 不乱动骨折的部位。为防止骨断端刺伤神经、血管，在固定时不应随意搬动；外露的断骨不能送回伤口内，以免增加污染。但是，现场急救时，搬动伤员伤肢是难免的，为

防止伤员再次受伤,要先将伤员搬到安全地方,在包扎固定时也不可避免要移动伤肢,这时可以一人握住伤处上方,另一人握住伤处下端,沿着肢体的纵轴线作相反方向的牵引,在伤肢不扭曲的情况下让骨断端分离开,然后边牵引边同方向移动,另外的人可进行固定,固定应先捆绑断处上端,后绑下端,然后再固定断端的上下两个关节。

④ 固定、捆绑的松紧要适度,过松容易滑脱,失去固定作用,过紧会影响血液循环。固定时应外露指(趾)尖,以便观察血流情况,如发现指(趾)尖苍白或青紫时,可能是固定包扎过紧,应放松重新包扎固定。固定完成后应记录固定的时间,并迅速送医院作进一步的诊治。

伤员经过现场初步急救处理后,要尽快用合适的方法和振动小的交通工具将伤员送到医院去作进一步的诊治。搬运过程中要随时注意观察伤员的伤情变化。常用搬运方法有徒手搬运法和担架搬运法。徒手搬运法适用于病情较轻且搬运距离短的伤员。担架搬运法适用于病情较重,路途较远又不适合徒手搬运的伤员。常用搬运工具有帆布担架、绳索担架、被服担架、门板、床板以及铲式、包裹式、充气式担架。伤员上担架时,要由3~4人分别用手托伤员的头、胸、骨盆和腿,动作一致地将伤员平放到担架上,并加以固定。不同的病情选用不同的担架和搬运方法,如上肢骨折伤员多能自己行走,可用搀扶法;下肢骨折伤员可用普通担架搬运;而脊柱骨折时则要用硬担架或木板,并要填塞固定;颈椎和高位胸脊椎骨折时,除要填塞固定外,还要有专人牵引头部,避免晃动。

课 后 练 习

6-1 简述班组长的安全职责。
6-2 简述班组生产安全管理的内容。
6-3 简述班组安全检查的基本做法。
6-4 简述班组安全教育的技巧。
6-5 安全确认制的核心内容是什么?
6-6 案例分析:

一次不该发生的事故

2001年3月6日中午,某化工公司一分厂检修工班长严某、维修工饶某、王某3人根据车间主任殷某的安排,对二号炉检修现场进行清理。严某当时违章安排无证人员饶某在三楼顶端操作行车,王某和严某在二楼接放被吊运的物品(电机大套),当吊运第3只大套时,由于行车已经到位,三人虽用尽全力歪拉斜吊,但仍无法使大套落到理想地点,严、王二人在没有取掉挂钩的情况下,强行推拉重达800多千克的大套,此时大套尾部着地,头部悬空,使钢索呈20度的斜拉状态,在外力的作用下,大套产生巨大的反弹力将严拍伤。当时严某被紧急送往县医疗中心接受治疗。经医院诊断,严某左大腿内侧成粉碎性骨折。

问题:
1. 分析事故原因。
2. 提出整改措施。

附表：某电机厂班组基础管理达标检查评分标准

序	检查要素	评分标准	标准分	备注
1	质量管理 20分	（1）班组质量指标按人按月统计，子项、母项填写真实，计算准确。评分=标准分×合格率/班组指标。	6	（1）由质量员负责评分。 （2）有活动、无效果记30%标准分；有活动、有成效记满分。 （3）获奖成果适当加分。 （4）一处违规扣1分。 （5）重大质量事故为否决项（即达标不及格）。
		（2）制订班组工艺流程图。对重点、关键工序或质量不稳定的部位，开展质量控制点活动。控制点确定后，应有控制内容、措施，落实时间和责任人。	2	
		（3）每半月进行一次班员质量意识、质量责任教育。生产前认真准备，看清图纸，明确工艺，发现问题及时提出。生产中集中精力，坚持"四不"（器材不合格不投产，上工序不合格下工序不施工，不合格的零部件不装配，不合格产品不出厂）生产。对工件、量具等定点定位摆放，防止磕碰、划伤与锈蚀。	2	
		（4）班组每月至少进行一次质量讲评和质量分析活动。开展质量缺陷预防、质量控制、质量改进和质量评定活动。当出现质量问题，有不合格通知单时，班组应随时召开质量分析会，分析产生的原因，制订相应的措施。对下工序提出的意见、建议或顾客的反映，班组应及时组织整改完善。	2	
		（5）班组应确立持续改进项目。制订班组质量规划应追求完美，不只是满足合格，应有做优等品、精品、极品的决心、方法和措施。	2	
		（6）严格执行工艺纪律，按程序办事，对图省事，违反"四按"（图样、工艺、标准、制度）生产，对不顾质量，任意改变工序、改变工艺流程，违背工艺纪律的现象扣分。	2	
		（7）保持图纸、工艺技术文件整洁，工艺文件无丢失、借阅手续齐全，废旧图纸按规定回收。对损坏、涂改、使用无效版本的扣分。	2	
		（8）开展质量信得过、质量管理（QC）小组和提合理化建议的活动。对合理化建议被采纳，经鉴定或评审确定，并纳入有关技术文件的项目，对QC成果获奖的项目给予加分。	2	
2	成本管理 16分	（1）班组有节约计划，有完成措施和完成记录，对专业攻关、合建创效、创新增益的节约价值，计算必须真实，有完成的确认凭据，节约计划的完成率按季统计。评分=标准分×节约值/计划值。	6	（1）由节约员负责评分。 （2）发现浪费现象一例扣1分。
		（2）根据班组的不同特点，对班内存在的质量、成本、安全问题以及技术难点、生产瓶颈开展专业攻关班组活动。攻关成果可以计算节约价值，如质量提高的节约值=数量×（合格率-指标）×单价，发生费用的节约价值=计划费用-实际费用），产量提高的节约值=（产量-计划产量）×工序单价。	3	
		（3）班组开展了降低消耗、修旧利废、提高材料利用率等节约创效活动。全年人均应有一条合建，或小革小改，或节约挖潜的项目。对合建的提出率、采纳率、实施率、成果含金量的不同进行区别计分。	3	
		（4）班组进行了节约意识教育。班员有节约挖潜、当家理财的意识；班组没有长流水、长明灯，没有跑、冒、滴、漏等浪费现象。	2	
		（5）及时清理废弃物，抓好物资回收利用。有色金属、黑色金属屑应与生活垃圾分开存放。	2	
3	生产管理 13分	（1）制订班组生产作业计划，细化分摊到每个班员，规定月、旬、周、日，乃至小时内完成的具体任务。生产计划完成率评分=标准分×完成项/计划项。	2	（1）由计调员负责评分。 （2）违反工艺纪律一项扣1分。
		（2）提高执行力。服从生产指挥，落实调度决议；实施班组自主管理；合理组织生产，主动抓好生产过程各阶段、各工序的衔接与协调。	2	
		（3）开展标准化作业。制订标准化作业指导书，做到有效控制、充分准备，达到五齐备（材料、图样、工艺文件、质量跟踪卡、计工票）才能进行施工。	2	
		（4）完善生产管理制度。遵守劳动纪律，提高班员出勤率，执行劳动定额，做好原始记录和统计工作。	2	
4	安全环境 12分	（1）每月进行一次安全学习或安全讲评。按时召开周末例会，总结分析工作；坚持三级教育，做好新员工上岗前的安全培训；认真填写《安全合格班组考核记录》。	2	（1）由安技员负责评分。

（续）

序	检查要素	评分标准	标准分	备注
4	安全环境 12分	（2）加强日常安全检查。搞好日小扫和周末卫生，消除现场脏、乱、差现象；物品堆码安全稳妥，下重上轻、下大上小，安全高度不超过物品窄边宽度的二倍；消防安全、保密工作到位。	2	（2）违反"三严六要九不准"一例扣1分。 （3）重大事故为否决项（即达标不及格）。
		（3）无人的不安全行为。遵守安全法规，预防安全事故的发生；严格执行"三严六要就不准"的规定；自觉穿好防护用品，戴好安全帽。	3	
		（4）无物的不安全状态。搞好设备保养；加强安全防护；安全警示醒目；遵守安全操作规程；不允许随意拆除安全防护装置。	3	
		（5）抓好安全环保教育，提高安全环境意识，不乱倒废油、废漆，防止污染事故的发生。		
5	设备管理 12分	（1）设备完好率98%以上。设备及附件、工装齐全、完好，能正常使用。评分=标准分×完好设备数/设备总台数/0.98。	2	（1）由机械员负责评分。 （2）违章操作一例扣1分。 （3）重大事故为否决项（即达标不及格）。
		（2）做好设备日常保养和点检。设备应润滑良好、内外清洁，达到漆见本色铁见光；不论设备有无异常状态，都要进行外观检查；点检记录填写在交接班本上。	4	
		（3）制订设备一、二保养计划。三个月（或运行500小时）以操作者为主进行一次一级保养；一年内，以维修人员为主，操作者协助，进行一次二级保养。	2	
		（4）各类工装进行编号、记录。做好工装、模具标志的检查维护工作，填写履历本。	2	
		（5）严格执行设备管理制度。定人定机、执证上岗，无违章操作行为，无设备事故发生。	2	
6	现场管理 15分	（1）站立式上岗会。队列整齐，口号呼喊响亮，精神状态好，体现班组凝聚力和团队精神。	3	（1）由团支部负责评分。 （2）参考《现场6S管理检查评分标准》。 （3）一处不合格扣1分。
		（2）班组有定置图，图物一致，一切物品按区域定点定位摆放整齐，从高到低，从厚到薄，有苫垫，有防尘、防潮措施，不直接落地，与主通道垂直，相互平行。	3	
		（3）现场环境清爽、整齐、美观，通道畅通，无占道现象和压线摆放；地面无污迹、无污染、无积水；窗明壁净，无蛛网、无落尘，为生产提供净化的质保环境。	3	
		（4）现场设备、工具、量具摆放规范，不混放。量具有保护措施；工具存放一律采用嵌入式或形迹管理；装配班工具有登记本，有识别记号，工作前后清点工具。	3	
		（5）树立企业形象良好。现场生产秩序井然；各类人员讲文明、有礼貌，着工作服、戴安全帽，执行一挂两禁规定；现场各类标志醒目，一看便知，各种看板简单明了，催人奋进；班员学习、休息场地有布置、有讲究，班务宣传有企业文化内容。	3	
7	人力资源及班组建设12分	（1）班组原始记录。抓好劳动定额和计工票填写，做到"三对头"（定额本、检验记录、合账）；加强劳动纪律考核，及时填写考勤记录（不超过1个小时）；填好《班组记录表》和《学习园地》内容。	2	（1）由助理员协助工会主席负责评分。 （2）违反劳动纪律、记工票填写不规范等一例扣1分。
		（2）班组培训。结合实际进行教育培训，创造读书自学氛围；开展岗位练兵、技术比武、星级导师带徒等，提高班员岗位技能和专业技术知识。	2	
		（3）班组思想建设。每季召开民主生活会，开展批评与自我批评，讲评好人好事，批评不良倾向；虚心听取班员的意见，化解矛盾，增进团结，提高班组的凝聚力。	2	
		（4）班组民主管理。每月初召开民主管理会，总结工作，传达、布置任务，全班一起讨论月度计划、班务工作，全员参与班组管理。	2	
		（5）班组文化建设。开展政治、时事学习，组织各项竞赛、文体活动、慰问走访、赈灾捐款等精神文明建设活动；开展学先进、创标杆、争五星班组等活动。	2	
		（6）班组管理提升。月度有计划，季度有总结，管理有特色、有创新，工作有考核、有提高，班组长以身作则，善抓善管，班规班风好，班员团结、和谐向上。	2	

参 考 文 献

[1] 吴拓. 现代企业管理[M]. 北京：机械工业出版社，2005.
[2] 于卫东. 现代企业管理[M]. 北京：机械工业出版社，2004.
[3] 王雄伟. 现代企业管理[M]. 北京：中国广播电视出版社，2006.
[4] 张亚，郑予捷. 现代企业管理[M]. 北京：科学出版社，2004.
[5] 文征. 高效管理的100种实用工具[M]. 北京：中国致公出版社，2005.
[6] 郑立梅. 管理学基础[M]. 北京：清华大学出版社，2006.
[7] 杨剑，黄英，金小玲. 班组长现场管理精要[M]. 北京：中国纺织出版社，2008.
[8] 刘宇，曲立，金春华. 企业班组长培训教程[M]. 北京：中国劳动社会保障出版社，2008.
[9] 王树林. 班组管理实战[M]. 北京：化学工业出版社，2009.
[10] 王瑞祥. 现代企业班组建设与管理[M]. 北京：科学出版社，2008.
[11] 李宗坪，安迪. 优秀班组长安全管理手册[M]. 北京：中国时代经济出版社，2008.
[12] 文锋. 轻松管班组[M]. 广州：广东经济出版社，2005.
[13] 文锋. 优秀班组长工作手册[M]. 北京：中国纺织出版社，2006.